○부수명칭
(部首名稱)

〈1 획〉

一	한일
丨	뚫을곤
丶	점
丿	삐침
乙(乚)	새을
亅	갈구리궐

〈2 획〉

二	두이
亠	돼지해머리
人(亻)	사람인변
儿	어진사람인발
入	들입
八	여덟팔
冂	멀경몸
冖	민갓머리
冫	이수변
几	안석궤
凵	위튼입구몸
刀(刂)	칼도
力	힘력
勹	쌀포몸
匕	비수비
匚	튼입구몸
匸	감출혜몸
十	열십
卜	점복
卩(㔾)	병부절

厂	민엄호
厶	마늘모
又	또우

〈3 획〉

口	입구변
囗	큰입구몸
土	흙토
士	선비사
夂	뒤져올치
夊	천천히걸을쇠발
夕	저녁석
大	큰대
女	계집녀
子	아들자
宀	갓머리
寸	마디촌
小	작을소
尢(尣)	절름발이왕
尸	주검시엄
屮	왼손좌
山	메산
巛(川)	개미허리
工	장인공
己	몸기
巾	수건건
干	방패간
幺	작을요
广	엄호밑
廴	민책받침

廾	스물입발
弋	주살익
弓	활궁
彐(彑)	튼가로왈
彡	터럭삼방
彳	두인변
忄(心)	심방변
扌(手)	재방변
氵(水)	삼수변
犭(犬)	개사슴록변
阝(邑)	우부방
阝(阜)	좌부방

〈4 획〉

心(忄)	마음심
戈	창과
戶	지게호
手(扌)	손수
支	지탱할지
攴(攵)	등글월문
文	글월문
斗	말두
斤	날근
方	모방
无(旡)	이미기방
日	날일
曰	가로왈
月	달월
木	나무목
欠	하품흠방
止	그칠지
歹(歺)	죽을사변
殳	갖은등글월문
毋	말무

比	견줄비
毛	털모
氏	각시씨
气	기운기엄
水(氵)	물수
火(灬)	불화
爪(爫)	손톱조머리
父	아비부
爻	점괘효
爿	장수장변
片	조각편
牙	어금니아
牛	소우변
犬(犭)	개견
王(玉)	구슬옥변
耂(老)	늙을로엄
月(肉)	육달월변
艹(艸)	초두
辶(辵)	책받침

〈5 획〉

玄	검을현
玉(王)	구슬옥
瓜	외과
瓦	기와와
甘	달감
生	날생
用	쓸용
田	밭전
疋	필필
疒	병질엄
癶	필발머리
白	흰백
皮	가죽피

皿	그릇명밑	艸(艹)	초두	阜(阝)	언덕부	鹿	사슴록
目(罒)	눈목	虍	범호밑	隶	미칠이	麥	보리맥
矛	창모	虫	벌레훼	隹	새추	麻	삼마
矢	화살시	血	피혈	雨	비우		
石	돌석	行	다닐행	青	푸를청		
示(礻)	보일시변	衣(衤)	옷의	非	아닐비	黃	누를황
禸	짐승발자국유	襾	덮을아			黍	기장서
禾	벼화			〈9 획〉		黑	검을흑
穴	구멍혈	〈7 획〉		面	낯면	黹	바느질치
立	설립	見	볼견	革	가죽혁		
		角	뿔각	韋	다룬가죽위	〈13 획〉	
〈6 획〉		言	말씀언	韭	부추구	黽	맹꽁이맹
竹	대죽	谷	골곡	音	소리음	鼎	솥정
米	쌀미	豆	콩두	頁	머리혈	鼓	북고
糸	실사	豕	돼지시	風	바람풍	鼠	쥐서
缶	장군부	豸	발없는벌레치	飛	날비		
网(四·罒)	그물망	貝	조개패	食(飠)	밥식	〈14 획〉	
羊(𦍌)	양양	赤	붉을적	首	머리수	鼻	코비
羽	깃우	走	달아날주	香	향기향	齊	가지런할제
老(耂)	늙을로	足	발족				
而	말이을이	身	몸신	〈10 획〉		〈15 획〉	
耒	가래뢰	車	수레거	馬	말마	齒	이치
耳	귀이	辛	매울신	骨	뼈골		
聿	오직율	辰	별신	高	높을고	〈16 획〉	
肉(月)	고기육	辵(辶)	책받침	髟	터럭발밑	龍	용룡
臣	신하신	邑(阝)	고을읍	鬥	싸움투	龜	거북귀
自	스스로자	酉	닭유	鬯	울창주창		
至	이를치	釆	분별할채	鬲	오지병격	〈17 획〉	
臼	절구구	里	마을리	鬼	귀신귀	龠	피리약변
舌	혀설						
舛(㐄)	어그러질천	〈8 획〉		〈11 획〉			
舟	배주	金	쇠금	魚	고기어		
艮	패이름간	長(镸)	긴장	鳥	새조		
色	빛색	門	문문	鹵	진땅로		

最新活用 3,000 漢字

最新版／2色度印刷

● 短期完成 ●

恩光社

● 머리말

　우리 민족에게는 세계적 자랑인 한글이 있지만 한글이 만들어지기 이전이나 이후에도 우리 조상들은 오랜 세월 동안 한자 문화권에서 생활하였고 대부분 우리 국어처럼 사용되어 왔기 때문에 지금도 완전히 한자를 폐지할 수 없을 만큼 한자 문화의 영향은 큰 것이다.

　신문, 잡지 그리고 고급 서적이나 정부 각 기관이나 사회 각계 각층에서 한자를 병용하고 있는 실정이므로 한자를 배우지 않을 수 없다.

　그러나 한자는 글자 수효가 너무나 많고 복잡하여 배우기가 매우 까다롭고 어렵다는 것이 공통된 의견이다.

　정말로 한자는 배우기가 어렵고 까다로울까? 그러면 쉽게 배울 수 있는 방법은 없을까? 분명 재미있고 쉽게 배울 수 있는 방법이 있을 것이다.

　바로 이 3천 한자가 그 문제를 해결해 줄 것이다.

　본서는 숙어 풀이 형식으로 배열하여 여러 자를 단번에 배울 수 있도록 하였고 글자마다 뜻 풀이를 하여 놓았으므로 한번 암기하면 잊어버리지 않도록 하였고 3,000여 자를 기본으로 6,000여 단어를 풀이하여 일상 용어로서 한자를 익히게 하였고 또한 일본어가 제2외국어로서 대입 예시에 출제된다는 점을 감안하여 그 독음과 훈을 밝히고 한자의 이해를 돕기 위해 그에 해당하는 영어도 병기하였다. 부록으로 획순 일람과 혼동하기 쉬운 한자, 음은 같으나 뜻이 다른 한자, 고사성어 풀이 등 많은 부록을 실어 두었다.

　이 3,000 한자를 배우는 모든 초보자 및 학생들에게 많은 도움이 되리라 믿어 의심치 않는 바이다.

편　　자

○ 영자팔법(永字八法)

漢나라 蔡邕이 고안한 것으로「永」字 한 字로써 모든 글자에 공통하는 여덟 가지의 運筆法을「永字八法」이라 한다.

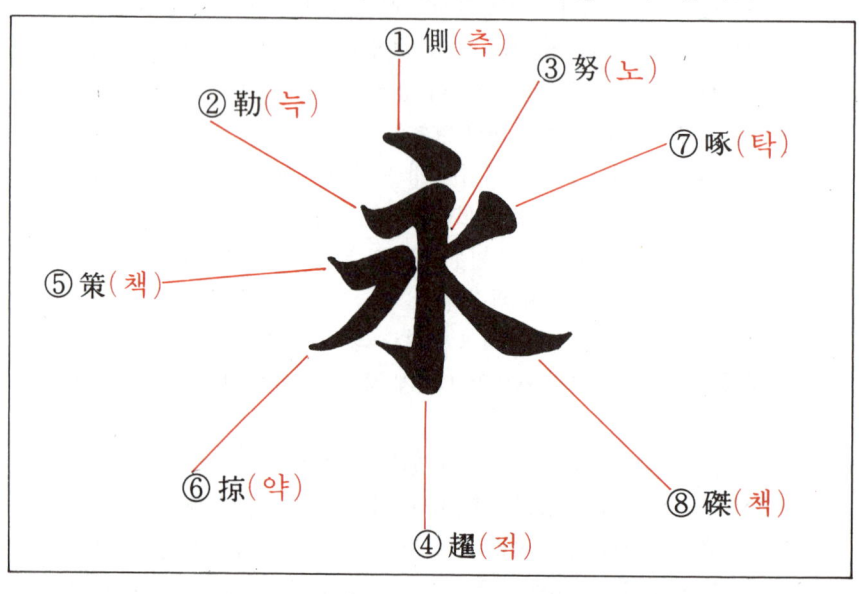

① 側(측)…점찍는 법(上點)

② 勒(늑)…가로 긋는 법(平橫)

③ 努(노)…내리 긋는 법(中直)

④ 趯(적)…올려 치는 법(下勾)

⑤ 策(책)…오른쪽으로 치키는 법(左挑)

⑥ 掠(약)…길게 뻗치는 법(右拂)

⑦ 啄(탁)…짧게 뻗치는 법(左擎)

⑧ 磔(책)…파임하는 법(右捺)

家 가 宀부7획
집
カ
いえ
house

屋 옥 尸부6획
집
オク
いえ

宀宀宇家家 　フ尸尸屋
家屋　　　　家屋

家屋【가옥】집.
家訓【가훈】가정의 교훈.
屋上架屋【옥상가옥】①지붕 위에 집을 지음. ②일을 부질없이 거듭함.

歌 가 欠부10획
노래
カ
うた
song

謠 요 言부10획
노래
ヨウ
うたふ

可哥哥歌歌　言診診診謠
歌謠　　　　歌謠

歌謠【가요】널리 알려진 노래.
歌舞【가무】노래와 춤.
謠言【요언】세상의 뜬소문.
民謠【민요】민중 속에 전해 내려온 노래.

價 가 人부13획
값
カ
あたひ
value

値 치 人부8획
값 만날
チ
あたひ

加 가 力부3획
더할
カ
くわふ
addition and

減 감 水부9획
덜
ゲン
へる
subtraction

亻亻俨價價　亻亻什估値値
價値　　　　價値

フカ加加加　氵氵汧減減
加減　　　　加減

價値【가치】값어치.
價額【가액】값.
價折錢文【가절전문】값으로 정한 돈머리.
値遇【치우】마침 만남.

加減【가감】더하고 덜함.
加護【가호】(신이) 돌보아 줌.
減速【감속】속도를 줄임.
輕減【경감】덜어서 가볍게 함.

可 가 口부2획
옳을 가히
カ
よし
fear

恐 공 心부6획
두려울
キョウ
おそれる

假 가 人부9획
거짓 임시
カ
かり
about

量 량 里부5획
헤아릴
リョウ
はかり

一丁丆可可　工巩巩恐恐
可恐　　　　可恐

亻亻伊伊假　口旦昌量量
假量　　　　假量

可恐【가공】두려워할 만함.
恐懼【공구】몹시 두려워함.
恐動【공동】사람의 마음을 두렵게 함.
恐縮【공축】두려워서 몸을 움츠림.

假量【가량】……쯤(어림).
假契約【가계약】임시로 맺는 계약.
量入計出【양입계출】수입을 헤아려 지출을 계획함.

佳 가 人부6획
아름다울
カ
よし
good relish

肴 효 肉부4획
안주
コウ
さかな

苛 가 艸부5획
까다로울 꾸짖을
カ
かい
severity

酷 혹 酉부7획
괴로울 심할
コク
むごい

亻亻佳佳佳　丶丷䒑肴肴
佳肴　　　　佳肴

一十廿苎苛　西酉酉酷酷
苛酷　　　　苛酷

佳肴【가효】맛 좋은 안주. 맛 있는 요리.
佳約【가약】부부가 될 언약.
肴核【효핵】안주.
肴蔬【효소】안주와 채소.

苛酷【가혹】매우 까다롭고 혹독함.
苛細【가세】성질이 까다롭고 잚.
苛責【가책】가혹하게 책망함.
酷毒【혹독】성질 등이 매우 나쁨.

家貧思良妻 (가빈사양처) 집이 가난하면 어진 아내를 생각한다.
苛政猛於虎 (가정맹어호) 가혹한 정치는 호랑이보다 무섭다.

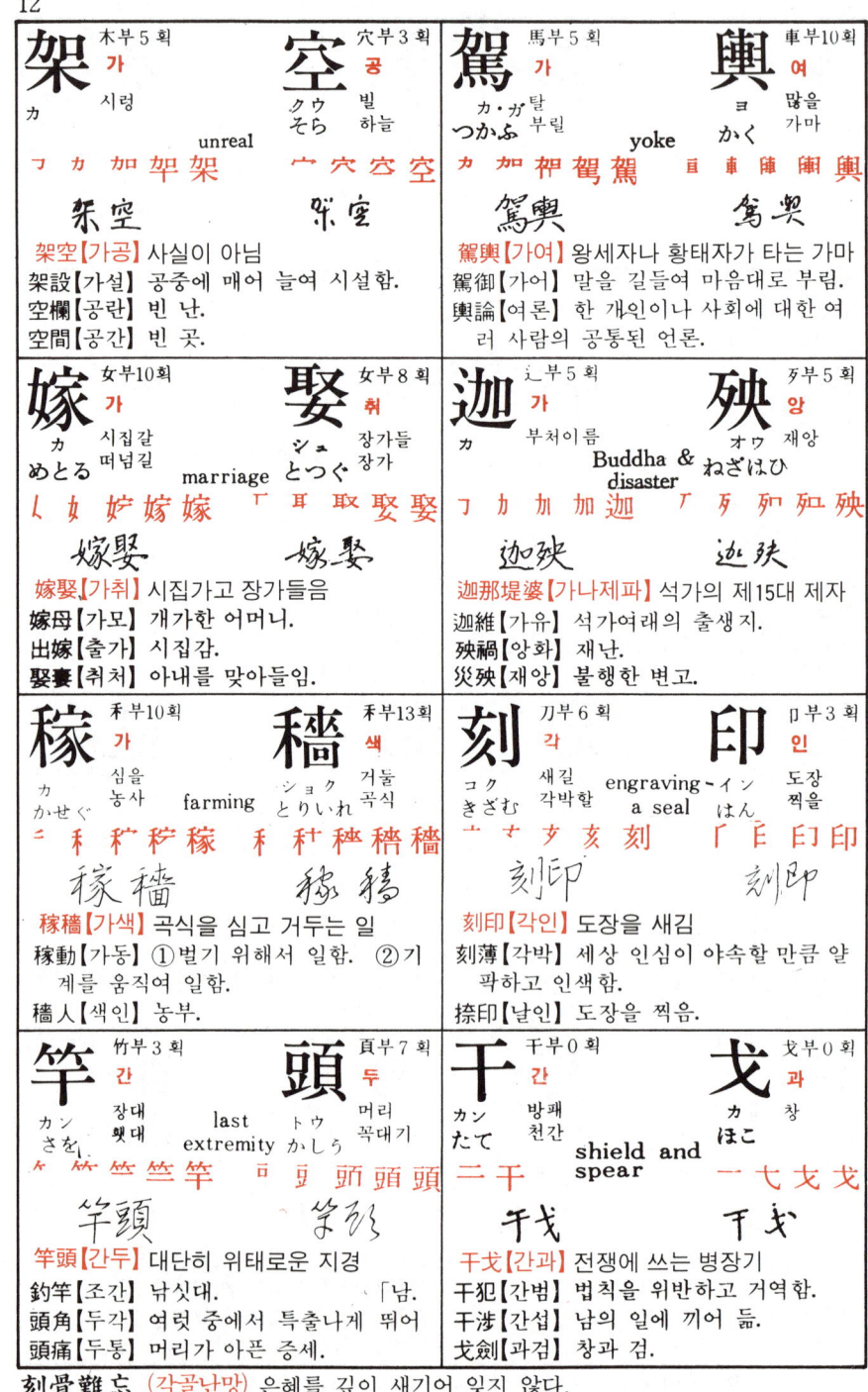

各 口부3획
각 각각
カク おのおの   each one
ノクタ各各
各個
各個【각개】 낱낱
各界【각계】 사회의 가 방면.
個別【개별】 낱낱이 따로 나눔.
個人【개인】 낱낱의 사람.

個 人부8획
개 낱
コ,カ かず
亻仍们個個
各個
看 目부4획
간 볼
カン みる   signboard
一二手手看看
看板
看板【간판】 눈에 띄도록 한 외관상의 표식
看過【간과】 대강 보아 넘김.
板刻【판각】 글자나 그림을 판에 새김.
板屋【판옥】 판자집.

板 木부4획
판 널
ハン いた   판목
十木 杁板
看板

刊 刀부3획
간 책펴낼
カン はづる   publication
一二千刊刊
刊行
刊行【간행】 출판물을 만들어 냄
行動【행동】 동작을 하여 행하는 일.
行路【행로】 ①사람이 다니는 길. ②살아가는 과정.

行 彳부0획
행,항 다닐
コウ ゆく 행할
彳行行
刊行

簡 竹부12획
간 간략할
カン ふみ   brevity   편지
⺮ 笆 简 簡
簡單
簡單【간단】 간략하고 단출함.
簡潔【간결】 간단하고 요령이 있음.
書簡【서간】 편지.
單價【단가】 낱 단위의 값.

單 口부9획
단, 선 홑
タン ひとへ   오랑캐임금
口 門 單 單 單
簡單

肝 肉부3획
간 간
カン きも   liver and gall   마음
月月 肝 肝 肝
肝膽
肝膽【간담】 간장과 쓸개
肝腦【간뇌】 간과 뇌.
膽力【담력】 겁이 없고 용감스러운 기운.
膽小【담소】 겁이 많고 배짱이 없음.

膽 肉부13획
담 쓸개
タン きも
月 肟 膽 膽 膽
肝膽

姦 女부6획
간 간음할
カン よこしま   adultery
人 く 女 奻 姦
姦淫
姦淫【간음】 부부가 아닌 남녀가 성적으로 관계함
姦賊【간적】 간악한 도둑.
淫女【음녀】 음란한 여자.

淫 水부8획
음 음란할
イン みたら
氵沪 浮 浮 淫
姦淫

幹 干부10획
간 줄기
カン みき   the manager   맡을
十 𠦝 斡 幹 幹
幹部
幹部【간부】 단체의 임원
部署【부서】 사업 체계에 따라 갈라진 사업 부문의 단위.
部隊【부대】 한 단위의 군대.

部 阝부8획
부 떼
ブ つかさ   거느릴
立 咅 部 部
幹部

懇 心부13획
간 간절할
コン ねんころ   earnest
豸 豤 豤 懇 懇
懇切
懇切【간절】 지성스럽고 절실함
懇曲【간곡】 간절하고 극진함.
懇請【간청】 간절하게 청함.
切感【절감】 간절하게 느낌.

切 刀부2획
절,체 끊을
セツ・サイ きる   모두
一 七 切 切
懇切

肝腦塗地 (간뇌도지) 간과 뇌가 땅 위에 흐트러지도록 참혹한 죽음을 당하다. 목숨을 돌보지 않고 힘을 다하다.

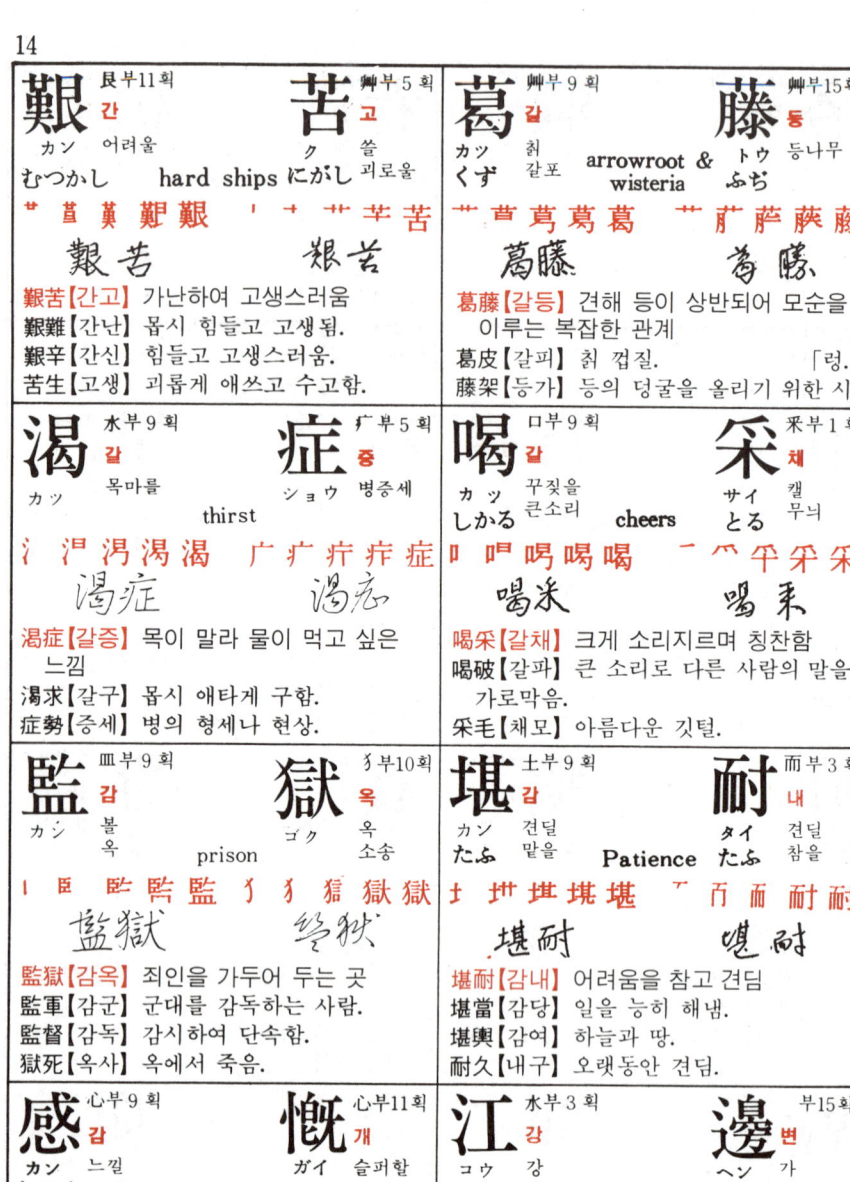

間於齊楚 (간어제초) 약자가 강자 틈에 끼어 괴로움을 받다.
渴者易飮 (갈자이음) 목이 마른 자는 탁한 물이라도 만족한다는 말.

敢 攴부8획 カン あへて 감 감히 decisive measure	**斷** 斤부14획 ダン たつ 단 끊을 결단할	**降** 阝부6획 コウ くだる 강,항 내릴 항복할 descent from Heaven	**臨** 臣부11획 リン のぞむ 림 다다를
敢然【감연】 과감한 태도. 敢戰【감전】 결사적으로 싸움. 斷續【단속】 끊어졌다 이어졌다 함. 斷乎【단호】 단정한 대로 엄격히 지킴.		降臨【강림】 신이 하늘에서 내려 옴. 降神【강신】 신의 강림을 빎. 臨機應變【임기응변】 그때의 사정을 보아 그에 알맞게 그 자리에서 처리함.	
甲 田부0획 コウ よろひ 갑 갑옷 천간 the former & the second	**乙** 乙부0획 オツ おつ 을 새 천간	**講** 言부10획 コウ とく 강 익힐 강론할 lecture-hall	**堂** 土부8획 ドウ おもてざしき 당 집 번듯할
甲蟲【갑충】 껍데기가 단단한 곤충. 甲富【갑부】 첫째 가는 부자. 乙丑【을축】 60갑자의 하나. 乙覽【을람】 임금이 글을 봄.		講堂【강당】 의식 따위를 하는 큰 방. 講義【강의】 내용을 체계적으로 설명함. 食堂【식당】 ①식사를 하는 방. ②식사와 요리를 파는 음식점.	
強 弓부8획 キョウ つよい 강 굳셀 strengthening	**化** 人부2획 カ,ケ ばける 화 될	**鋼** 金부8획 コウ はがね 강 강철 steel	**鐵** 金부13획 テツ かなもの 철 쇠
強化【강화】 강하게 함. 化生【화생】 형체가 변하여 달리 됨. 感化【감화】 마음으로 느껴 변함.		鋼鐵【강철】 강한 쇠. 鋼線【강선】 강철로 만든 줄. 鐵鎖【철쇄】 ①쇠로 만든 자물쇠. ②쇠사슬.	
康 广부8획 コウ やすし 강 튼튼할 평안할 healthy and easy	**寧** 宀부11획 ネイ やすし 녕 편안할 차라리	**綱** 糸부8획 コウ つな 강 벼리 public order	**紀** 糸부3획 キ いとくち 기 벼리 해
康寧【강녕】 건강하고 편안함. 康年【강년】 풍년. 小康【소강】 형세가 조금 안정됨. 寧國【영국】 나라를 편안하게 함.		綱紀【강기】 사물의 근본. 紀綱【기강】 규율과 질서. 紀年體【기년체】 역사적 사실을 연대순으로 서술하는 역사 서술 체제.	

強弩之末 (강노지말) 강한 힘도 최후에는 쇠퇴하여 아무것도 할 수 없게 된다. 강한 활로부터 나온 화살의 최후.

| 剛 강 刀부8획 ゴウ こわし strength softness | 柔 유 木부5획 ジュウ やはらか 부드러울 | 蓋 개, 합 艸부10획 ガイ 덮을 어찌 laying tiles on a roof | 瓦 와 瓦부0획 ガ 기와 |

剛柔【강유】 단단함과 부드러움
剛斷【강단】 ①강기 있게 결단함. ②참고 버티는 힘.
剛直【강직】 마음이 굳세고 곧음.

蓋瓦【개와】 기와로 지붕을 이음
蓋世【개세】 위력이 세상을 덮을 만큼 큼.
蓋然【개연】 그렇게 되리라는 가능성.
瓦石【와석】 기와와 돌.

| 開 개 門부4획 カイ ひらく 열 clearing | 拓 척, 탁 扌부5획 タク ひろふ 열 박을 | 凱 개 几부10획 カイ かち 이길 즐거울 victory | 旋 선 方부7획 セン めぐる 돌 두를 |

開拓【개척】 개간하여 경지를 넓힘
開講【개강】 강의를 시작함.
開發【개발】 개척하여 발전시킴.
拓土【척토】 개척한 땅.

凱旋【개선】 싸움에 이기고 돌아옴
凱弟【개제】 평온하고 즐거움.
凱風【개풍】 온화한 바람.
旋風【선풍】 갑자기 일어나 물의를 빚는 「사건.

| 槪 개 木부11획 ガイ ならす 대개 절재 outline | 要 요 襾부3획 ヨウ もとむ 종요로울 | 擧 거 手부14획 キョ あぐ 들 온통 greater part | 皆 개 白부5획 カイ みな 다 |

槪要【개요】 개략의 요지
槪算【개산】 개략적인 계산.
要綱【요강】 중요하고 근본되는 사항.
要領【요령】 경험에서 얻은 미립.

擧皆【거개】 모두
擧事【거사】 일을 일으킴.
擧行【거행】 일을 행함.
皆勤【개근】 결근 없이 다 근무함.

| 改 개 攴부3획 カイ あらためる improvement | 良 량 艮부1획 リョウ よい 좋을 어질 | 距 거 足부5획 キョ けつめ 떨어질 distance | 離 리 隹부11획 リ はなれ 떠날 떨어질 |

改良【개량】 나쁜 점을 좋게 고침
改心【개심】 마음을 고쳐 먹음.
良家【양가】 양민의 집.
良順【양순】 어질고 부드러움.

距離【거리】 두 곳 사이의 먼 정도
相距【상거】 서로 떨어짐.
離間【이간】 서로의 사이를 틈나게 함.
離農【이농】 농사를 버림.

改過遷善 (개과천선) 지나간 허물을 고치고 착하게 되다.
開卷有得 (개권유득) 책을 펴고 글을 읽어 새로운 지식을 얻는다.

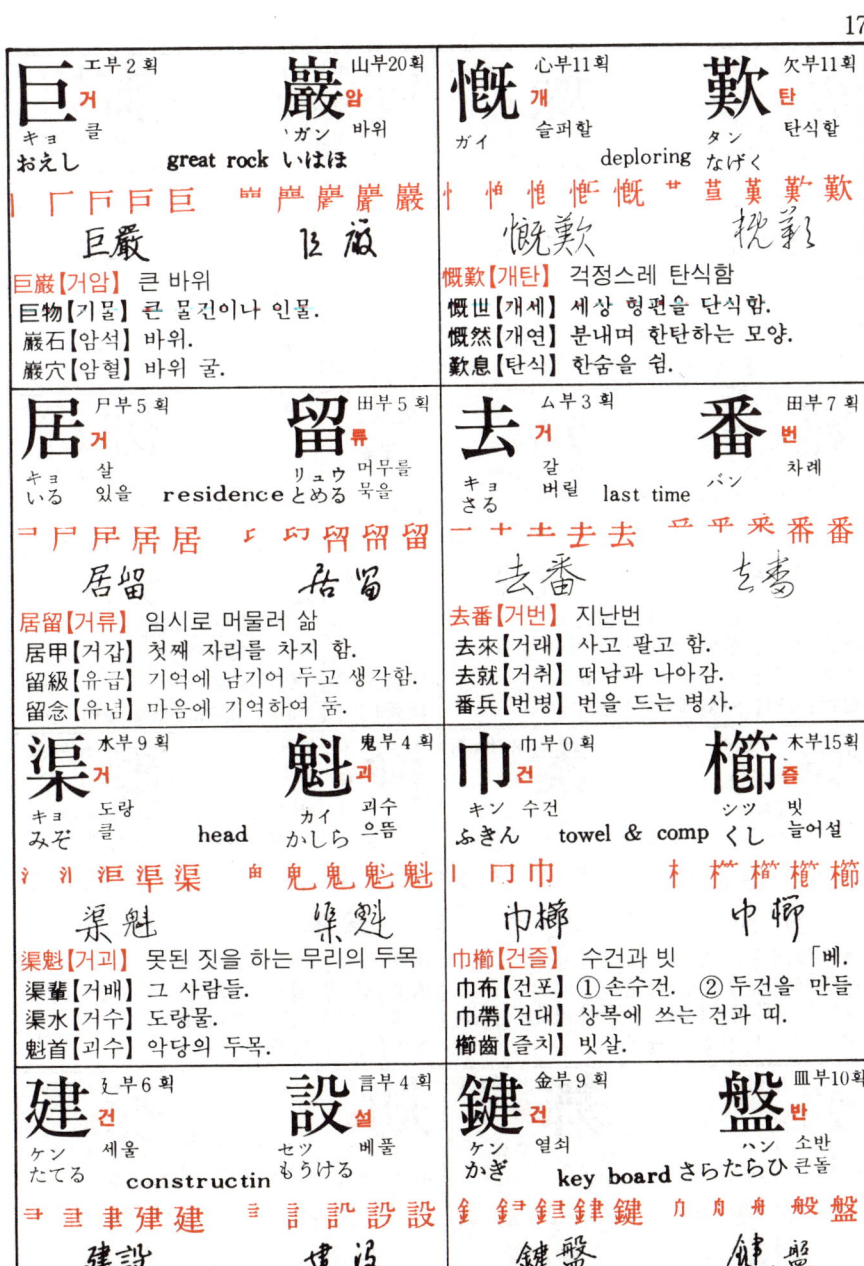

17

巨 [거] 工부2획 / キョ / 클 / おえし / great rock
巖 [암] 山부20획 / ガン / 바위 / いはほ

巨巖【거암】 큰 바위
巨物【거물】 큰 물건이나 인물.
巖石【암석】 바위.
巖穴【암혈】 바위 굴.

慨 [개] 心부11획 / ガイ / 슬퍼할 / deploring
歎 [탄] 欠부11획 / タン / 탄식할 / なげく

慨歎【개탄】 걱정스레 탄식함
慨世【개세】 세상 형편을 단식함.
慨然【개연】 분내며 한탄하는 모양.
歎息【탄식】 한숨을 쉼.

居 [거] 尸부5획 / キョ / 살 / いる / residence
留 [류] 田부5획 / リュウ / 머무를 / とめる / 묵을

居留【거류】 임시로 머물러 삶
居甲【거갑】 첫째 자리를 차지 함.
留級【유급】 기억에 남기어 두고 생각함.
留念【유념】 마음에 기억하여 둠.

去 [거] ム부3획 / キョ / 갈 / さる / 버릴 / last time
番 [번] 田부7획 / バン / 차례

去番【거번】 지난번
去來【거래】 사고 팔고 함.
去就【거취】 떠남과 나아감.
番兵【번병】 번을 드는 병사.

渠 [거] 水부9획 / キョ / 도랑 / みぞ / 클 / head
魁 [괴] 鬼부4획 / カイ / 괴수 / かしら / 으뜸

渠魁【거괴】 못된 짓을 하는 무리의 두목
渠輩【거배】 그 사람들.
渠水【거수】 도랑물.
魁首【괴수】 악당의 두목.

巾 [건] 巾부0획 / キン / 수건 / ふきん / towel & comp
櫛 [즐] 木부15획 / シツ / 빗 / くし / 늘어설

巾櫛【건즐】 수건과 빗
巾布【건포】 ①손수건. ②두건을 만듦
巾帶【건대】 상복에 쓰는 건과 띠.
櫛齒【즐치】 빗살.

建 [건] 廴부6획 / ケン / 세울 / たてる / constructin
設 [설] 言부4획 / セツ / 베풀 / もうける

建設【건설】 새로 만들어 설정함
建軍【건군】 군대를 창건함.
設計【설계】 계획을 세움.
設備【설비】 시설을 베풀어 갖춤.

鍵 [건] 金부9획 / ケン / 열쇠 / かぎ / key board
盤 [반] 皿부10획 / ハン / 소반 / さらたらひ / 큰돌

鍵盤【건반】 피아노・풍금의 건이 늘어 놓인 면
關鍵【관건】 사물의 중요한 곳.
盤曲【반곡】 얽히어 구부러짐.

擧一反三 (거일반삼) 한 가지를 들어서 세 가지를 돌이켜 알다.
去頭截尾 (거두절미) 머리와 꼬리를 잘라 없애다.

乾 건 カン かわく 乙부10획 하늘 마를 dryness	燥 조 ソウ かわく 火부13획 마를 탈	虔 건 ケン つつしむ 虍부4획 삼갈 sincerity & respectful	肅 숙 シュク つつしむ 聿부7획 엄숙할 공경할
十古卓乾乾 乾燥	''火炉焊燥 乾燥	广卢虔虔 虔肅	一聿聿肅肅 虔肅
乾燥【건조】물기가 마름 乾杯【건배】술잔을 비움. 燥濕【조습】마름과 습함. 마름과 젖음. 燥渴【조갈】목, 입, 입술 등이 몹시 마름.		虔肅【건숙】경건하고 엄숙함. 虔心【건심】공경하는 마음. 肅然【숙연】삼가 두려워하는 모양. 肅拜【숙배】삼가 공손히 절함.	
健 건 ケン すこやか 人부9획 굳셀 stalwart	兒 아 ジ·ニ こども 儿부6획 아이	桀 걸 ケツ あらし 木부6획 뛰어날 사나울 outstanding	俊 준 ジュン とし 人부7획 준걸 클
亻伊律健健 健兒	厂F臼臼兒 健兒	夕夕舛桀桀 桀俊	亻亻仫俊俊 桀俊
健兒【건아】혈기 왕성한 청년 健康【건강】몸이 튼튼하고 병이 없음. 健實【건실】씩씩하고 착실함. 兒女【아녀】어린애와 여자. 여자.		桀俊【걸준】아주 훌륭한 사람 桀惡【걸악】매우 포악함. 桀紂【걸주】폭군의 대표자.「남. 俊秀【준수】재주, 슬기, 풍채 등이 뛰어	
儉 검 ケン つづまやか 人부13획 검소할 frugality	素 소 ソ,ス もと 糸부4획 흴 본디	檢 검 ケン しらぶ 木부13획 검사할 inspection	審 심 シン くわし 宀부12획 살필 밝힐
亻价伶儉儉 儉素	十圭素素素 儉素	木松檢檢檢 檢審	宀宁宷審審 檢審
儉素【검소】사치하지 않고 수수함 儉德【검덕】검소한 행실. 素質【소질】본디부터 갖추어 있는 성질. 素行【소행】평소의 행실.		檢審【검심】검사하고 살핌 檢查【검사】실상을 검토하여 옳고 그름, 좋고 나쁨 등을 조사함. 審查【심사】자세히 조사함.	
劍 검 ケン つるぎ 刀부13획 칼 sword-dance	舞 무 ブ まう 舛부8획 춤출	劫 겁 ケフ かすめとる 力부5획 겁 deprive a person of	奪 탈 ダツ うばふ 大부11획 빼앗을 잃을
人合命僉劍 劍舞	二無舞舞舞 劍舞	十士去刼劫 劫奪	大卒奞奪奪 劫奪
劍舞【검무】칼 춤 劍客【검객】검술을 잘하는 사람. 劍道【검도】검술을 닦는 무도의 한 부분. 舞臺【무대】연기하거나 활동하는 장소.		劫奪【겁탈】남의 것을 폭력으로 빼앗음 劫掠【겁략】폭력을 써서 빼앗음. 永劫【영겁】영원한 세월. 奪取【탈취】빼앗아 가짐.	

乾坤一擲 (건곤일척) 운명과 흥망을 걸고 한판걸이로 성패를 겨루다.
乾坤淸氣 (건곤청기) 천지에 가득 찬 맑은 기운.

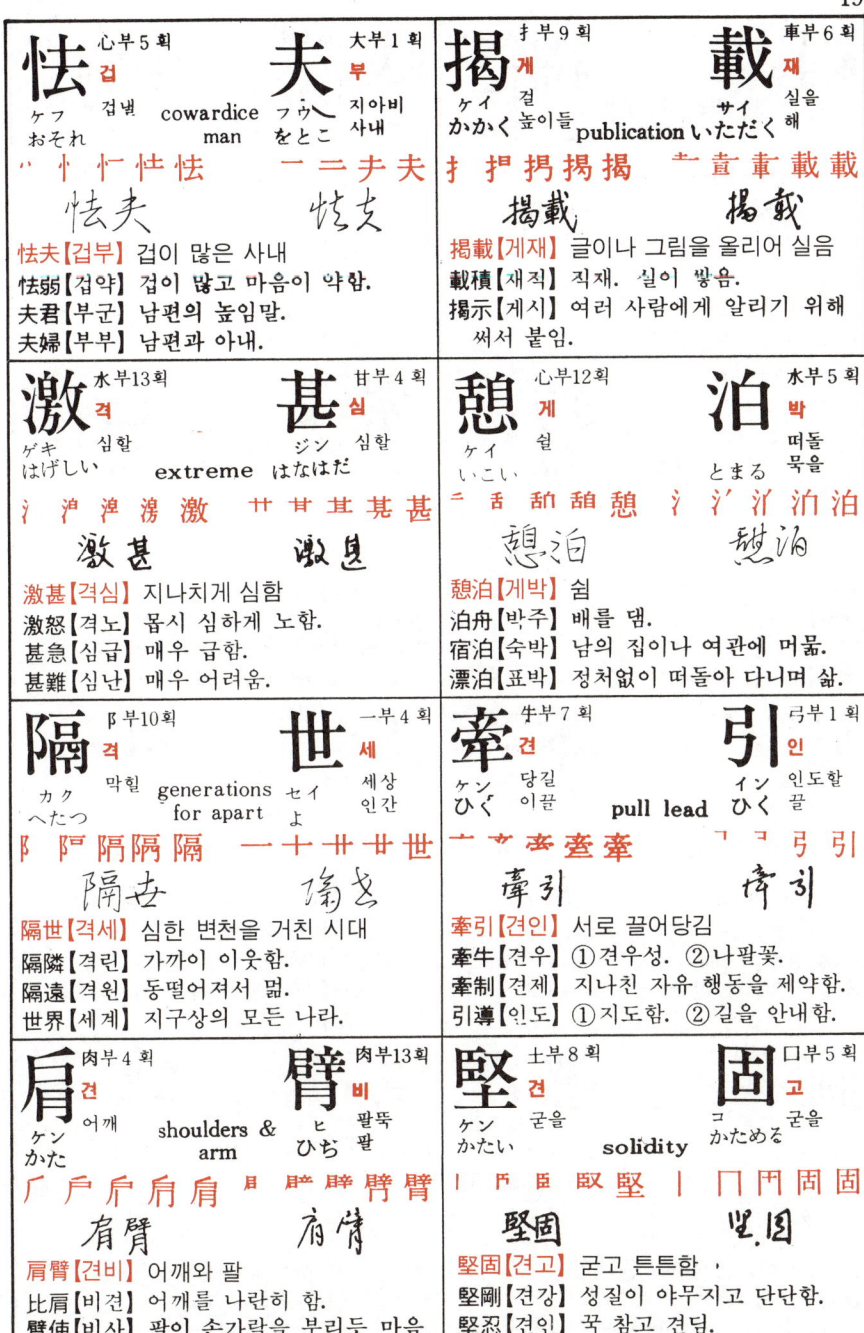

揭斧入淵 (게부입연) 도끼를 들고 물에 들어가다. 쓸데 없는 것.
格物致知 (격물치지) 사물의 이치를 연구하여 지식을 명확히 하다.

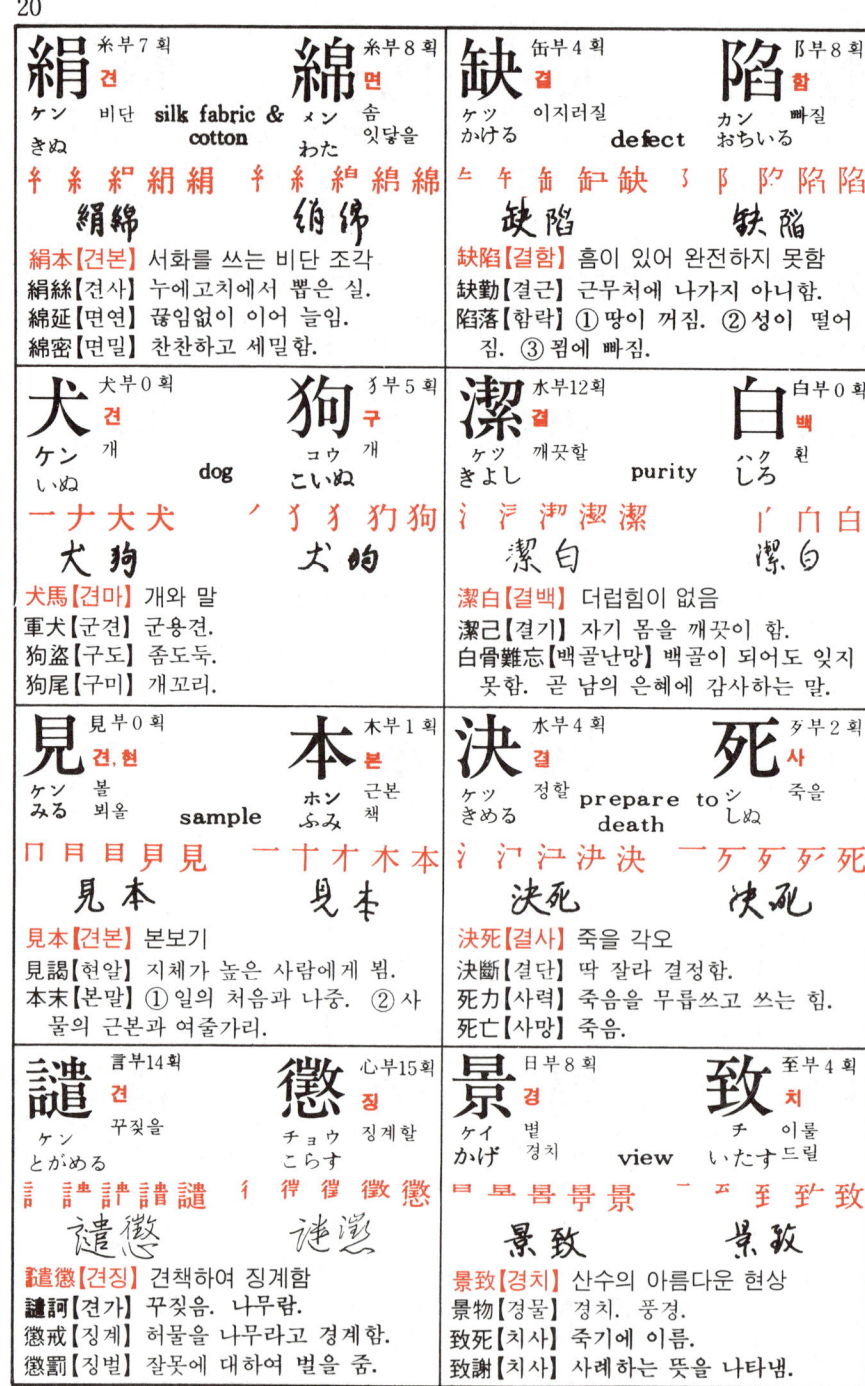

犬馬之勞 (견마지로) 자기의 노력을 낮추어서 일컫는 말.
見蚊拔劍 (견문발검) 모기 보고 칼을 빼다. 하찮은 일에 화를 내다.

21

兼 (八부 8획)
ケン / かねる / 겸 / 겸할 / and &

筆順: 八今乌爭兼
兼彩

兼職【겸직】 겸해 맡은 직책.
兼備【겸비】 아울러 가짐.

彩 (彡부 8획)
サイ / 채 / 채색 / colouring / いろどり빛날

筆順: 厂ベ半采彩
兼彩

彩服【채복】 빛깔이 고운 옷.
彩雲【채운】 채색 구름.

輕 (車부 7획)
ケイ / かるし / 경 / 가벼울 / rashness

筆順: 亘車軒輕輕
輕率

輕率【경솔】 언행이 무게 없이 가벼움.
輕視【경시】 가볍게 봄. 깔봄.

率 (玄부 6획)
リツ, ソツ / ひきいる / 솔, 률 / 거느릴 / 비율

筆順: 亠玄玆㴇率
輕率

率家【솔가】 제 식구를 데려 가거나 데려 오거나 함.

謙 (言부 10획)
ケン / ゆつ / 겸 / 겸손할 / humility &
press down

筆順: 言許許謙謙
謙抑

謙抑【겸억】 겸손한 태도로 억제하는 것.
謙卑【겸비】 자기를 겸손하게 낮춤.

抑 (扌부 4획)
ヨク / おさふ / 억 / 누를

筆順: 扌扫扣扣抑
謙抑

抑壓【억압】 남의 자유를 강제로 누름.
抑揚【억양】 ①억압과 찬양. ②어조.

經 (糸부 7획)
ケイ / 경 / 날 / pass by

筆順: 糸糸經經經
經由

經由【경유】 거쳐 감.
經絲【경사】 피륙의 날실.

由 (田부 0획)
よし / よる / 유 / 말미암을 / 까닭

筆順: 丨冂由由由
經由

由來【유래】 거치어 내려온 내력.
由緖【유서】 전하여 내려오는 내력.

庚 (广부 5획)
コウ / かはる / 경 / 나이 / 천간 / cohhect & dog

筆順: 一广广庐庚
庚戌

庚戌【경술】 육십갑자의 47째.
庚炎【경염】 불꽃 같은 삼복 더위.

戌 (戈부 2획)
ジュッ / いぬ / 술 / 개

筆順: 丿厂戶戌戌
庚戌

戌時【술시】 오후 7시부터 9시 사이.
戌日【술일】 일진이 '술'인 날.

競 (立부 15획)
キョウ / きそう / 경 / 다툴 / 쫓을

筆順: 立並竞竞競競
競走

競走【경주】 달리는 경기.
競爭【경쟁】 같은 목적에 대하여 서로 겨루고 다툼.

走 (走부 0획)
ソウ / はしる / 주 / 달릴 / 달아날 / race

筆順: 十土卉走走
競走

奔走【분주】 마구 달림.
走者【주자】 달리는 사람.

驚 (馬부 13획)
キョウ / おどろく / 경 / 놀랄 / admiration

筆順: 苟敬警驚驚
驚歎

驚歎【경탄】 놀라 탄식함.
驚起【경기】 놀라서 일어남.

歎 (欠부 11획)
タン / なげく / 탄 / 탄식할

筆順: 艹堇菓歎歎
驚歎

歎息【탄식】 한숨을 쉼.
讚歎【찬탄】 칭찬하고 감탄함.

頃 (頁부 2획)
ケイ / 경 / 잠깐 / moment

筆順: 匕旸頃頃
頃刻

頃刻【경각】 눈 깜빡하는 동안.
頃日【경일】 요즈음.

刻 (刀부 6획)
コク / きざむ / 각 / 새길 / 각박할

筆順: 亠亥亥刻刻
頃刻

刻薄【각박】 세상 인심이 야속할 만큼 얄팍하고 인색함.

兼人之勇 (겸인지용) 능히 몇 사람을 당해 낼 만한 용기.
經國濟世 (경국제세) 국사를 경영하고 세상을 구함.

慶 心부11획 **경** ケイ いわう 경사 — **祝** 示부5획 **축** シュク いわふ 빌

congratulation

广 声 声 鹿 慶　亍 礻 祀 祀 祝

慶祝　慶祝

慶祝【경축】 축하함
慶事【경사】 기쁜 일.
祝壽【축수】 오래 살기를 빎.
祝賀【축하】 기뻐하고 즐거워함.

傾 人부11획 **경** ケイ かたむく 기울 — **斜** 斗부7획 **사** シャ ななめ 비낄

inclination

亻 亻 化 傾 傾　𠆢 今 余 斜 斜

傾斜　傾斜

傾斜【경사】 기울기
傾聽【경청】 귀를 기울이고 들음.
斜路【사로】 비탈진 길.
橫斜【횡사】 가로 비낌.

硬 石부7획 **경** コウ かたし 굳을 — **軟** 車부4획 **연** ナン よわい 연할

hard and soft

丆 石 矴 硬 硬　亘 車 軟 軟 軟

硬軟　硬軟

硬軟【경연】 단단함과 부드러움
硬骨【경골】 절조가 굳고 굽히지 않음.
軟禁【연금】 정도가 너그러운 감금.
軟化【연화】 단단하던 물건이 무르게 됨.

季 子부5획 **계** キ すゑ 끝 철 — **氏** 氏부0획 **씨** シ うじ 각시 성

your younger brother

二 千 禾 季 季　一 匚 F 氏

季氏　季氏

季氏【계씨】 남의 아우의 높임말
季刊【계간】 일년에 네 번 정도 발간함.
氏名【씨명】 성명(姓名).
氏族【씨족】 같은 조상을 가진 혈족.

警 言부13획 **경** ケイ いましむ 경계할 — **戒** 戈부3획 **계** カイ いましめる 경계할

precaution

艹 苟 敬 警 警　一 开 戒 戒 戒

警戒　警戒

警戒【경계】 뜻밖의 일이 생기지 않도록 조심함
戒嚴【계엄】 비상사태에 대한 비상 대책.
戒律【계율】 종교인이 지켜야 할 규범.

計 言부2획 **계** ケイ はかる 셈할 — **算** 竹부8획 **산** サン かぞふ 셈할

calculation

亠 言 言 計 計　𠂉 竹 笁 筸 算

計算　計算

計算【계산】 수를 헤아림
計策【계책】 무엇을 이루기 위한 대책.
計略【계략】 계책과 모략.
算數【산수】 수를 셈함.

癸 癶부4획 **계** キ みづのと 월경 — **丑** 一부3획 **축** チュウ うし 둘째지지 수갑

ヲ 癶 癸 癸 癸　フ 丌 丑 丑

癸丑　癸丑

癸丑【계축】 육십 갑자의 50째
癸巳【계사】 60갑자의 하나.
丑時【축시】 오전 1시부터 3시까지.
丑初【축초】 축시의 처음. 오전 1시경.

溪 水부10획 **계** ケイ たに 시내 — **流** 水부7획 **류** リュウ ながれる 흐를

mountain torrent

氵 㴇 㴇 溪 溪　氵 汁 浐 浐 流

溪流　溪流

溪流【계류】 산골짜기에서 흐르는 물
溪谷【계곡】 물이 흐르는 골짜기.
流露【유로】 감정이 흘러 나타남.
流通【유통】 세상에 널리 통용됨.

季布一諾 (계포일락) 틀림없이 승낙하다.
計窮力盡 (계궁역진) 꾀가 막히고 힘이 다하다.

鷄 계 (鳥부 10획) — ケイ / にわとり / 닭 / hens egg

鷄卵【계란】 달걀
鷄犬【계견】 닭과 개.

卵 란 (卩부 5획) — ラン / たまご / 알

卵白【난백】 달걀의 흰자.
卵生【난생】 알로 태어남.

契 계, 결 (大부 6획) — ケイ / ちぎる / 맺을 애쓸 / contract

契約【계약】 사람과 사람 사이의 약속
契機【계기】 일이 일어날 기회.

約 약 (糸부 3획) — ヤク / むすぶ / 약속할 간략할

約定【약정】 약속하여 작정함.
約條【약조】 조건을 붙여 약속함.

係 계 (人부 7획) — ケイ / かかる / 걸릴 / charge & love

係戀【계련】 사랑에 끌려 잊지 못함
係着【계착】 늘 마음에 걸림.

戀 련 (心부 19획) — レン / こい / 사모할

戀歌【연가】 연애를 읊은 노래.
戀情【연정】 이성을 그리워하는 마음.

桂 계 (木부 6획) — ケイ / かつら / 계수나무 / cinnamon & pine-nuts

桂樹【계수】 장과에 딸린 상록 교목
桂月【계월】 ①달. ②음력 8월.
桂皮【계피】 계수나무의 얇은 껍질.

柏 백 (木부 5획) — ハク / かしは / 잣나무

柏子【백자】 잣.

繼 계 (糸부 14획) — ケイ / つぐ / 이을 / continuance

繼續【계속】 끊지 않고 이어나감
繼走【계주】 이어달리기.

續 속 (糸부 15획) — ゾク / つづく / 이을

續出【속출】 잇달아 나옴.
續絃【속현】 상처하고 새 아내를 얻음.

啓 계 (口부 8획) — ケイ / ひらく / 열 여쭐 / enlightenment

啓蒙【계몽】 무지함을 밝게 깨침
啓示【계시】 신의 가르침.

蒙 몽 (艹부 10획) — モウ / 어릴 입을

蒙利【몽리】 이익을 입음.
蒙幼【몽유】 철이 없는 어린 나이.

階 계 (阝부 9획) — カイ / きざはし / 섬들 / class

階級【계급】 지위·관직 등의 등급
階層【계층】 사회를 형성하는 여러 층.

級 급 (糸부 4획) — キュウ / しな / 등급 목

級友【급우】 같은 학급의 벗.
首級【수급】 싸움에서 벤 적의 머리.

苦 고 (艹부 5획) — ク / くるしい / 괴로울 / wait with

苦待【고대】 애태우며 기다림
苦難【고난】 괴롭고 어려움.

待 대 (彳부 6획) — タイ / まつ / 기다릴 대할

待令【대령】 명령을 기다림.
待遇【대우】 예의를 갖추어 대함.

鷄皮鶴髮 (계피학발) 늙어서 주름살이 잡히고 백발이 된다.
苦盡甘來 (고진감래) 고생이 다하면 낙이 온다.

| 古 고
예
コ 발자취
ふるい historic remains | 跡 적
セキ
あと | 高 고
높을
コウ
たかい high and low | 低 저
낮을
テイ
ひくい |

一十十古古　口甲￥ 跡跡　亠亠高高高　亻仁仁低低
　　古跡　　　　　古跡　　　　高低　　　　　高低

古跡【고적】① 남아 있는 옛 물건
② 옛 물건이 있던 터
古今【고금】 옛적과 지금.
古談【고담】 옛이야기.

高低【고저】 높고 낮음
高貴【고귀】 품위가 높고 귀함.
低能【저능】 지능이 낮음.
低俗【저속】 품격이 낮고 속됨.

| 故 고
연고
コ
さらに 예 | 鄕 향
시골
キョウ
ふるさと 고향 | 告 고
알릴
コク
つげる notice | 示 시
보일
シ, ジ
しめす |

十古古故故　纟绐绐绐鄉鄉　一ト生告告　一二〒示示
　　故鄕　　　　　故鄕　　　　告示　　　　　告示

故鄕【고향】 태어난 고장
故舊【고구】 오래 전부터 사귄 친구.
鄕土【향토】 ①고향. ② 지방. 마을.
懷鄕【회향】 고향을 그리며 생각함.

告示【고시】 글로 써서 널리 알림
告別【고별】 작별을 고함.
示範【시범】 모범을 보임.
示威【시위】 위엄을 보임.

| 姑 고
식
시어미 mere
コ
しうとめ makeshift | 息 식
숨쉴
ソク 그칠
いき | 顧 고
돌아볼 regard
コ
かえりみる | 慮 려
생각
リョ
おもんばかる |

亻女女女姑姑　亻白自自息息　厂戶屏雇顧　广虍虍慮慮
　　姑息　　　　　姑息　　　　顧慮　　　　　顧慮

姑息【고식】 우선 당장에 탈없이 편함
姑婦【고부】 시어머니와 며느리.
息警【식경】 경계하기를 그만 둠.
息災【식재】 재액을 없앰.

顧慮【고려】 다시 돌이켜 생각함
顧客【고객】 단골 손님.
顧問【고문】 의견을 물음.
慮外【여외】 어처구니없는 일.

| 孤 고
외로울 solitude
コ
ひとり 아비없을 | 寂 적
고요할
セキ
さびしい | 考 고
상고할
コウ
죽을 | 究 구
궁구할
キュウ
끝 |

了孑孑孤孤　宀宀宋寂寂　十土耂考考　宀宀空究究
　　孤寂　　　　　孤寂　　　　考究　　　　　考究

孤寂【고적】 외롭고 쓸쓸함
孤獨【고독】 외로움.
寂寞【적막】 ①고요하고 쓸쓸함. ②의지
할 데 없이 외로움.

考古【고고】 역사적 유적과 유물에 의하
여 고대의 역사적 사실을 연구함
究極【구극】 막다른 고비.
究明【구명】 깊이 연구하여 밝힘.

姑息之計 (고식지계) 잠시 모면하는 일시적인 계교.
孤臣寃淚 (고신원루) 외로운 신하의 원통한 눈물.

25

鼓 고 북 / drum
コ / つづみ
十 吉 壴 壴 鼓 鼓
鼓舞【고무】떨쳐 일어나게 함.
鼓動【고동】심장의 뜀.

唱 창 노래부를 / song
ショウ / となふ
口 吅 吅 唱 唱
唱劇【창극】판소리 형식으로 꾸민 가극.
唱導【창도】앞장서서 주장하여 지도함.

穀 곡 곡식 / careals paddy field
コク / たなつもの
士 吉 壹 喪 穀
穀價【곡가】곡식의 값.
穀日【곡일】좋은 날. 길일.
穀倉【곡창】곡식이 많이 나는 고장.

畓 답 논
トウ / (ふむ)
刀 刀 水 沓 畓
畓農【답농】논농사.

曲 곡 굽을 / curve
キョク / まがる
１ 冂 曲 曲 曲
曲線【곡선】구부러진 선.
曲解【곡해】본의와는 다르게 이해함.
線路【선로】레일.
線香【선향】가늘고 길게 만든 향.

線 선 줄 / line
セン / すぢ
幺 糸 綧 線 線

哭 곡 울 / wailing
コク
口 吅 哭 哭 哭
哭泣【곡읍】소리를 내어 서럽게 욺.
哭聲【곡성】곡하는 소리.
痛哭【통곡】슬피 욺.
泣血【읍혈】피눈물나게 슬피 욺.

泣 읍 울
キュウ / なく
氵 汁 泣 泣

棍 곤 곤장
コン / たばめ / club
十 木 柯 椙 棍
棍棒【곤봉】체조에 쓰는 기구.「봉.
棍杖【곤장】옛날 죄인의 볼기를 치던 곤
棒狀【봉상】몽둥이 모양.
棒高跳【봉고도】장대높이뛰기

棒 봉 몽둥이 / club
ボウ
木 栌 棒 棒 棒

骨 골 뼈 / kindred
コツ / ほね
冂 骨 骨 骨 骨
骨肉【골육】뼈와 살.
骨幹【골간】뼈대.
肉塊【육괴】고깃덩이.
肉聲【육성】직접 들리는 사람의 목소리.

肉 육 고기 몸
ニク
冂 内 内 肉 肉

困 곤 곤할
コン / こまる / difficulty
１ 冂 用 困 困
困難【곤난】어려움과 괴로움.
困辱【곤욕】심한 모욕.
難忘【난망】잊기 어려움.
難色【난색】어려워하여 꺼리는 기색.

難 난 어려울
ナン / かたい
廿 菫 莫 歎 難

恐 공 두려울
キョウ / おそれる
工 巩 巩 恐 恐
恐懼【공구】몹시 두려워함.
恐動【공동】사람의 마음을 두렵게 함.
恐縮【공축】두려워서 몸을 움츠림.
懼內【구내】아내를 두려워하는 일.

懼 구 두려워할 / awe
ク
忄 懼 懼 懼

曲學阿世 (곡학아세) 사곡(邪曲)한 학문을 하여 세상에 아첨하다.
骨肉之親 (골육지친) 부모 형제와 가까운 혈족.

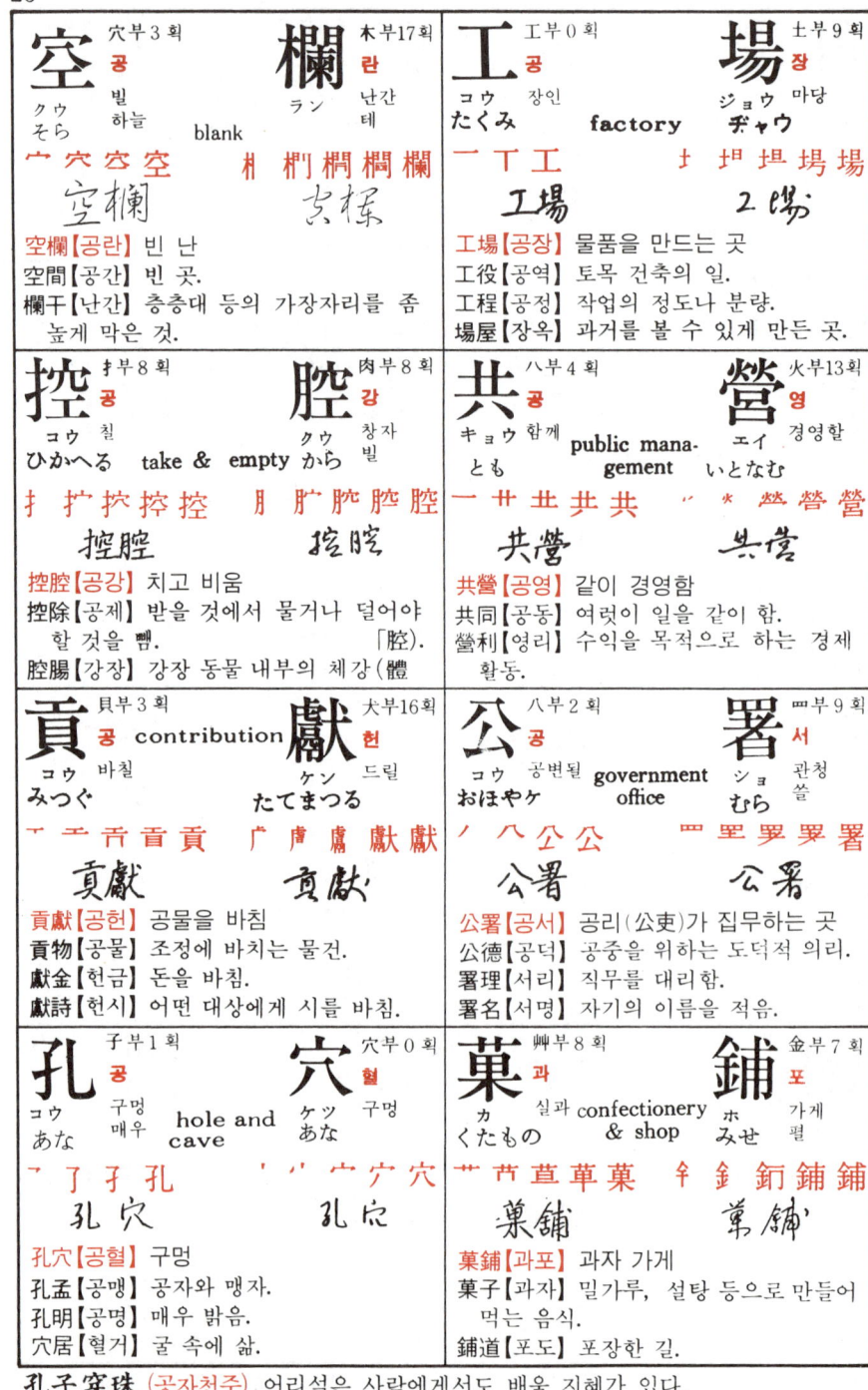

27

恭 心부 6획 / 공 politeness / キョウ 공손할 / うやうやしい
一 艹 共 共 恭 恭
恭睦 恭睦
恭睦【공목】 공손하고 화목함
恭敬【공경】 삼가고 존경함.
恭儉【공검】 공손하고 검소함.
親睦【친목】 서로 친하여 화목함.

睦 目부 8획 / 목 / ボク 화목할 / むつまじ
｜ 目 睦 睦 睦

課 言부 8획 / 과 / カ 부과할 / わりあて subject
言 訁 訊 課 課
課題 課題
課題【과제】 문제를 내어 줌
課業【과업】 배당된 일.
題目【제목】 작품, 저작 등에서 그것의 내용을 보이기 위하여 붙인 이름.

題 頁부 9획 / 제 / ダイ 제목 / しるし 머리말
日 早 是 題 題

攻 女부 3획 / 공 / コウ 칠 / せめる aggressive
一 丁 工 攻 攻
攻勢 攻勢
攻勢【공세】 공격의 태세나 세력
攻擊【공격】 나아가 적을 침.
勢力【세력】 권력이나 기세의 힘.
去勢【거세】 동물의 생식 능력을 없앰.

勢 力부 11획 / 세 / セイ 기세 / いきおい 형세
扌 幸 孰 勢 勢

過 辶부 9획 / 과 / カ 지날 / すぎる 허물 the past
冂 円 咼 過 過
過去 過去
過去【과거】 이미 지난 때
過失【과실】 허물.
去來【거래】 사고 팔고 함.
去就【거취】 떠남과 나아감.

去 厶부 3획 / 거 / キョ 갈 / さる 버릴
一 十 土 去 去

瓜 瓜부 0획 / 과 / カ 오이 / melon steam
厂 爪 爪 瓜 瓜
瓜蒸 瓜蒸
瓜蒸【과증】 오이찜
瓜期【과기】 관리의 교대하는 시기.
蒸民【증민】 백성.
蒸發【증발】 액체 표면이 기화하는 현상.

蒸 艹부 10획 / 증 / ジョウ 찔 / むす
艹 艻 芽 荻 蒸

科 禾부 4획 / 과 / カ 과목 / すぢめ 과거 fine
二 千 禾 科 科
科料 科料
科料【과료】 가벼운 범죄에 과하는 벌금
科擧【과거】 옛날의 관리 채용 시험.
科目【과목】 학과목.
料外【요외】 뜻밖.

料 斗부 6획 / 료 / リョウ 헤아릴 / はかる 감
丷 平 米 料 料

誇 言부 6획 / 과 / コ 자랑할 / ほこる exaggeration
言 訁 訞 誇 誇
誇張 誇張
誇張【과장】 실제보다 크게 나타내어 말함
誇示【과시】 자랑하여 보임.
張本【장본】 일의 발단이 되는 근원.
緊張【긴장】 팽팽하게 켕김.

張 弓부 8획 / 장 / チョウ 베풀 / はる
フ 引 弨 張 張

觀 見부 18획 / 관 / カン 볼 / みる 경치 sight seeing
艹 荓 藿 觀 觀
觀覽 觀覽
觀覽【관람】 연극, 영화를 구경함
觀念【관념】 생각.
覽勝【남승】 경치가 빼어난 곳을 구경함.
覽示【남시】 드러내어 보임.

覽 見부 14획 / 람 / ラン 볼 / みる 두루볼
爫 𦣞 臨 覽 覽

過猶不及 (과유불급) 지나침은 모자람과 같다.
瓜田不納履 (과전불납리) 외밭에서는 신발을 고쳐 신지 않는다.

寡 과 적을 カ / unselfish 宀부11획	欲 욕 하고자할 ヨク ほっする 欠부7획	關 관 빗장 관계할 カン せき / toll gate 門부11획	門 문 집안 モン かど 門부0획
宀宁宣寘寡 寡欲	公谷谷欲 寡欲	戶門門閟關 關門	丨冂冂門門 閃門
寡欲【과욕】욕심이 적음 寡作【과작】작품을 적게 씀. 欲望【욕망】하고자 하거나 가지려고 바람.		關門【관문】국경, 요지에 들어가는 곳 關心【관심】①마음에 걸림. ②마음을 둠. 門徒【문도】이름난 학자 밑의 제자. 門外【문외】①문 밖. ②전문 밖.	

管 관 대롱 주관할 カン くだ / management 竹부8획	理 리 다스릴 도리 リ をさむ 王부7획	冠 관 갓 カン かんむり / crown and head 冖부7획	首 수 머리 첫째 シュ くび 首부0획
竹竺管管 管理	王£理理 管理	冖元冠冠 冠首	兰前首首 冠首
管理【관리】일을 처리함 管見【관견】좁은 소견. 理髮【이발】머리털을 다듬어 깎음. 理法【이법】법칙. 도리.		冠首【관수】관과 머리라는 뜻으로 남 위에 섬 首腦【수뇌】중요한 자리를 맡은 사람. 首席【수석】맨 윗자리.	

慣 관 익숙할 カン なれる / custom 心부11획	習 습 익힐 シュウ ならう 羽부5획	灌 관 물댈 カン そそぐ / irrigation 水부18획	漑 개 물댈 ガイ すすぐ 水부11획
忄忄憎慣 慣習	刁彐羽習習 慣習	氵沣灌灌 灌漑	氵洭洭漑 灌漑
慣習【관습】전부터 있던 습관 慣用【관용】늘 많이 씀. 習慣【습관】버릇. 習作【습작】연습으로 지음.		灌漑【관개】물을 논이나 밭에 댐 灌腸【관장】항문으로 약제를 넣어 변을 통하게 함. 漑灌【개관】관개.	

寬 관 너그러울 カン ひろし 宀부12획	恕 서 용서할 ジョ ゆるす / forgiveness 心부6획	棺 관 널 입관할 カン ひつぎ 木부8획	板 판 널 판목 ハン·バン 木부4획
宀宀寍寬寬 寬恕	女如恕恕 寬恕	木栌栌栌棺 棺板	十木朽板 板板
寬恕【관서】너그럽게 용서함 寬厚【관후】너그럽고 후함. 恕諒【서량】용서하고 양해함. 恕免【서면】죄를 용서하여 면해 줌.		棺板【관판】관으로 쓰는 널빤지 棺殮【관렴】시체를 관 속에 넣음. 棺材【관재】관으로 쓸 재목. 板屋【판옥】판자집.	

管中之天 (관중지천) 대롱 구멍으로 하늘을 보다. 소견이 좁음.
管鮑之交 (관포지교) 다정하고 허물 없는 교제.

掛 扌부 8획 / カイ / 걸 / かける / wall-map

圖 口부 11획 / ズ, ト / 그림 / はかる

狂 犭부 4획 / キョウ / 미칠 / さわぐ / run wild

奔 大부 6획 / ホン / 뛸 / はしる / 달아날

掛圖【괘도】 걸어놓는 학습용 지도나 그림
掛念【괘념】 마음에 두고 잊지 아니함.
圖謀【도모】 일을 이루려고 꾀함.
圖書【도서】 ①서적. ②그림과 책.

狂奔【광분】 미쳐 날뜀「람.
狂風【광풍】 미친 듯 휩쓸어 일어나는 바
奔忙【분망】 몹시 바쁨.
奔波【분파】 세차게 이는 파도.

廣 广부 12획 / コウ / 넓을 / ひろい / double width

幅 巾부 9획 / フク / 폭 / はば

匡 匚부 4획 / キョウ / 바를 / ただす / correct

矯 矢부 12획 / ケフ / 바로잡을 / ためる / 날랠

廣幅【광폭】 폭이 넓음
廣告【광고】 세상에 널리 알림.
廣場【광장】 넓은 마당.
幅員【폭원】 땅이나 지역의 넓이.

匡矯【광교】 바로잡음
匡救【광구】 잘못을 바로잡고 도와 줌.
矯風【교풍】 나쁜 풍속이나 습관을 바로잡음.

曠 日부 15획 / コウ / 빌 / ひろし / 넓을 / wilderness

野 里부 4획 / ヤ / 들 / の / 질박할

傀 人부 10획 / カイ / 허수아비 / あさし / puppet

儡 人부 15획 / ライ / 허수아비 / やぶる

曠野【광야】 텅빈 들, 광막한 들
曠日【광일】 쓸데없이 나날을 보냄.
野談【야담】 민간에 널리 알려지지 않은 이야기.

傀儡【괴뢰】 꼭둑각시, 망석중이
傀然【괴연】 거대한 모양.
儡儡【뇌뢰】 실패하여 위험한 모양.
儡身【뇌신】 꼭둑각시, 허수아비.

塊 土부 10획 / カイ / 덩어리 / cood & collapse

崩 山부 8획 / ホウ / 무너질 / とも / 죽을

敎 攴부 7획 / キョウ / 가르칠 / おしえる / culture

養 食부 6획 / ヨウ / 기를 / やしなう

塊崩【괴붕】 돌멩이
塊石【괴석】 돌멩이.
崩壞【붕괴】 무너짐.
崩御【붕어】 임금의 죽음.

敎養【교양】 교육하여 길러냄
敎育【교육】 지식을 가르치며 품성을 기름
養成【양성】 인재를 길러 냄.
養育【양육】 어린이를 길러 자라게 함.

敎婦初來 (교부초래) 아내는 처음 시집 왔을 때에 가르쳐야 한다.
敎子以義方 (교자이의방) 지식을 교육시킴에는 정의로써 한다.

怪 (心부 5획) ケイ あやし 괴 괴이할 suspicious fellow	漢 (水부 11획) カン あまのかは 한 한수 한나라	郊 (阝부 6획) コウ はずれ 교 들 suburb	外 (夕부 2획) ガイ そと 외 바깥 외국
怪漢【괴한】 행동이 괴상한 놈 怪力【괴력】 괴상할 정도로 센 힘. 怪疾【괴질】 원인을 알 수 없는 병. 漢方【한방】 중국에서 전해 내려오는 의술.		郊外【교외】 도시 주위의 들 近郊【근교】 도시의 변두리. 外剛內柔【외강내유】 겉으로 보기에는 강하나 속은 부드러움.	
交 (亠부 4획) コウ まじわる 교 사귈 negotiation	涉 (水부 7획) ショウ わたる 섭 건널 관계할	矯 (矢부 12획) キョウ ためる 교 바로잡을 날랠 reform and leading	導 (寸부 13획) ドウ みちびく 도 인도할
交涉【교섭】 일을 위하여 의논함 交代【교대】 갈마듦. 涉歷【섭력】 여러 가지 일을 경험함. 涉外【섭외】 외부와 연락하며 교제함.		矯導【교도】 바르게 인도함 矯正【교정】 잘못을 바로잡아 고침. 導火線【도화선】 폭발물을 터뜨릴 때 불을 당기는 심지.	
嬌 (女부 12획) キョウ うつくし 교 아리따울 lovely & refined	媚 (女부 9획) ビ・ミ こびる 미 아첨할	膠 (肉부 11획) コウ にかは 교 아교 glue & lacquer	漆 (水부 11획) シツ うるし 칠 옻칠할 검을
嬌媚【교미】 아리따운 태도로 아양부림. 嬌態【교태】 예쁘고 아양부리는 자태. 媚附【미부】 아첨함. 媚笑【미소】 아양부리는 웃음.		膠漆【교칠】 아교와 칠. 썩 친밀한 사이의 비유 膠接【교접】 굳게 꼭 붙음. 또는 붙임. 漆黑【칠흑】 옻칠과 같이 검은 것.	
驕 (馬부 12획) キョウ おこる 교 씩씩할 교만할 proud & accusation	誣 (言부 7획) ブ しふ 무 속일 꾸밀	狡 (犬부 6획) コウ わるかしこ 교 간교할 cunning	猾 (犬부 10획) カツ みたる 활 교활할
驕慢【교만】 겸손함이 없이 방자함 驕心【교심】 교만한 마음. 誣陷【무함】 없는 사실을 꾸며 남을 함정에 빠뜨림.		狡猾【교활】 간사한 꾀가 많음 狡惡【교악】 교활하고 간악함. 狡詐【교사】 간사한 꾀로 속임. 猾計【활계】 교활한 계교.	

交淺言深 (교천언심) 교제한 지 얼마 안 되지만, 서로 심중을 털어놓고 이야기하다.

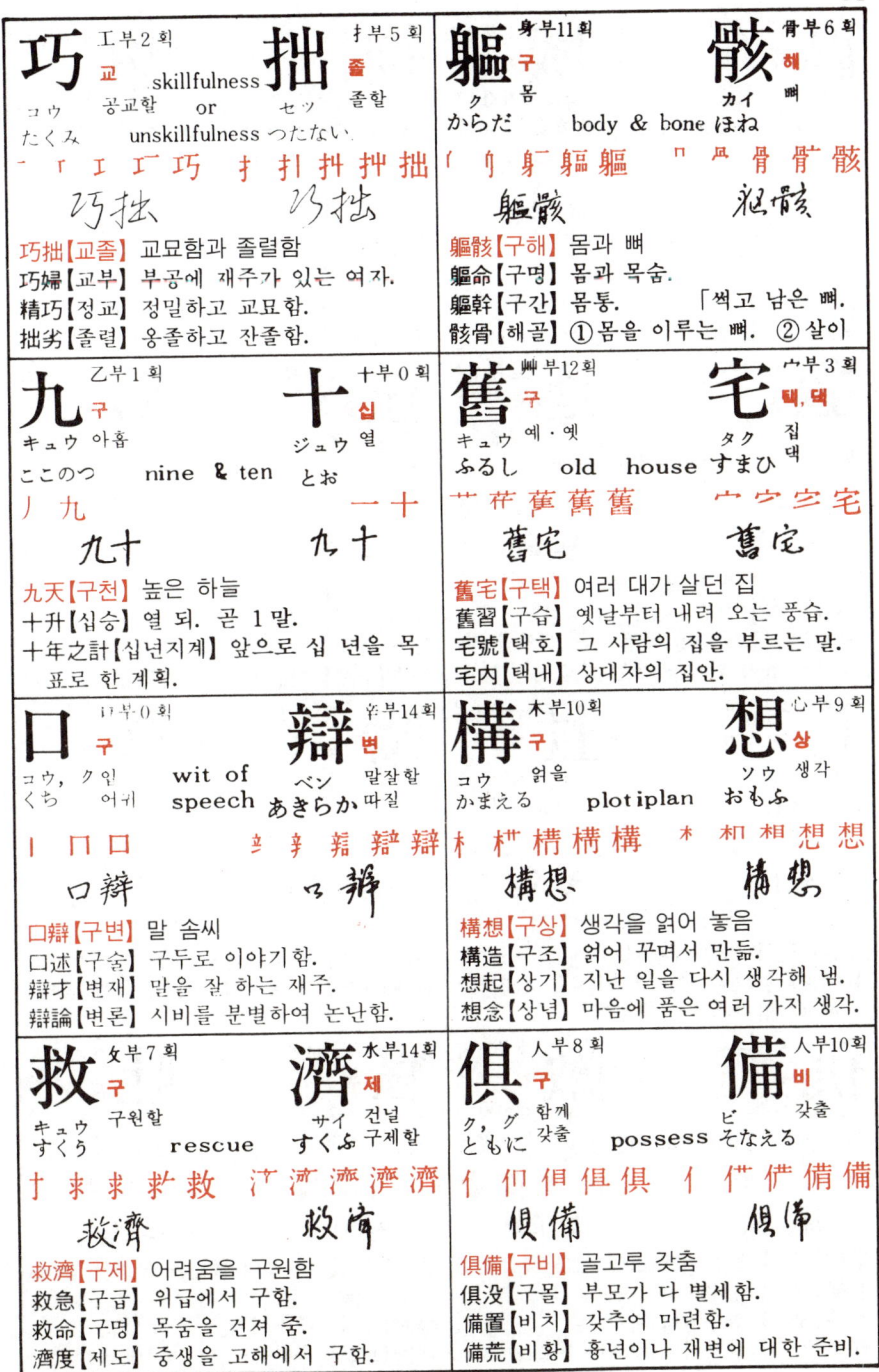

區 ㄷ부9획	域 土부8획	拘 扌부5획	束 木부3획
ク 구역 나눌 かくす districc	イキ 지경 さかひ	コウ 거리낄 잡을 とらふ restriction	ソク 묶을 약속할 たば
一丆币品品區	土圹圹坛域域域	扌扌扚扚拘拘	一一一百市束
區域	区戎	拘束	拘束
區域【구역】갈라 놓은 지역		拘束【구속】자유롭지 못하게 함	
區間【구간】두 구역의 사이.		拘禁【구금】잡아 두어 못 나가게 함.	
區別【구별】종류에 따라 갈라 놓음.		拘引【구인】체포하여 데리고 감.	
域內【역내】구역 안.		束手【속수】손을 묶음.	

驅 馬부11획	逐 辶부7획	丘 一부4획	陵 阝부8획
ク 몰 달릴 かける expulsion	チク 쫓을 おふ	キュウ 언덕 おか hill	リョウ 언덕 능 みささぎ
『馬馬駆駆驅	丆豕豕豕逐逐	一厂斤斤丘	阝阝阝陟陟陵陵
驅逐	驅逐	丘陵	丘陵
驅逐【구축】몰아 쫓아 냄		丘陵【구릉】언덕. 나직한 산	
驅步【구보】달음박질로 가는 일.		丘園【구원】전원.	
逐鹿【축록】사슴을 쫓음. 곧 정치적 권력을 잡기 위해 싸우는 다툼질.		陵所【능소】무덤이 있는 곳.	
		陵幸【능행】임금이 능에 거동함.	

苟 艹부5획	且 一부4획	購 貝부10획	買 貝부5획
コウ 진실로 destitution いやしくも	ソ 또 구차할 かつ. また	コウ 살 あかなう purchase	バイ 살 かう
一卝艹芍苟苟	丨冂冃且且	貝貯貯貯購購	丨罒罒罒買買
苟且	苟且	購買	購買
苟且【구차】몹시 가난하고 군색함		購買【구매】물건을 사들임	
苟免【구면】겨우 벗어남.		購讀【구독】서적, 신문 등을 사서 읽음.	
且問且答【차문차답】한편으로는 묻기도 하고, 한편으로는 대답함.		買收【매수】①물건을 사들임. ②남의 마음을 사서 자기 편으로 만듦.	

仇 人부2획	敵 攴부11획	嘔 口부11획	吐 口부3획
キュウ 원수 かたき bitter enemy	テキ 대적할 대응할 あた	オウ 게울 토할 はく vomiting	ト 토할 게울 はく
ノイ 仉仇	丷产商敵敵	口口吧吧嘔嘔	丨口 吁吐
仇敵	仇敵	嘔吐	嘔吐
仇敵【구적】원한의 대상이 되는 것		嘔吐【구토】위 속의 물건을 삭이지 못하고 게움.	
仇讐【구수】원수.			
仇視【구시】원수같이 대함. 「람.		嘔逆【구역】메스꺼워 토할 듯한 느낌.	
敵手【적수】실력이나 재력이 비슷한 사		吐露【토로】속마음을 다 드러내어 말함.	

狗尾續貂 (구미속초) 쓸 만한 인격자가 없어 비천한 사람을 등용하다. 또는, 남이 하던 일을 이어서 함의 겸칭(謙稱).

鷗 馬부11획 구 オウ 갈매기 sea-gull かもめ and crane	**鶴** 鳥부10획 학 カク 두루미 つる	**龜** 龜부0획 귀,구,균 キ 거북 かめ 땅이름 터질	**鑑** 金부14획 감 カン 거울 かがみ 살필 mirror
品 區 鷗 鷗 鷗 鷗 鴎 鶴 作 銜 鶴 鶴 鶴 鷗鶴 鷗鶴		↑ 龜 龜 龜 龜 釒 鈩 鈩 鈩 鑑 龜鑑 龜鑑	
鷗鶴【구학】 갈매기와 두루미 鷗盟【구맹】 은거하여 갈매기와 벗이 됨. 鶴首【학수】 학처럼 목을 길게 빼고 몹시 기다림.		龜鑑【귀감】 모범. 본보기 鑑別【감별】 잘 관찰하여 분별함. 鑑賞【감상】 예술 작품, 화초 등의 미를 평가하며 즐김.	
毆 殳부11획 구 オウ 칠 strike & たたく 쥐어박을 bind	**縛** 糸부10획 박 ハク 묶을 しばる 포승	**窟** 穴부8획 굴 クツ 굴 あな 움 cave	**穴** 穴부0획 혈 ケツ 구멍 あな 움집
品 區 毆 毆 糸 紀 縛 縛 縛 毆縛 毆縛		穴 空 窄 窄 窟 ⼧ 穴 穴 穴 窟穴 窟穴	
毆縛【구박】 때려 묶음 毆打【구타】 사람을 때리고 침. 縛打【박타】 묶어 놓고 두들김. 捕縛【포박】 붙잡아서 결박함.		窟穴【굴혈】 도둑, 악한들이 숨어 사는 본거지 土窟【토굴】 땅 속으로 뚫린 큰 굴. 穴居【혈거】 바위나 흙굴 속에서 삶.	
郡 阝부7획 군 グン 고을 こほり country office	**廳** 广부22획 청 チャウ 관청 마루	**屈** 尸부5획 굴 クツ 굽을 extension and かがむ contraction	**伸** 人부5획 신 シン 펼 のびる
丨 ⺕ 君 郡 郡 广 庐 庐 廰 廳 郡廳 郡廳		⼀ 尸 尸 屈 屈 亻 亻 伂 伯 伸 屈伸 屈伸	
郡廳【군청】 한 군의 행정을 맡는 관청 郡守【군수】 군 행정 기관의 장. 廳舍【청사】 공공 기관의 사무실 건물. 廳夫【청부】 관청의 인부.		屈伸【굴신】 몸의 굽힘이나 폄 屈辱【굴욕】 억눌려 받는 수치. 伸張【신장】 힘을 늘이고 넓힘. 伸志【신지】 뜻을 폄.	
軍 車부2획 군 グン 군사 いくさ saber	**刀** 刀부0획 도 トウ 칼 かたな	**弓** 弓부0획 궁 キュウ 활 bow and ゆみ arrow	**矢** 矢부0획 시 ヤ 화살 なほし 맹세할
冖 冝 冒 宣 軍 ㄱ 刀 軍刀 軍刀		ㄱ ㄹ 弖 弓 ⼃ ⺦ ⺬ 午 矢 弓矢 弓矢	
軍刀【군도】 군인이 차는 긴 칼 軍備【군비】 국방상의 군사 설비. 刀工【도공】 칼 만들기를 업으로 하는 사람. 刀布【도포】 옛날 화폐의 한 가지.		弓矢【궁시】 활과 화살 弓術【궁술】 활을 쏘는 기술. 矢數【시수】 과녁을 맞힌 화살의 수. 矢心【시심】 마음으로 맹세함.	

群盲撫象 (군맹무상) 여러 맹인이 코끼리를 더듬다. 자기의 좁은 소견과 주관으로 사물을 그릇 판단하다.

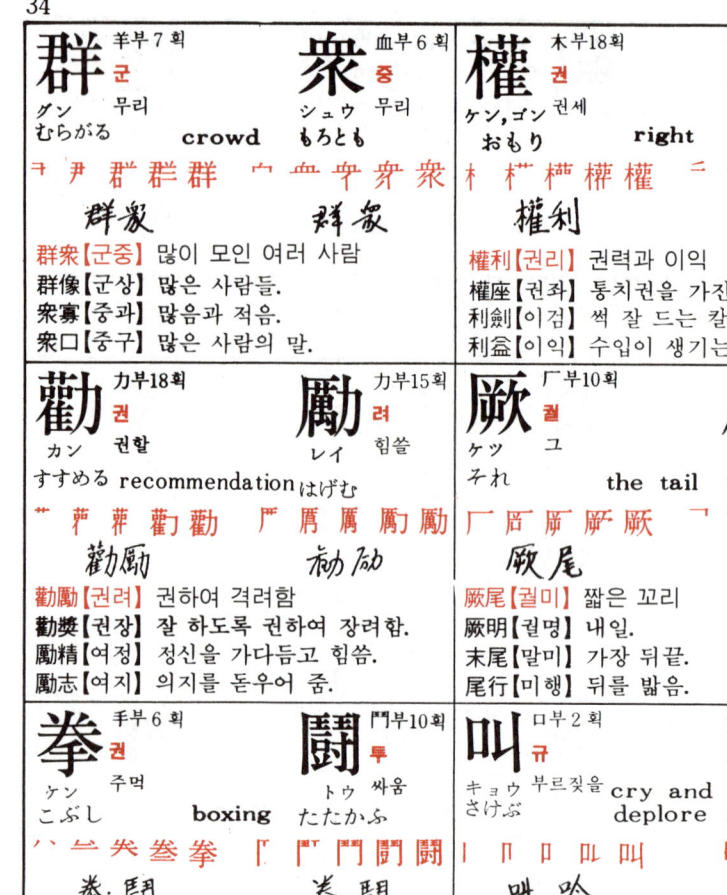

35

閨 (門부 6획) 규 / ケイ / おんな / 안방 / amaiden
｜門門閨閨
閨秀
閨秀【규수】 어진 부인. 처녀
閨房【규방】 여자가 거처하는 방.

秀 (禾부 2획) 수 / シュウ / ひいでる / 빼어날
一千禾秀秀
閨秀
秀麗【수려】 산수가 빼어나게 아름다움.
秀才【수재】 재주가 뛰어난 사람.

勤 (力부 11획) 근 / キン / つとめる / 부지런할 / industry
艹苔苔菫勤勤
勤勉
勤勉【근면】 부지런함
勤勞【근로】 부지런히 일함.

勉 (力부 7획) 면 / ベン / つとむ / 힘쓸 / 장려할
⺈刍免免勉
勤勉
勉強【면강】 억지로 힘씀.
勉學【면학】 학문에 힘씀.

均 (土부 4획) 균 / キン / ひとし / 고를 / equality
十土圴圴均
均等
均等【균등】 고르고 차별이 없음
均適【균적】 고르게 알맞음.

等 (竹부 6획) 등 / トウ / ひとしい / 무리 / 등급
⺮竺笁等等
均等
等級【등급】 높낮이의 차례.
等待【등대】 대기함.

根 (木부 6획) 근 / コン / ね / 뿌리 / radicalcure
木杞杫根根
根治
根治【근치】 병의 뿌리를 뺌.
根絶【근절】 아주 뿌리 채 없애 버림.

治 (水부 5획) 치 / チ, ジ / おさめる / 다스릴
氵汁治治
根治
治亂【치란】 잘 다스려진 세상과 어지러운 세상.

克 (儿부 5획) 극 / コク / かつ / 이길 / self-control
一十古古克
克己
克己【극기】 자기사욕을 이지로 눌러 이김
克服【극복】 (난관, 고생 등을) 이겨냄.

己 (己부 0획) 기 / コ, キ / おの / 몸 / 천간
フコ己
克己
己有【기유】 자기의 소유
己出【기출】 자기가 낳은 자식.

僅 (人부 11획) 근 / キン / わづか / 겨우 / minimum
亻俨俥僅僅
僅少
僅少【근소】 조금
僅僅扶持【근근부지】 겨우 버티어 나감.

少 (小부 1획) 소 / ショウ / すくない / 적을 / 젊을
丨小小少
僅少
少量【소량】 적은 분량.
少時【소시】 젊을 때.

鬼 (鬼부 0획) 귀 / キ / おに / 귀신 / ghost
𠂉甶甶鬼鬼
鬼神
鬼神【귀신】 사람이 죽은 넋
鬼才【귀재】 귀신같이 뛰어난 재주.

神 (示부 5획) 신 / シン, ジン / かみ / 귀신
二丅示礻神
鬼神
神秘【신비】 어림하여 알기 어렵고 신기함.
神聖【신성】 거룩하고 존엄함.

槿 (木부 11획) 근 / キン / むくげ / 무궁화 나무
木柑槿槿槿
槿域
槿域【근역】 무궁화 동산
槿樺【근화】 무궁화와 벗나무.

域 (土부 8획) 역 / イキ / 지경
土圾域域域
槿域
域內【역내】 구역 안.
異域【이역】 다른 나라 땅.

歸馬放牛 (귀마방우) 전쟁이 끝나고 평화로운 시절이 되다.
龜毛兎角 (귀모토각) 거북의 털과 토끼의 뿔. 도저히 있을 수 없는 것.

軌 車部2획	轍 車部12획	謹 言부11획	賀 貝부5획
キ / 궤 / 바퀴 사이 / わだち / orbit & wheel	テツ / 철 / 바퀴자국 / わだち	キン / 근 / 삼갈 / つつしむ / cordial cong--ratulation	ガ / 하 / 하례할 / いわう

冖 亘 車 軋 軌   車 輦 軳 轍 轍   言 諽 諽 諽 謹   ⺼ 加 賀 賀 賀

軌轍   軌轍   謹賀   謹賀

軌轍【궤철】차가 지나간 바퀴 자국.
軌道【궤도】기차 등이 다니는 길.
轍環天下【철환천하】천하를 두루 돌아다님.

謹賀【근하】삼가서 축하함.
謹嚴【근엄】심중하고 엄격함.
賀客【하객】축하하는 손님.
賀禮【하례】축하하는 인사.

金 金부0획	塊 土부10획	衾 衣부4획	枕 木부4획
キン / 금,김 / 쇠,성 / かね / gold bullion	カイ / 괴 / 덩어리	キン / 금 / 이불 / ふすま / bedclothes and a pillow	チン / 침 / 베개 / まくら / 베개 받칠

人 合 全 仐 金   土 圵 坤 塊 塊   人 今 仐 衾 衾   † 木 杧 枕 枕

金塊   金塊   衾枕   衾枕

金塊【금괴】금덩이.
金冠【금관】황금으로 만든 관.
金融【금융】돈의 융통.
塊石【괴석】돌멩이.

衾枕【금침】이부자리와 베개 따위.
衾具【금구】이부자리.
枕木【침목】길고 큰 물건 밑에 괴어 놓은 목재.
枕上【침상】베개의 위.

汲 水부4획	桶 木부7획	禽 厹부8획	獸 犬부15획
キュウ / 급 / 물길을 당길 / くむ / a well bucket	トウ / 통,용 / 통 / おけ / 되	キン / 금 / 날짐승 / とり / birds and beasts	ジュウ / 수 / 길짐승 / けもの

氵 氿 沒 汲 汲   木 杧 桶 桶 桶   人 仐 仐 禽 禽   嘼 嘼 嘼 獸 獸

汲桶   汲桶   禽獸   禽獸

汲桶【급통】물 긷는 통.
汲流【급류】흐르는 물을 길음.
汲引【급인】①물을 길어 올림. ②인재를 등용함.

禽獸【금수】새와 길짐승의 총칭.
禽鳥【금조】'새'의 총칭.
獸性【수성】①짐승의 성질. ②야수성.
獸心【수심】짐승과 같은 마음.

禁 示부8획	止 止부0획	及 又부2획	第 竹부5획
キン / 금 / 금할,대궐 / とどむ / taboo	シ / 지 / 그칠 / とまる	キュウ / 급 / 미칠 / およぶ / passing an examination	ダイ / 제 / 차례,과거 / だいついで

木 林 埜 禁 禁   丨 卜 止 止   ノ 乃 及   ⺮ 竺 筥 第 第

禁止   禁止   及第   及第

禁止【금지】못하게 함.
禁裏【금리】대궐 안.
止哭【지곡】곡을 그침.
止血【지혈】피가 흘러 나오다가 그침.

及第【급제】시험에 합격함.
第二【제이】차례의 둘째.
甲第【갑제】크고 너르게 잘 지은 일등급의 집.

錦衣夜行 (금의야행) 비단 옷을 입고 밤길을 가다.
金枝玉葉 (금지옥엽) 임금의 자손이나 집안. 또는, 귀여운 자손.

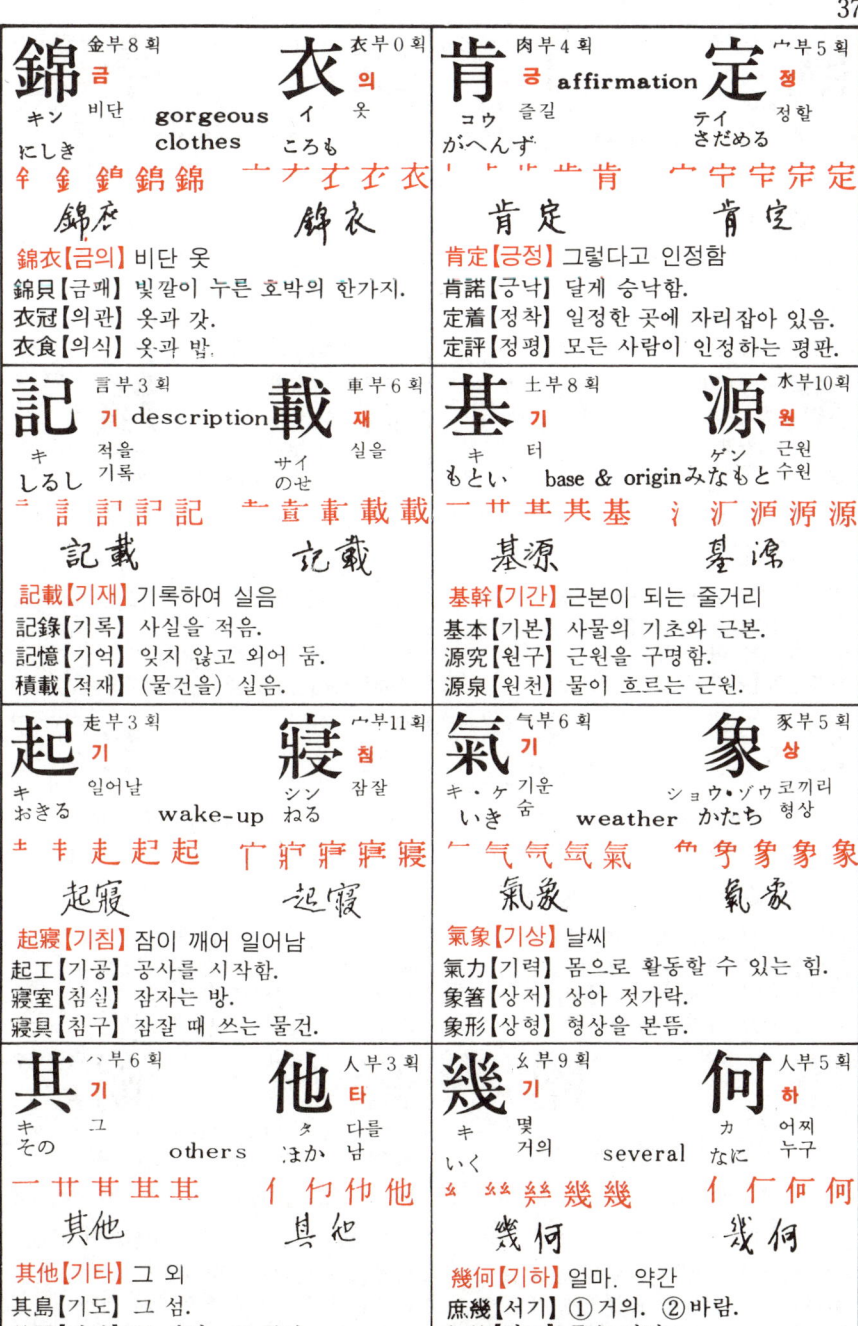

錦衣【금의】 비단 옷
錦貝【금패】 빛깔이 누른 호박의 한가지.
衣冠【의관】 옷과 갓.
衣食【의식】 옷과 밥.

肯定【긍정】 그렇다고 인정함.
肯諾【긍낙】 달게 승낙함.
定着【정착】 일정한 곳에 자리잡아 있음.
定評【정평】 모든 사람이 인정하는 평판.

記載【기재】 기록하여 실음.
記錄【기록】 사실을 적음.
記憶【기억】 잊지 않고 외어 둠.
積載【적재】 (물건을) 실음.

基幹【기간】 근본이 되는 줄거리.
基本【기본】 사물의 기초와 근본.
源究【원구】 근원을 구명함.
源泉【원천】 물이 흐르는 근원.

起寢【기침】 잠이 깨어 일어남.
起工【기공】 공사를 시작함.
寢室【침실】 잠자는 방.
寢具【침구】 잠잘 때 쓰는 물건.

氣象【기상】 날씨.
氣力【기력】 몸으로 활동할 수 있는 힘.
象箸【상저】 상아 젓가락.
象形【상형】 형상을 본뜸.

其他【기타】 그 외.
其島【기도】 그 섬.
其間【기간】 그 사이. 그 동안.
出他【출타】 다른 곳에 잠깐 나감.

幾何【기하】 얼마. 약간.
庶幾【서기】 ①거의. ②바람.
何故【하고】 무슨 까닭.
何如【하여】 어떠함.

氣高萬丈 (기고만장) 씩씩한 기운을 크게 떨치다.
起死回生 (기사회생) 중병으로 죽을 뻔하다가 도로 살아나다.

旣 기 キ すでに 이미 깨달을 already finish	了 료 リョウ をはる 마칠 깨달을	旗 기 キ はた 기 flag	亭 정 テイ 정자 곧을 arbour
白自旣旣旣 旣了	一了 旣了	ナナ㫃旂旗旗 旗亭	一亠亨亨亭 旗亭
旣決【기결】 이미 결정됨 旣成【기성】 이미 이루어졌음. 了得【요득】 깨달음. 終了【종료】 (일을) 마쳐서 끝냄.		旗亭【기정】 요리집. 술집 國旗【국기】 국가의 표지로 쓰는 기. 亭閣【정각】 정자. 射亭【사정】 활터에 지은 정자.	

期 기 キ あふ 기약할 기간 by all means	於 어, 오 オ おいて 어조사 탄식할	奇 기 キ くすし 기이할 miracle	蹟 적 セキ あと 자취
廿其期期 期於	亠方於於 期扵	一ナ大本奇奇 奇蹟	𧾷𧾷跻踦蹟蹟 奇蹟
期於【기어】 ~이 ~바라던 대로 期待【기대】 (어떤 일을) 바라고 기다림. 於焉【어언】 어느덧. 於斯之間【어사지간】 어언지간.		奇蹟【기적】 사람이 할 수 없는 기이한 일 奇謀【기모】 기이한 꾀. 奇妙【기묘】 기이하고 묘함. 蹟捕【적포】 뒤를 밟아가서 잡음.	

忌 기 キ いむ 꺼릴 shun	恣 자 シ ほしいまま 방자할 self-indulgence	騎 기 キ うまのり 말탈 stride scholah	士 사 シ さむらひ 선비 벼슬
𠃍己己忌忌 忌恣	二次次恣恣 忌恣	Π馬馿駩騎 騎士	一十士 騎士
忌恣【기자】 샘이 많고 방자함 忌避【기피】 꺼려서 피함. 恣意【자의】 제멋대로의 생각. 恣行【자행】 방자하게 행동함.		騎士【기사】 말을 타는 무사 騎兵【기병】 말을 타고 전쟁하는 군인. 士林【사림】 선비들의 사회. 士庶人【사서인】 사대부와 서인.	

寄 기 キ よル 부칠 붙어살 subscription	附 부 フ つく 붙을	畿 기 キ みやこ 경기 palace field	湖 호 コ みずうみ 호수
宀宀宀宀宀寄 寄附	了阝阝阝附附 寄附	幺幺絲畿畿畿 畿湖	氵汁沽湖湖 畿湖
寄附【기부】 사회나 단체에 내어 줌. 寄贈【기증】 선물삼아 남에게 거저 줌. 附屬【부속】 주체에 딸려 붙어 있음. 附着【부착】 떨어지지 않게 딱 들어붙음.		畿湖【기호】 경기도와 충청도 畿內【기내】 서울을 중심으로 하여 가까운 행정 구역을 포괄한 지역. 湖堂【호당】 조선 시대의 독서당.	

寄與補裨 (기여보비) 이바지하여 돕고 모자라는 것을 보태다.
騎虎之勢 (기호지세) 범을 탄 기세.

豈 豆부 3획 キ 어찌 あに how & young	稚 禾부 8획 チ 어릴 をさなし	飢 食부 2획 キ 주릴 うえる 흉년들 starvation	渴 水부 9획 カツ 목마를 かわく
山豈豈豈豈 千利禾利稚 豈稚　　　豈稚		𠆢𠂉𠂉飣飢 氵沪沪渴渴 飢渴　　　飢渴	
豈樂【개락】 싸움에 이겼을 때의 음악 稚氣【치기】 유치하고 어린 기분. 稚魚【치어】 물고기 새끼. 稚拙【치졸】 유치하고 졸렬함.		飢渴【기갈】 배고프고 목마름 飢歲【기세】 흉년. 渴症【갈증】 목이 말라 물이 먹고 싶은 　　　　　느낌.	

企 人부 4획 キ 꾀할 くわだてる enterprise	業 木부 9획 ギョウ 업 わざ	機 木부 12획 キ 기계 きざし 기틀 machine	械 木부 7획 カイ 기계 かせ
𠆢个𠆢企企 "业业業業 企業　　　企業		木栏栏機機 木朾杤械械 機械　　　機械	
企業【기업】 사업을 계획, 생산 하는 사업 企圖【기도】 계획을 세움. 일을 꾀함. 業務【업무】 직업으로 하는 일. 業報【업보】 전생에 지은 악업의 갚음.		機械【기계】 틀 機微【기미】 낌새나 눈치. 機敏【기민】 눈치가 빠르고 동작이 날쌤. 械器【계기】 기계나 기구.	

汽 水부 4획 キ 물끓는김 ゆげ steam whistle	笛 竹부 5획 テキ 저 ふえ 피리	嗜 口부 10획 シ 즐길 たくなむ liking	好 女부 3획 コウ 좋을 このむ 친할
氵氵汽汽汽 𠂉𠂉竹笁笛笛 汽笛　　　汽笛		口吐吐嗜嗜 ㄣ女妒好 嗜好　　　嗜好	
汽笛【기적】 증기로 소리 내는 신호장치 汽車【기차】 증기의 힘으로 궤도를 달리 　　　　는 차. 笛伶【적령】 피리를 부는 악사.		嗜好【기호】 무슨 물건을 즐겨서 좋아함. 嗜酒【기주】 술을 좋아함. 好感【호감】 기쁜 감정. 좋아하는 마음. 好衣好食【호의호식】 잘 입고 잘 먹음.	

麒 鹿부 8획 キ 기린 giraffe	麟 鹿부 12획 リン 기린 りん	饑 食부 12획 キ 흉년들 うえ 주릴 famine	饉 食부 11획 キン 흉년들 うえる 흉년
广产鹿麒麒 广产鹿麟麟 麒麟　　　麒麟		𠆢𠆢飠饑饑 𠆢𠆢飠饉饉 饑饉　　　饑饉	
麒麟【기린】 기린과에 딸린 동물 麒麟兒【기린아】 재주와 지혜가 뛰어난 　　　　　아이. 麟角【인각】 기린의 뿔.		饑饉【기근】 양식이 없어 백성들이 　　　　　굶주림 饑餓【기아】 굶주림. 饑寒【기한】 배고프고 추움.	

飢者易爲食 (기자이위식) 기갈이 심한 자는 어떤 음식이라도 먹는다.
奇而又奇 (기이우기) 몹시 신기한 일.

40

杞 기 / キ / あふち
木부 3획
산버들 개버들
imaginary fears

十 木 朷 杞 杞
杞憂

杞憂【기우】 쓸데없는 군 걱정
憂國之士【우국지사】 나라 일을 근심하는 사람.
憂慮【우려】 근심하거나 걱정함.

憂 우 / ユウ / うれい
心부 11획
근심할 걱정할

一 百 直 憂 憂
杞憂

祈 기 / キ / いのる
示부 4획
빌
prayer

亠 示 示 祈 祈
祈求

祈求【기구】 신, 부처에게 빎.
祈雨【기우】 가물 때에 비 오기를 빎.
祈願【기원】 소원이 이루어지도록 바람.
求道【구도】 도를 탐구함.

求 구 / キュウ / もとめる
水부 2획
구할

十 寸 求 求
祈求

技 기 / ギ / わざ
扌부 4획
재주
crafts

十 扌 扩 抟 技
技藝

技藝【기예】 기술에 관한 재주
技巧【기교】 교묘한 손재주.
文藝【문예】 ① 문학과 예술. ② 예술 문
藝術【예술】 미를 표현하는 재주. ㄴ학.

藝 예 / ゲイ / わざ
艹부 15획
재주

艹 茘 蓺 藝 藝
技藝

緊 긴 / キン / かたし
糸부 8획
긴요할 줄

臣 臤 竪 緊 緊
緊迫

緊迫【긴박】 몹시 급박함
緊密【긴밀】 아주 긴하고 가까움.
迫擊【박격】 대들어 몰아침.
迫力【박력】 남을 위압하는 힘.

迫 박 / ハク / せまる
辶부 5획
핍박할
tension

丆 白 伯 迫 迫
緊迫

紀 기 / キ /
糸부 3획
벼리 해
discipline and order

幺 糸 糸 紀 紀
紀綱

紀綱【기강】 규율과 질서
紀年體【기년체】 역사적 사실을 연대순으로 서술하는 역사 서술 체제.
綱要【강요】 일의 중요한 요점.

綱 강 / コウ / つな
糸부 8획
벼리 대강

糸 紉 網 綱 綱
紀綱

吉 길 / キチ / よし
口부 3획
길할
good news

十 吉 吉 吉
吉報

吉報【길보】 좋은 소식
吉凶【길흉】 좋은 일과 언짢은 일.
報道【보도】 소식을 일반에게 알림.
報恩【보은】 은혜를 갚음.

報 보 / ホウ / むくいる
土부 9획
갚을 알릴

土 幸 幸 剌 報
吉報

器 기 / キ / うつわ
口부 13획
그릇 재능
utensil

口 哭 哭 器
器具

器具【기구】 그릇. 세간
器量【기량】 도량과 재주.
具格【구격】 격식을 갖춤.
具象【구상】 구체.

具 구 / グ / そなへ
八부 6획
갖출 그릇

丨 冂 目 且 具
器具

那 나 / ナ,ダ / なんぞ
阝부 4획
어찌 저
where

丆 习 开 那 那
那邊

那邊【나변】 ① 그곳. ② 어디
邊境【변경】 국경에 가까운 지대.
邊民【변민】 변방에서 사는 백성.
邊防【변방】 변방의 경비.

邊 변 / ヘン /
부 15획
가

白 鬼 息 邊 邊
那邊

麒麟兒 (기린아) 슬기와 재주가 뛰어난 사람.

吉祥善事 (길상선사) 매우 기쁘고 좋은 일.

暖 日부9획 난 ダン 따뜻할 あたたかい stove 日 昨 昨 昨 暖 暖爐 暖爐【난로】 방을 덥게하는 기구 暖衣【난의】 따뜻하게 민든 옷. 寒暖【한난】 추움과 따뜻함. 爐邊【노변】 화로 주변.	**爐** 火부16획 로 ロ 화로 ひいれ 火 炉 炉 炉 爐 暖爐	**奈** 大부5획 내 ナ 어찌 いかに in what way なに 누구 一 大 太 本 奈 奈何 奈何【내하】 어찌함 何如【하여】 이떠함. 何厚何薄【하후하박】 누구에게는 후하게 하고 누구에게는 박하게 함.	**何** 人부5획 하 カ 어찌 なに 누구 イ 仁 何 何 奈何
南 十부7획 남 ナン 남녘 south & みなみ north 十 古 南 南 南 南北 南北【남북】 남쪽과 북쪽 正南【정남】 똑바른 방향의 남쪽. 北面【북면】 ①북쪽을 면함. ② '신하로 되어 임금을 섬김'을 이르는 말.	**北** 匕부3획 북,배 ホク 북녘 きた 달아날 丨 丨 丬 北 南北	**內** 入부2획 내 ナイ,ダイ 안 うち internal trouble 丨 冂 內 內 內紛 內紛【내분】 집안이나 나라 안 다툼 內簡【내간】 안편지. 紛起【분기】 여기저기에서 일어남. 紛亂【분란】 일이 뒤얽혀 어지러움.	**紛** 糸부4획 분 フン 어지러울 まぎれる 幺 糸 糹 紛 紛 內紛
男 田부2획 남 ダン, 사내 man & おとこ woman 冂 田 田 男 男 男女 男女【남녀】 남자와 여자 男兒【남아】 ①사내아이. ②대장부. 女必從夫【여필종부】 아내는 반드시 남편 을 따라야 한다는 말.	**女** 女부0획 녀 ジョ 계집 おんな 人 女 女 男女	**乃** 丿부1획 내 ダイ, ナイ 이에 の, おさむ from to 丿 乃 乃至 乃至【내지】 그 사이를 줄일 적에 쓰는 말 乃祖【내조】 그 할아버지. 至誠【지성】 지극한 정성. 至愛【지애】 지극한 사랑.	**至** 至부0획 지 シ 이를 いたる 지극할 一 云 至 至 至 乃至
努 力부5획 노 ド 힘쓸 endeavour つとめる effort 人 女 奴 奴 努 努力 努力【노력】 힘을 다 함 努肉【노육】 굳은 살. 力攻【역공】 힘써 공격함. 力農【역농】 힘써 농사를 지음.	**力** 力부0획 력 リキ, リョク 힘 ちから 丁 力 努力	**涅** 水부7획 녈 ネツ 개흙 goal of どろ 검은물들 Buddhism 氵 汨 汨 涅 涅 涅槃 涅槃【열반】 도를 이루어 모든 번뇌와 고 통이 끊어진 경지 涅髮【열발】 머리에 까만 물을 들임. 槃木【반목】 사방으로 퍼진 나무.	**槃** 木부10획 반 バン 즐길 たのしむ 쟁반 力 舟 舟 般 槃 涅槃

難兄難弟 (난형난제) 낫고 못함을 분간하기 어려움.
南柯一夢 (남가일몽) 부귀와 권세는 한때의 꿈과 같다.

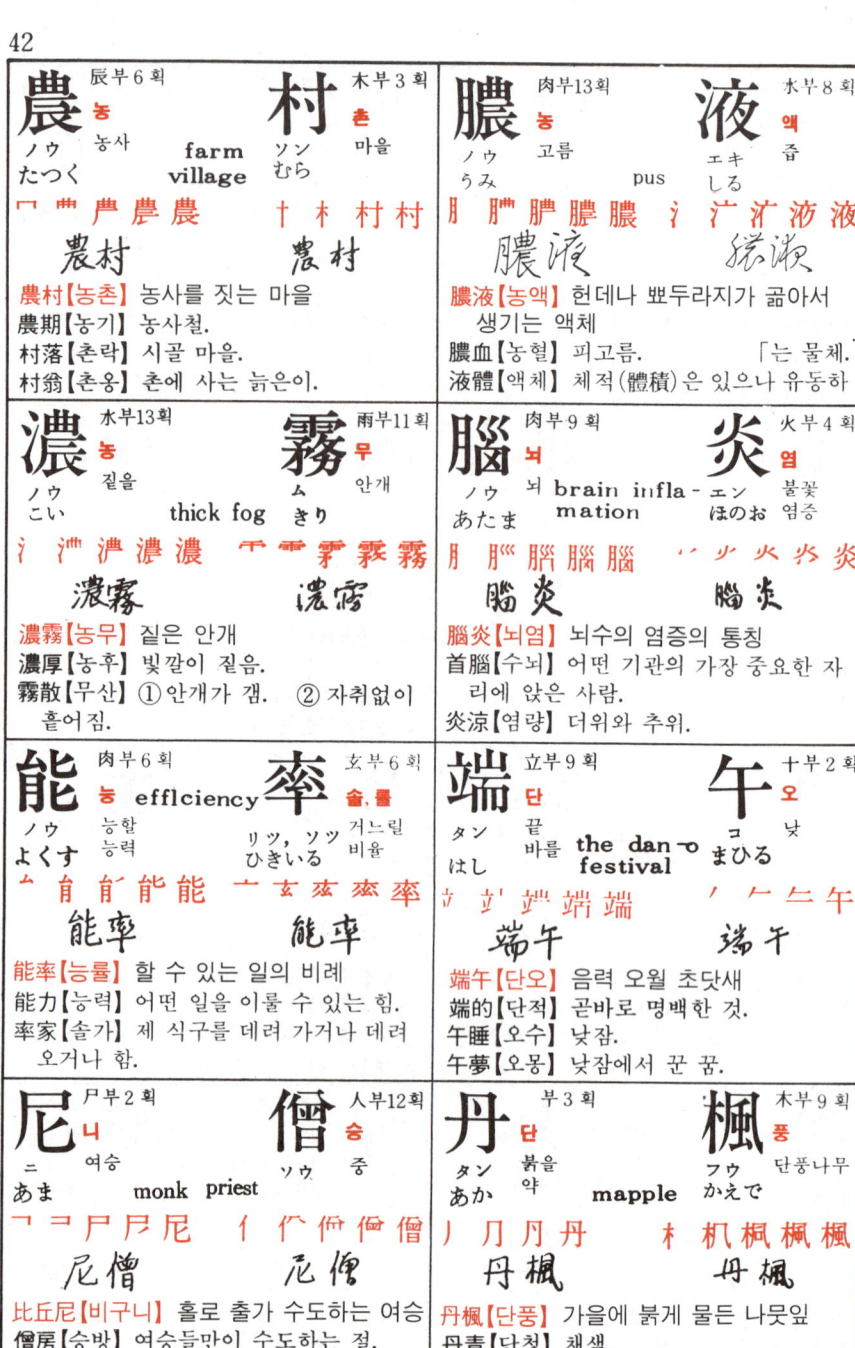

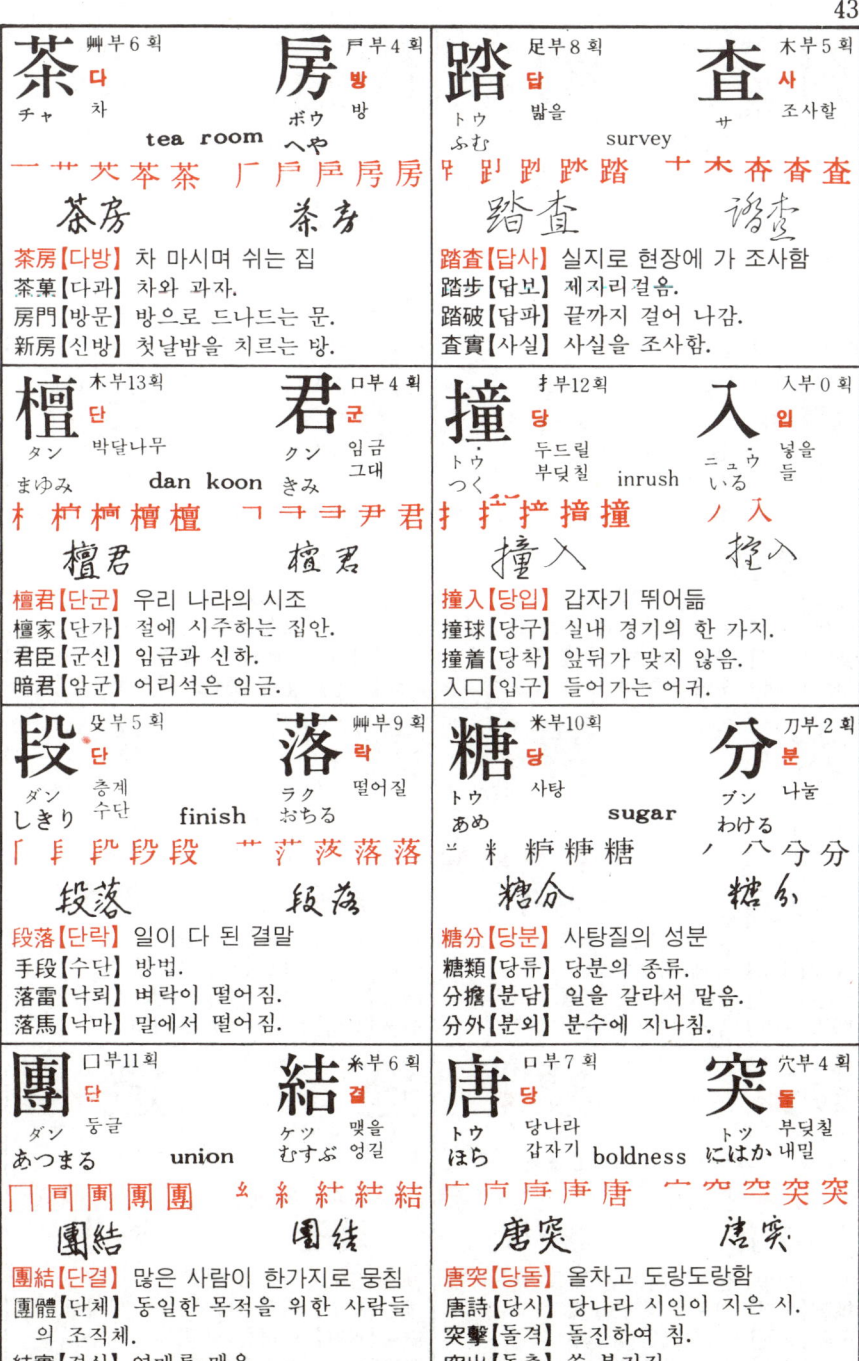

茶房【다방】 차 마시며 쉬는 집
茶菓【다과】 차와 과자.
房門【방문】 방으로 드나드는 문.
新房【신방】 첫날밤을 치르는 방.

踏査【답사】 실지로 현장에 가 조사함
踏步【답보】 제자리걸음.
踏破【답파】 끝까지 걸어 나감.
査實【사실】 사실을 조사함.

檀君【단군】 우리 나라의 시조
檀家【단가】 절에 시주하는 집안.
君臣【군신】 임금과 신하.
暗君【암군】 어리석은 임금.

撞入【당입】 갑자기 뛰어듦
撞球【당구】 실내 경기의 한 가지.
撞着【당착】 앞뒤가 맞지 않음.
入口【입구】 들어가는 어귀.

段落【단락】 일이 다 된 결말
手段【수단】 방법.
落雷【낙뢰】 벼락이 떨어짐.
落馬【낙마】 말에서 떨어짐.

糖分【당분】 사탕질의 성분
糖類【당류】 당분의 종류.
分擔【분담】 일을 갈라서 맡음.
分外【분외】 분수에 지나침.

團結【단결】 많은 사람이 한가지로 뭉침
團體【단체】 동일한 목적을 위한 사람들의 조직체.
結實【결실】 열매를 맺음.

唐突【당돌】 올차고 도랑도랑함
唐詩【당시】 당나라 시인이 지은 시.
突擊【돌격】 돌진하여 침.
突出【돌출】 쑥 불거짐.

多錢善賈 (다전선고) 밑천이 많으면 장사를 잘 할 수 있다.
單刀直入 (단도직입) 군말을 빼고 바로 본론을 말하다.

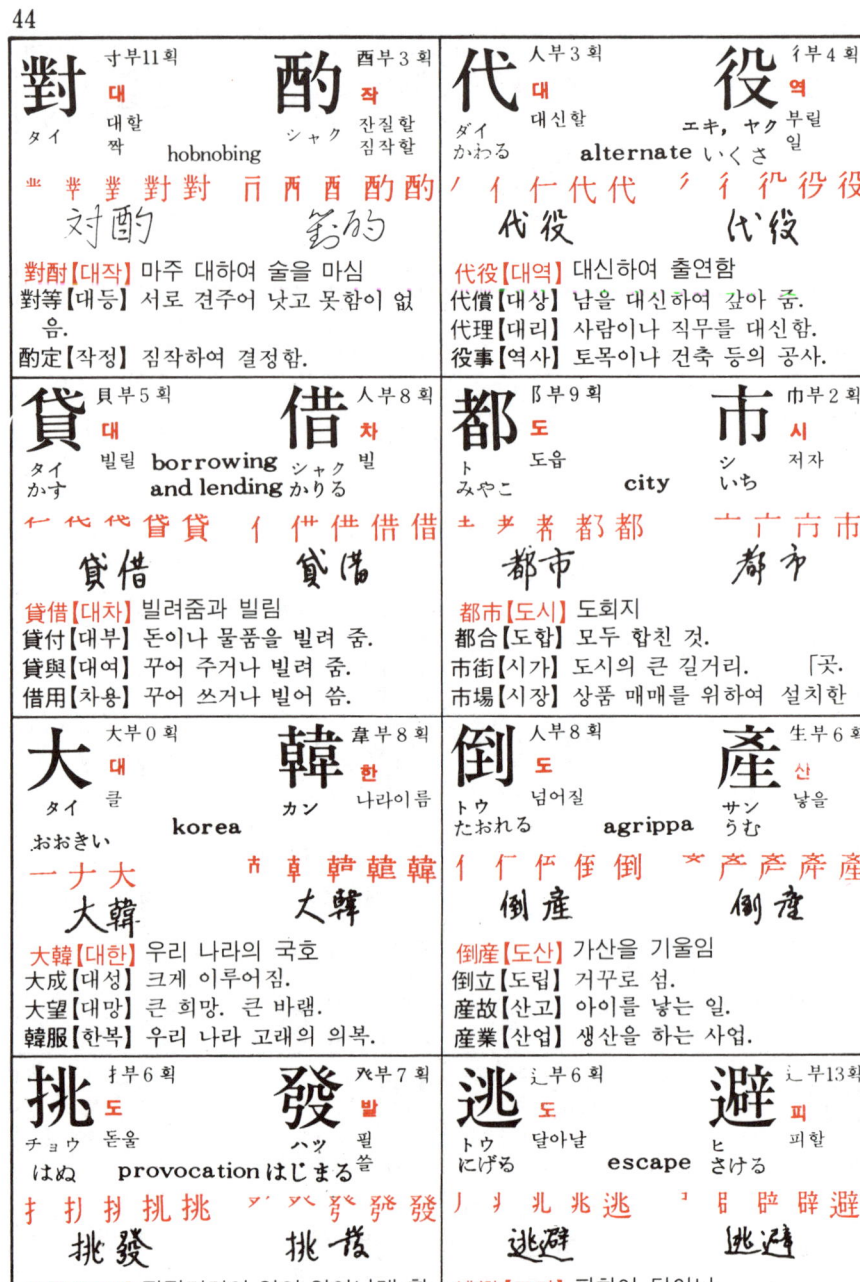

桃 木부 6획 도 トウ 복숭아 もも peach field	**李** 木부 3획 리 リ 오얏 すもも	**渡** 水부 9획 도 crossing ト of わたる 나루 a river 건널	**江** 水부 3획 강 コウ 강 え
木朼桃桃桃 桃李 桃李【도리】 복숭아꽃과 오얏꽃 桃源境【도원경】 ①무릉 도원처럼 아름 다운 지경. ②이상향. 李花【이화】 오얏꽃.		氵汽沪渚渡 渡江 渡江【도강】 강을 건너는 일 渡世【도세】 세상을 보냄. 삶. 江河【강하】 강과 큰 내. 江心【강심】 강의 한가운데.	氵汀江江 渡江
跳 足부 6획 도 チョウ 뜀 をどる 솟구칠 rampancy	**梁** 木부 7획 량 リョウ 들보 はり 다리	**陶** 阝부 8획 도 トウ 질그릇 すえつくり intoxication	**醉** 酉부 8획 취 スイ 취할 よう
趴趴趴跳跳 跳梁 跳梁【도량】 함부로 날뜀 跳躍【도약】 뛰어오름. 橋梁【교량】 다리. 魚梁【어량】 고기를 잡는 장치.	氵沙沙梁梁 跳梁	阝阧陶陶 陶醉 陶醉【도취】 기분 좋게 술에 취함 陶然【도연】 기분 좋게 취한 모양. 醉漢【취한】 술 취한 사나이. 醉興【취흥】 술에 취하여 일어나는 흥취.	酉酉醉醉醉 陶醉
徒 彳부 7획 도 ト 무리 ともがら party	**輩** 車부 8획 배 ハイ 무리 ともがら	**塗** 土부 10획 도 ト,ヅ 진흙 どろ 바를	**炭** 火부 5획 탄 タン 숯 すみ
彳彳徉徒徒 徒輩 徒輩【도배】 같은 한 패 徒勞【도로】 헛된 수고. 輩出【배출】 연달아 많이 나옴. 輩行【배행】 나이가 비슷한 친구.	丿ヨ非輩輩 徒輩	氵汁浍涂塗 塗炭 塗炭【도탄】 말할 수 없이 비참한 일 塗褙【도배】 벽 등을 종이로 바름. 炭田【탄전】 석탄이 묻혀 있는 땅. 炭火【탄화】 숯불.	屵屵岸炭炭 塗炭
到 刀부 6획 도 トウ 이를 いたる everywhere	**處** 虍부 5획 처 ショ 곳 ところ 처할	**堵** 土부 9획 도 ト 담 かきね 담장 wall	**牆** 爿부 13획 장 ショウ 담 かき
一工至至到 到處 到處【도처】 이르는 곳마다 到任【도임】 임지에 이름. 處所【처소】 거처하는 곳. 處地【처지】 처해 있는 경우.	宀广虍虍處 到處	土坞堵堵堵 堵牆 堵牆【도장】 담 堵列【도열】 많은 사람이 죽 늘어섬. 牆角【장각】 담 모퉁이. 牆壁【장벽】 ①담과 벽. ②간막이.	丬爿牁牆牆 堵牆

道出一原 **(도출일원)** 도리의 근원은 하나이다.
塗炭之苦 **(도탄지고)** 진흙이나 숯불에 빠진 것 같은 고통.

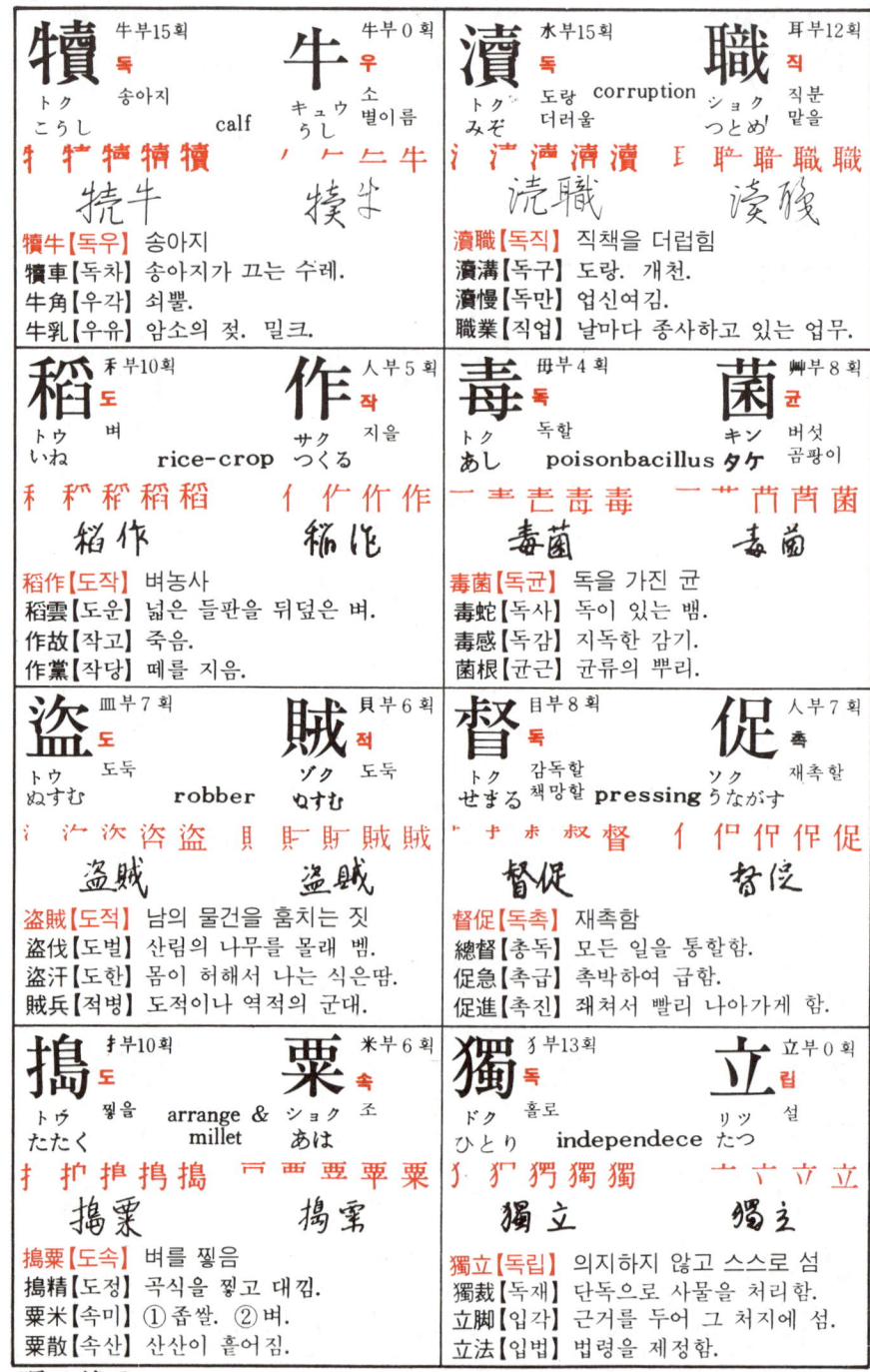

犢 독 牛부15획 トク 송아지 こうし calf	牛 우 牛부0획 キュウ 소 별이름 うし
犢牛【독우】 송아지 犢車【독차】 송아지가 끄는 수레. 牛角【우각】 쇠뿔. 牛乳【우유】 암소의 젖. 밀크.	

瀆 독 水부15획 トク 도랑 corruption みぞ 더러울	職 직 耳부12획 ショク 직분 맡을 つとめ
瀆職【독직】 직책을 더럽힘 瀆溝【독구】 도랑. 개천. 瀆慢【독만】 업신여김. 職業【직업】 날마다 종사하고 있는 업무.	

稻 도 禾부10획 トウ 벼 いね rice-crop	作 작 人부5획 サク 지을 つくる
稻作【도작】 벼농사 稻雲【도운】 넓은 들판을 뒤덮은 벼. 作故【작고】 죽음. 作黨【작당】 떼를 지음.	

毒 독 母부4획 トク 독할 あし poisonbacillus	菌 균 艸부8획 キン 버섯 곰팡이 タケ
毒菌【독균】 독을 가진 균 毒蛇【독사】 독이 있는 뱀. 毒感【독감】 지독한 감기. 菌根【균근】 균류의 뿌리.	

盜 도 皿부7획 トウ 도둑 ぬすむ robber	賊 적 貝부6획 ゾク 도둑 ぬすむ
盜賊【도적】 남의 물건을 훔치는 짓 盜伐【도벌】 산림의 나무를 몰래 벰. 盜汗【도한】 몸이 허해서 나는 식은땀. 賊兵【적병】 도적이나 역적의 군대.	

督 독 目부8획 トク 감독할 せまる 책망할 pressing	促 촉 人부7획 ソク 재촉할 うながす
督促【독촉】 재촉함 總督【총독】 모든 일을 통할함. 促急【촉급】 촉박하여 급함. 促進【촉진】 재쳐서 빨리 나아가게 함.	

搗 도 扌부10획 トウ 찧을 arrange & millet たたく	粟 속 米부6획 ショク 조 あは
搗粟【도속】 벼를 찧음 搗精【도정】 곡식을 찧고 대낌. 粟米【속미】 ①좁쌀. ②벼. 粟散【속산】 산산이 흩어짐.	

獨 독 犭부13획 ドク 홀로 ひとり independece	立 립 立부0획 リツ 설 たつ
獨立【독립】 의지하지 않고 스스로 섬 獨裁【독재】 단독으로 사물을 처리함. 立脚【입각】 근거를 두어 그 처지에 섬. 立法【입법】 법령을 제정함.	

獨不將軍 (독불장군) 혼자서는 장군이 못 된다. 혼자 잘난 척 뽐내다가 고립된 처지에 있는 사람.

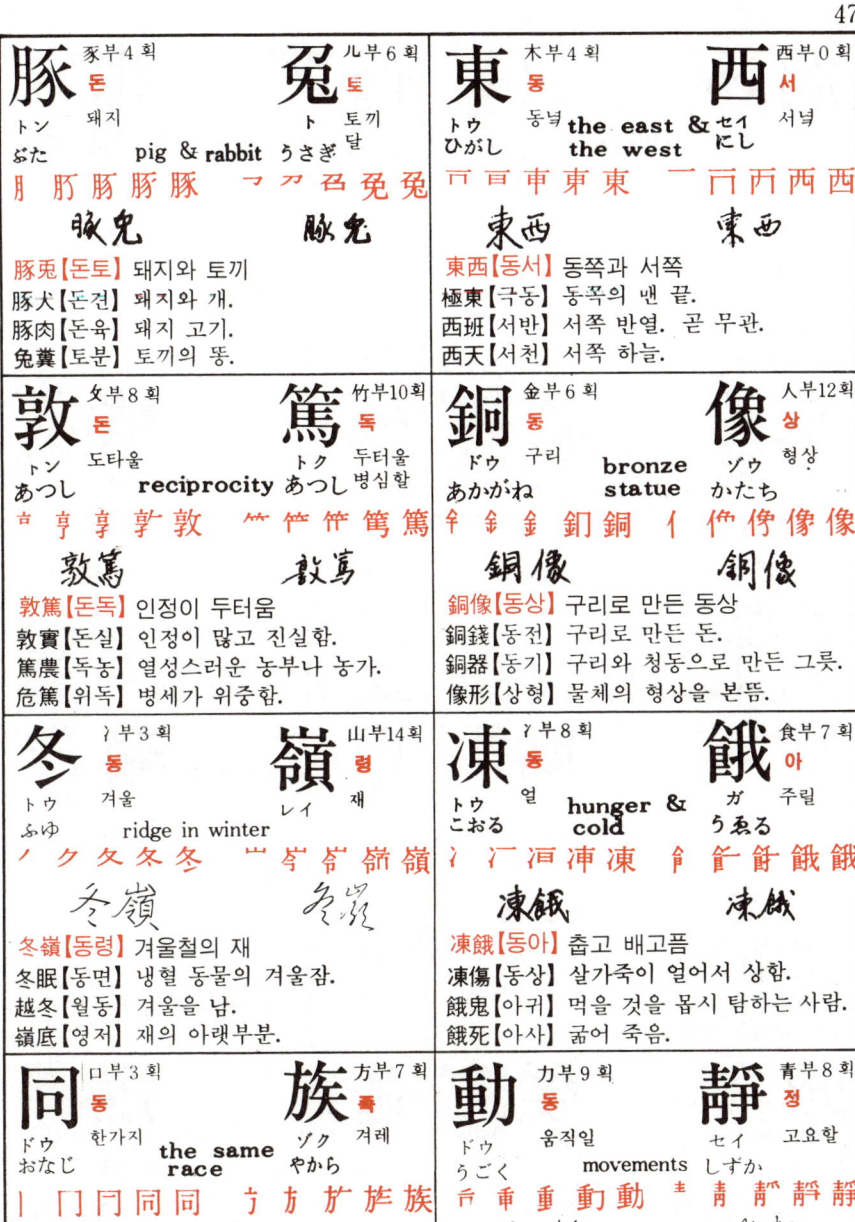

東家食 西家宿 (동가식 서가숙) 두 가지 좋은 일을 함께 가지려 하다. 의식주가 없어 떠돌아다니다.

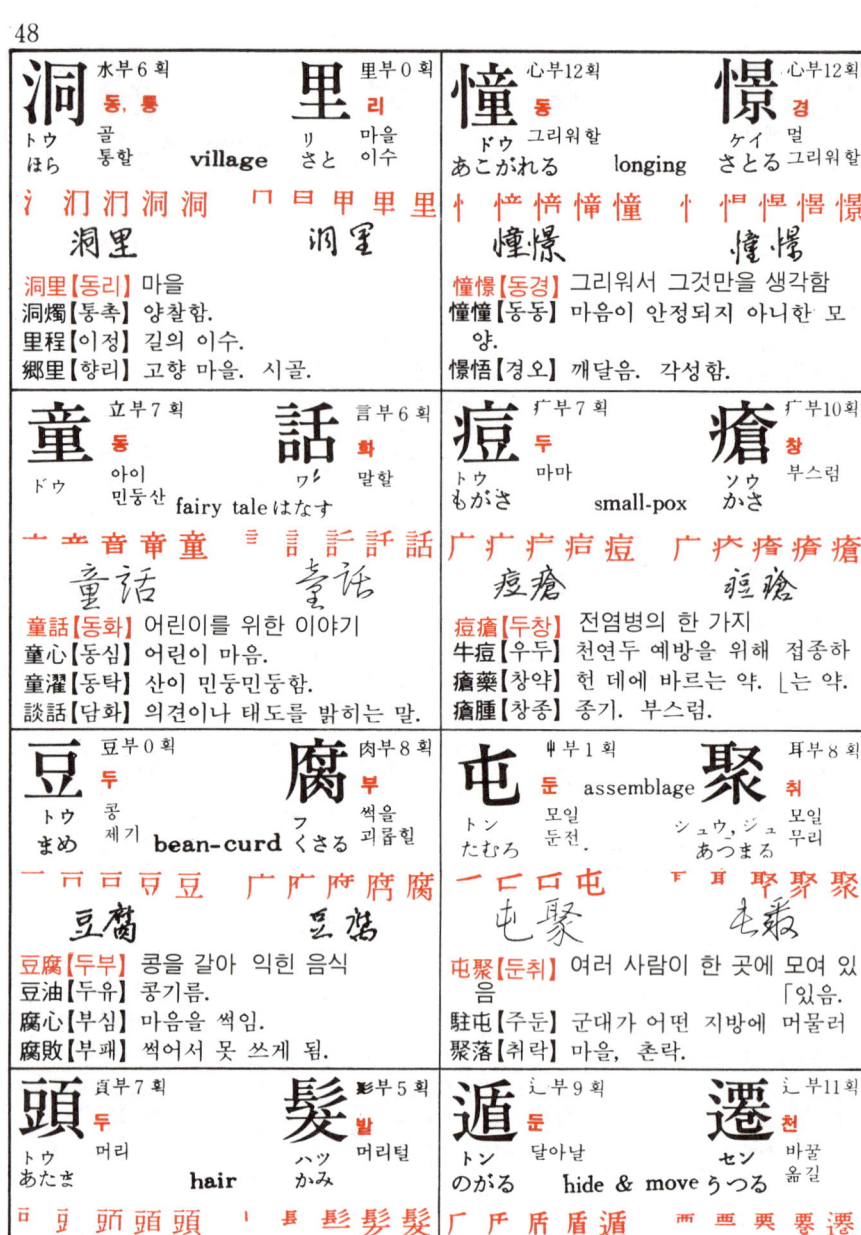

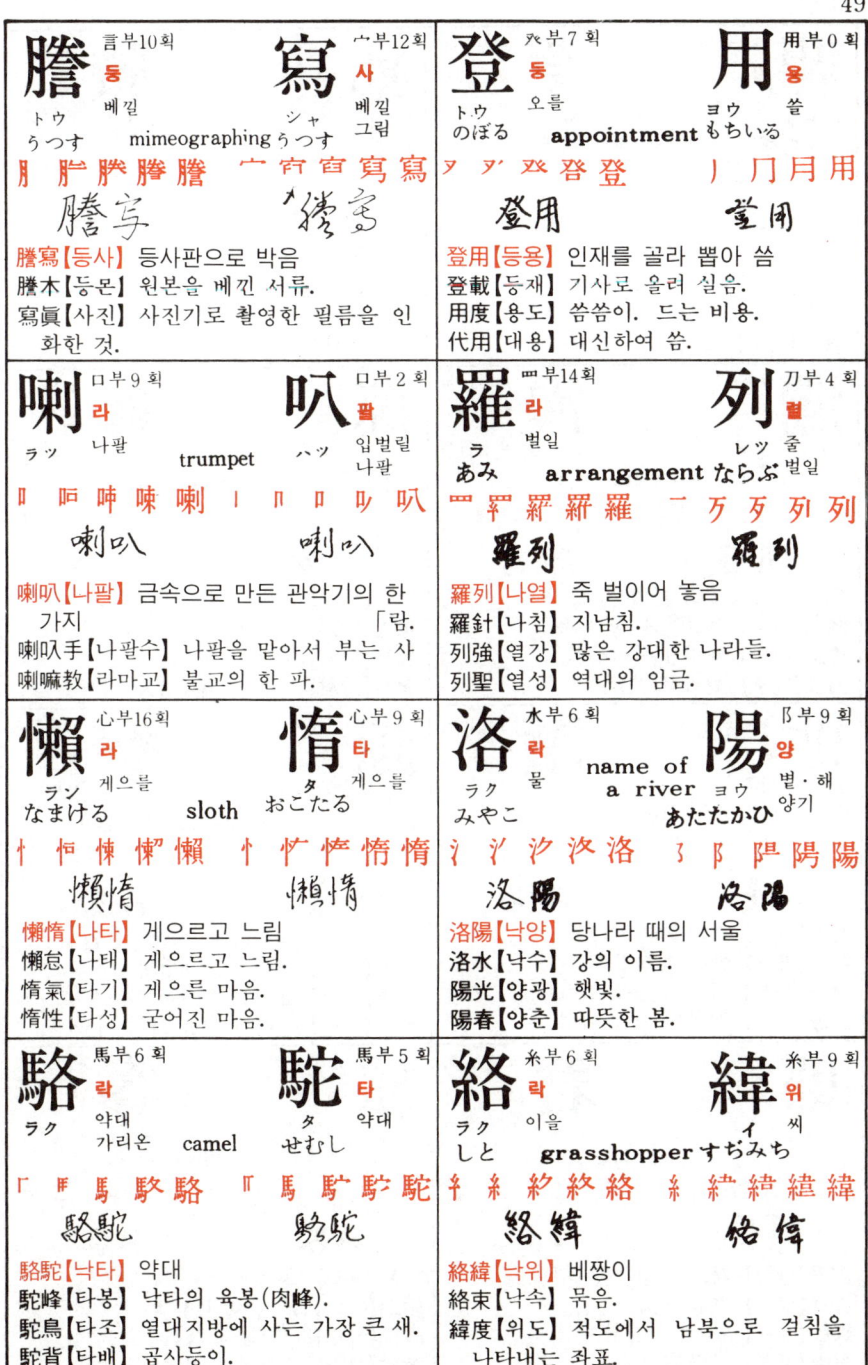

謄 등 言부10획 베낄 トウ うつす mimeographing
寫 사 宀부12획 베낄 그림 シャ うつす

謄寫【등사】 등사판으로 박음
謄本【등본】 원본을 베낀 서류.
寫眞【사진】 사진기로 촬영한 필름을 인화한 것.

登 등 癶부7획 오를 トウ のぼる appointment
用 용 用부0획 쓸 ヨウ もちいる

登用【등용】 인재를 골라 뽑아 씀
登載【등재】 기사로 올려 실음.
用度【용도】 씀씀이. 드는 비용.
代用【대용】 대신하여 씀.

喇 라 口부9획 나팔 ラッ trumpet
叭 팔 口부2획 입벌릴 나팔 ハツ

喇叭【나팔】 금속으로 만든 관악기의 한 가지.
喇叭手【나팔수】 나팔을 맡아서 부는 사람.
喇嘛敎【라마교】 불교의 한 파.

羅 라 网부14획 벌일 ラ あみ arrangement
列 렬 刀부4획 줄 벌일 レツ ならぶ

羅列【나열】 죽 벌이어 놓음
羅針【나침】 지남침.
列強【열강】 많은 강대한 나라들.
列聖【열성】 역대의 임금.

懶 라 心부16획 게으를 ラン なまける sloth
惰 타 心부9획 게으를 タ おこたる

懶惰【나타】 게으르고 느림
懶怠【나태】 게으르고 느림.
惰氣【타기】 게으른 마음.
惰性【타성】 굳어진 마음.

洛 락 水부6획 물 미야코 ラク name of a river
陽 양 阝부9획 볕 · 해 양기 ヨウ あたたかひ

洛陽【낙양】 당나라 때의 서울
洛水【낙수】 강의 이름.
陽光【양광】 햇빛.
陽春【양춘】 따뜻한 봄.

駱 락 馬부6획 가리온 ラク camel
駝 타 馬부5획 약대 タ せむし

駱駝【낙타】 약대
駝峰【타봉】 낙타의 육봉(肉峰).
駝鳥【타조】 열대지방에 사는 가장 큰 새.
駝背【타배】 곱사등이.

絡 락 糸부6획 이을 ラク しと grasshopper
緯 위 糸부9획 씨 イ すぢみち

絡緯【낙위】 베짱이
絡束【낙속】 묶음.
緯度【위도】 적도에서 남북으로 걸침을 나타내는 좌표.

登高自卑 (등고자비) 높은 곳에 오르려면 낮은 곳에서부터 오른다. 일에는 순서가 있다.

蘭 란 艹부17획 난초 ラン あららぎ　orchid	草 초 艹부6획 풀 ソウ 초집을 くさ	廊 랑 广부10획 행랑 ロウ ひちし　corridor	腰 요 肉부9획 허리 ヨウ こし
广門門蘭蘭 蘭草	一艹芒苜草 蘭草	广庐廊廊廊 廊腰	月腊腰腰腰 廊腰
蘭草【난초】 풀 이름. 蘭室【난실】 착한 사람이 사는 곳. 草家【초가】 지붕을 이엉으로 이은 집. 草稿【초고】 초벌로 쓴 원고. |||| 廊腰【낭요】 복도. 腰刀【요도】 허리에 차는 칼. 腰折【요절】 ① 허리가 꺾어짐. ② 몹시 　　　　　우스워서 허리가 꺾일 듯함.	
爛 란 火부17획 빛날 ラン ただる　splendid	漫 만 水부11획 부질없을 マン あまねし	掠 략 扌부8획 노략질할 シャク, かすめる　plunder	奪 탈 大부11획 빼앗을 ダツ うばう
火 炉 炉 煉 爛 爛漫	氵沪渭温漫 爛漫	扌 扩 护 掠 掠 掠奪	大 衣 存 奞 奪 掠奪
爛漫【난만】 꽃이 활짝 핀 모양. 爛熟【난숙】 무르녹게 잘 익음. 漫談【만담】 재미있는 이야기. 漫步【만보】 한가히 거닒. |||| 掠奪【약탈】 폭력을 써서 무리하게 빼앗음 掠治【약치】 채찍질로 죄를 다스림. 奪氣【탈기】 기운이 빠짐. 奪略【탈략】 함부로 빼앗음.	
朗 랑 月부7획 밝을 ロウ ほがらか　recitation	讀 독,두 言부15획 읽을 ドク よむ　구절	諒 량 言부8획 살필 リョウ まこと　sympathy	察 찰 宀부11획 살필 サツ あらさか
ㄱ 自 自 良 朗 朗讀	言 訁 詰 讀 讀 朗讀	言 訁 訪 諒 諒 諒察	宀 宀 灾 察 察 諒察
朗讀【낭독】 소리를 높여 읽음. 明朗【명랑】 밝고 쾌활함. 讀心【독심】 남의 심중을 알아냄. 讀破【독파】 끝까지 다 읽어냄. |||| 諒察【양찰】 생각하여 미루어 살핌 諒解【양해】 너그러이 용납함. 察色【찰색】 표정을 살핌. 察訪【찰방】 역마의 일을 보는 벼슬.	
郎 랑 阝부7획 사내 ロウ 남편 　　　my husband	君 군 口부4획 임금 クン 그대 きみ	旅 려 方부6획 나그네 リョ 군대 たび　traveller	客 객 宀부6획 손 カク, 과거 キャク
ㄱ ㅋ 良 良 郎 郎君	ㄱ ㅋ ㅋ 尹 君 郎君	ㄱ 方 旅 旅 旅 旅客	宀 宀 安 客 客 旅客
郎君【낭군】 자기의 남편을 이름. 郎官【낭관】 벼슬 이름. 新郎【신랑】 갓 결혼한 남자. 君臣【군신】 임금과 신하. |||| 旅客【여객】 나그네. 旅團【여단】 군 편성의 한 단위. 旅行【여행】 나그네로 돌아다니는 일. 客窓【객창】 객지에서 거처하는 방의 창.	

登樓去梯 (등루거제) 높은 누에 오르게 하고 사다리를 치우다.
登龍門 (등용문) 입신 출세의 관문.

煉 (련) 火부 9획
レン / ねる / 쇠불릴 / brick
火 炉 炉 煉 煉
煉瓦   煉瓦
煉瓦【연와】 벽돌.
煉炭【연탄】 석탄 가루를 반죽하여 만든 연료.

瓦 (와) 瓦부 0획
ガ / かはら / 기와, 질그릇
一 丁 瓦 瓦

瓦匠【와장】 기와장이.

蓮 (련) 艸부 11획
レン / はす / 연 / lotus pond
艹 芦 荁 蓮 蓮
蓮池   蓮池
蓮池【연지】 연못.
蓮根【연근】 연뿌리.
蓮實【연실】 연밥.

池 (지) 水부 3획
チ / いけ / 못
丶 氵 汁 池
池塘【지당】 못.

戀 (련) 心부 19획
レン / こい / 사모할 / love
言 結 結 戀 戀
戀慕   戀慕
戀慕【연모】 사랑하여 그리워 함.
戀歌【연가】 연애를 읊은 노래.
戀情【연정】 이성을 그리워하는 마음.
愛慕【애모】 사랑하고 사모함.

慕 (모) 心부 11획
ボ / したう / 사모할
艹 芦 莫 慕 慕

聯 (련) 耳부 11획
レン / つらね / 잇닿을, 짝지을 / regiment
耳 聯 聯 聯 聯
聯隊   聯隊
聯隊【연대】 군대 편성상의 한 단위.
聯想【연상】 관련되는 다른 관념을 생각 하게 되는 현상.
隊員【대원】 대를 이룬 집단의 성원.

隊 (대) 阝부 9획
タイ / くみ / 떼
丨 阝 阶 隊 隊

憐 (련) 心부 12획
レン / あはれむ / 불쌍히 / compassion
丶 忄 忄 憐 憐
憐憫   憐憫
憐憫【연민】 불쌍하고 가련함.
哀憐【애련】 가엾고 애처롭게 여김.
憫迫【민박】 아주 절박함.
憫然【민연】 가엾이 여기는 모양.

憫 (민) 心부 12획
ビン,ミン / あわれむ / 불쌍히 여길
丶 忄 悶 憫 憫

廉 (렴) 广부 10획
レン / かど / 청렴할, 값쌀 / honour
广 户 庐 廉 廉
廉恥   廉恥
廉恥【염치】 부끄러움을 아는 마음.
清廉【청렴】 깨끗하고 물욕이 없음.
恥心【치심】 부끄러워하는 마음.
國恥【국치】 나라의 수치.

恥 (치) 心부 6획
チ / はじる / 부끄러울
丆 耳 耳 恥 恥

連 (련) 辶부 7획
レン / つらなる / 연할 / connection
匚 車 連 連
連鎖   連鎖
連鎖【연쇄】 양쪽을 맞걸어서 매는 사슬.
連行【연행】 데리고 감.
鎖國【쇄국】 외국과의 교제를 거부하고 나라를 닫아 맴.

鎖 (쇄) 金부 10획
サ / くさり / 쇠사슬, 자물쇠
⺈ 金 釒 鎖 鎖

零 (령) 雨부 5획
レイ / おつ / 영, 작을 / fall as rain & instead of
亠 雨 雫 零 零
零替   零替
零替【영체】 아주 보잘 것 없이 됨.
零度【영도】 도수의 기점이 되는 도.
替代【체대】 번갈아 대신함.
替送【체송】 대신하여 보냄.

替 (체) 曰부 8획
テイ,タイ / かわる / 바꿀, 쇠퇴할
二 夫 扶 替 替

燈下不明 (등하불명) 등잔 밑이 어둡다.
燈火稍可親 (등화초가친) 등불을 가까이 하여 글을 읽다.

鍊 련 이길 익힐 レン ねる alchemy 金부9획	金 금,김 쇠 성 キン かね 金부0획	隷 례 종 죄인 レイ しもべ slave 隷부8획	僕 복 종 숨길 ボク しもべ 人부12획
牟 金 鈩 鈩 鍊 鍊金 鍊金【연금】 쇠붙이를 불에 달구어 두드림 金冠【금관】 황금으로 만든 관. 金石【금석】 쇠붙이와 돌. 金融【금융】 돈의 융통.	八 仐 仐 金 金	土 彗 肂 肂 隷 隷僕 隷僕【예복】 남의 집에서 천한 일에 종사 하는 사람 隷屬【예속】 붙여서 매임. 僕區【복구】 망명자를 숨김.	亻 亻" 伴 僕 僕 隷僕
玲 령 옥소리 レイ brilliant 王부5획	瓏 롱 환할 옥소리 ロウ 王부16획	老 로 늙을 익숙할 ロウ おいる aged and youth 老부0획	少 소 적을 젊을 ショウ すくない 小부1획
王 玘 玲 玲 玲 玲瓏 玲瓏【영롱】 광채가 찬란함 玲玲【영령】 곱고 투명한 모양. 玲町【영정】 옥석이 울리는 소리.「소리. 瓏瓏【농롱】 옥 같은 것이 서로 부딪는	王 瑨 瑨 瓏 瓏 玲瓏	十 土 耂 耂 老 老少 老少【노소】 늙은이와 젊은이 老炎【노염】 늦더위. 少時【소시】 젊을 때. 少壯【소장】 젊고 씩씩함.	丿 小 小 少 老少
靈 령 신령 レイ たまし soul 雨부16획	魂 혼 넋 コン たましい 鬼부4획	勞 로 수고로울 노곤할 ロウ はたらく wage 力부10획	賃 임 품팔이 세낼 チン 貝부6획
一 雷 霊 霊 靈 靈魂 靈魂【영혼】 넋 心靈【심령】 마음 속의 영혼. 魂車【혼거】 장사 때 죽은 사람의 옷을 실은 수레.	云 鈾 鈾 魂 魂 靈魂	火 炊 祭 勞 勞賃 勞賃【노임】 품삯 勞動【노동】 일을 함. 慰勞【위로】 괴로움을 어루만져 줌. 賃金【임금】 삯전.	亻 仁 任 侟 賃 勞賃
洌 렬,례 맵게추울 맑을 レツ さむい cold mineral spring 氵부6획	泉 천 샘 セン いずみ 水부5획	鹵 로 훔칠 ロ しほのけ capture 鹵부0획	獲 획 얻을 カク えもの 犭부14획
冫 冫 冫 冽 冽 冽泉 冽泉【열천】 얼음처럼 차고 맑은 샘 冽淸【열청】 차고 맑음. 泉石【천석】 물과 돌로 이루어진 경치. 源泉【원천】 물이 솟아나는 근원.	宀 白 身 泉 泉 泠泉	卢 卤 鹵 鹵 鹵獲 鹵獲【노획】 싸움한 결과 적의 군용품을 얻음 鹵掠【노략】 폭력을 써서 무리하게 빼앗 「음. 獲得【획득】 얻어 가짐.	犭 犭 犴 猚 獲 獲 鹵獲

馬耳東風(마이동풍) 남의 말을 귀담아 듣지 않고 흘려 버리다.
麻中之蓬(마중지봉) 구부러진 쑥도 삼밭에 심으면 꼿꼿하게 자란다.

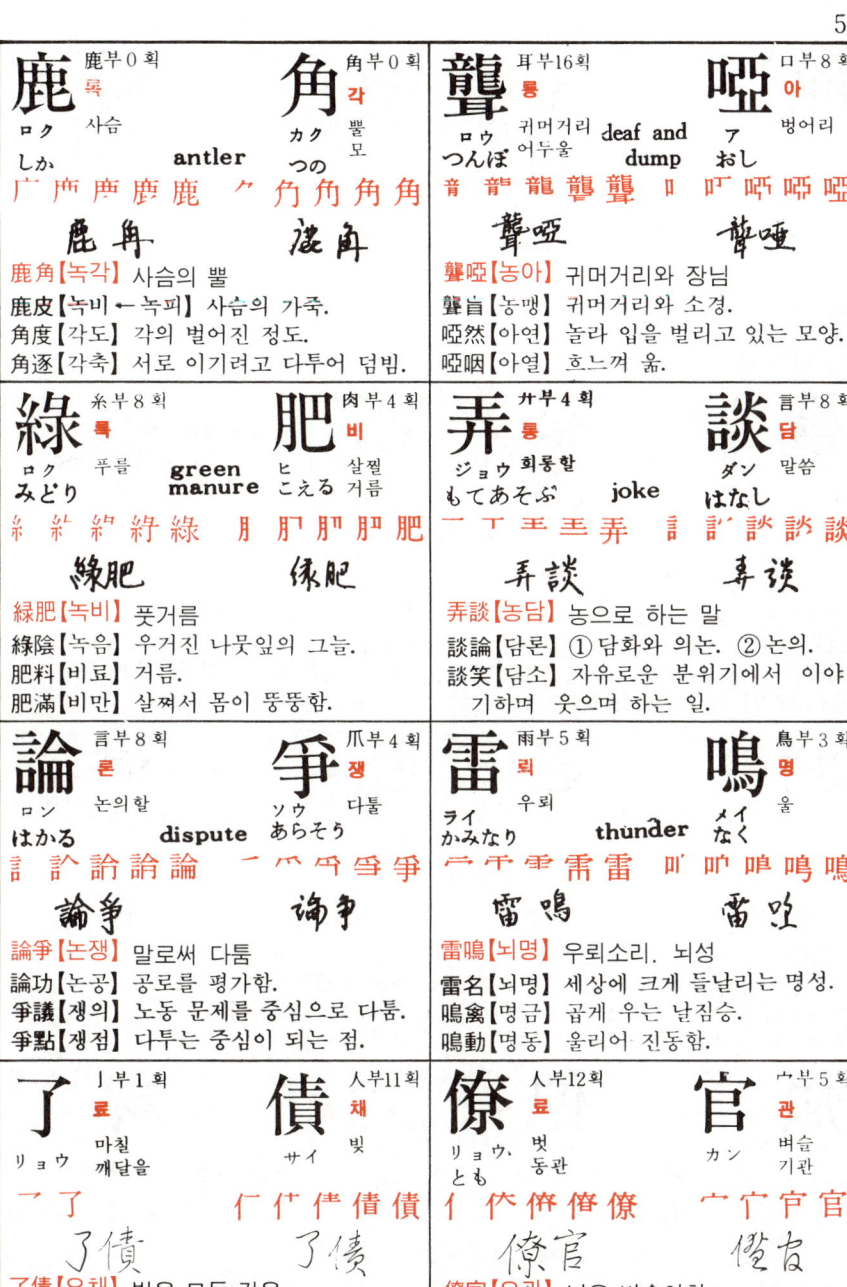

莫逆之友 (막역지우) 마음이 맞아 서로 거스리는 일이 없는 벗.
莫知東西 (막지동서) 동서를 분간하지 못하다.

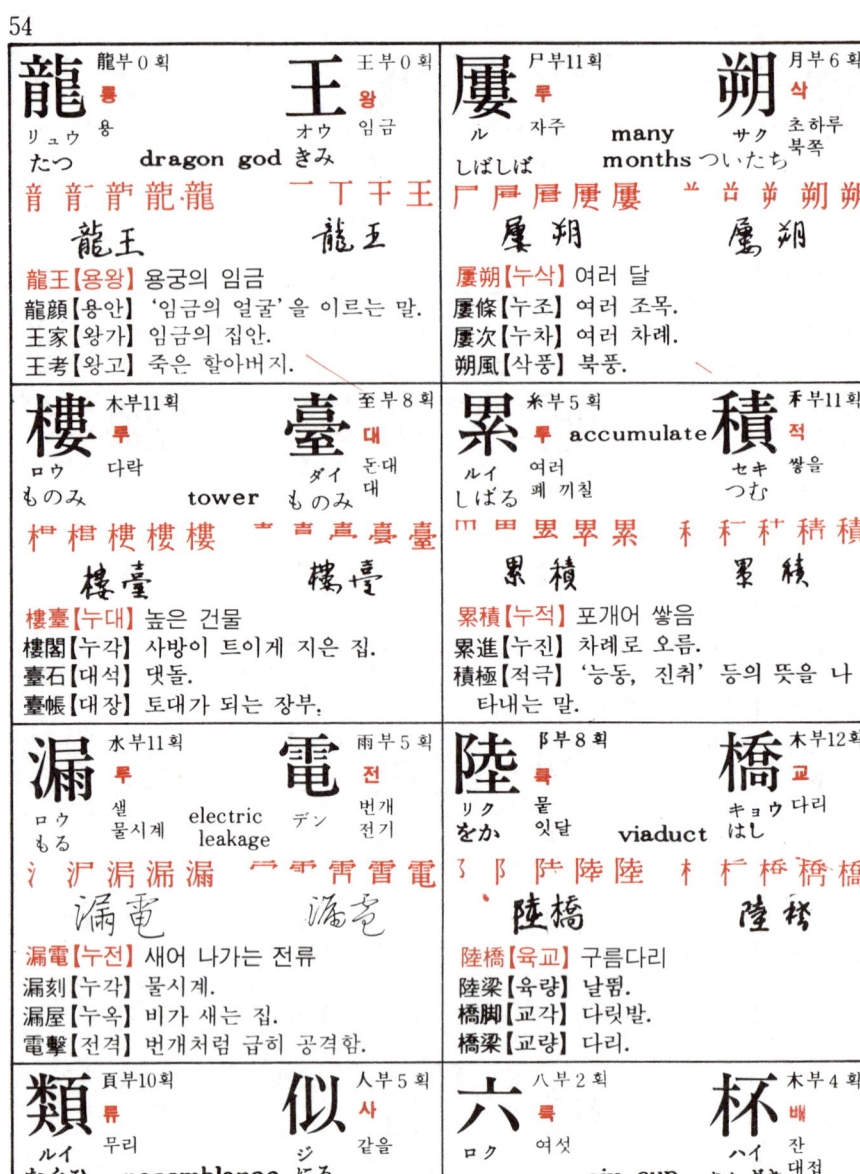

| 龍 룡/용 龍부0획 リュウ たつ dragon god 임금 | 王 왕 王부0획 オウ きみ 임금 | 屢 루 尸부11획 ル しばしば many 자주 | 朔 삭 月부6획 サク ついたち months 초하루 북쪽 |

龍王【용왕】 용궁의 임금.
龍顔【용안】 '임금의 얼굴'을 이르는 말.
王家【왕가】 임금의 집안.
王考【왕고】 죽은 할아버지.

屢朔【누삭】 여러 달.
屢條【누조】 여러 조목.
屢次【누차】 여러 차례.
朔風【삭풍】 북풍.

樓 루 木부11획 ロウ ものみ tower
臺 대 至부8획 ダイ ものみ 돈대 대

樓臺【누대】 높은 건물.
樓閣【누각】 사방이 트이게 지은 집.
臺石【대석】 댓돌.
臺帳【대장】 토대가 되는 장부.

累 루 糸부5획 ルイ しばる accumulate 여러 폐 끼칠
積 적 禾부11획 セキ つむ 쌓을

累積【누적】 포개어 쌓음.
累進【누진】 차례로 오름.
積極【적극】 '능동, 진취' 등의 뜻을 나타내는 말.

漏 루 水부11획 ロウ もる electric leakage 샐 물시계
電 전 雨부5획 デン 번개 전기

漏電【누전】 새어 나가는 전류.
漏刻【누각】 물시계.
漏屋【누옥】 비가 새는 집.
電擊【전격】 번개처럼 급히 공격함.

陸 륙/육 阝부8획 リク をか 뭍 잇달 viaduct
橋 교 木부12획 キョウ はし 다리

陸橋【육교】 구름다리.
陸梁【육량】 날뜀.
橋脚【교각】 다릿발.
橋梁【교량】 다리.

類 류/유 頁부10획 ルイ たぐひ resemblance 무리 같을
似 사 人부5획 ジ にる

類似【유사】 서로 비슷함.
類語【유어】 뜻이나 형식이 비슷한 말.
類類相從【유유상종】 같은 무리끼리 사귐.
相似【상사】 모양이 서로 비슷함.

六 륙/육 八부2획 ロク むつ six 여섯
杯 배 木부4획 ハイ さかずき cup 잔 대접

六杯【육배】 여섯 잔.
六物【육물】 여섯 가지의 중요한 물건.
杯酒【배주】 술잔에 따른 술.
杯池【배지】 잔과 같이 작은 못.

萬古千秋 (만고천추) 과거 미래를 통한 영원한 세월.
萬古風霜 (만고풍상) 오랜 동안에 겪는 수많은 고난.

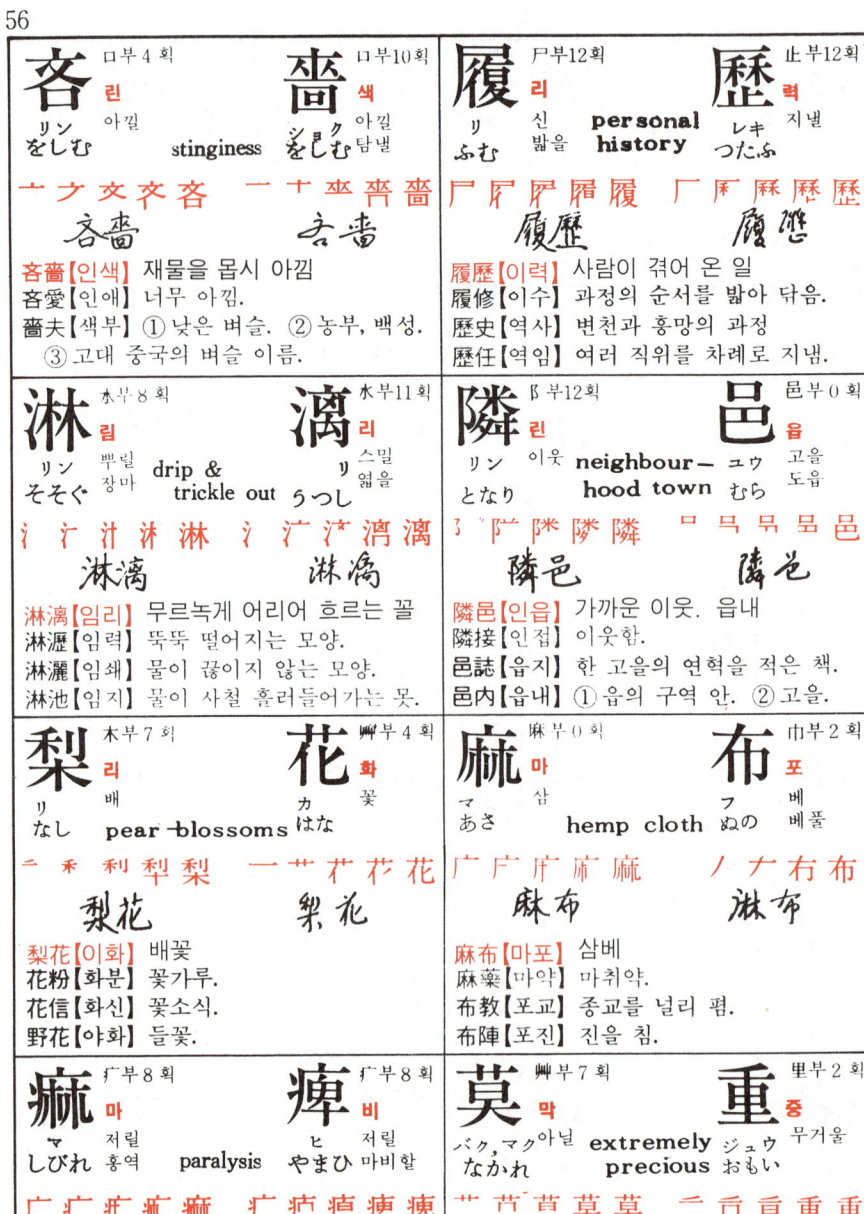

摩 마 갈 する friction	擦 찰 비빌 サツ さする	漠 막 사막 아득할 バク	然 연 그럴 ゼン
广 庐 麻 麻 摩 摩擦	扌 扩 护 按 擦 摩擦	氵 氵 沽 渲 漠 漠然	ク タ 妖 妖 然 謹然
摩擦【마찰】 두 물건이 서로 닿아서 비빔. 撫摩【무마】 어루만져 위로함. 「상처. 擦傷【찰상】 스치거나 문질러서 벗겨진 擦背【찰배】 목욕탕에서 등을 미는 사람.		漠然【막연】 아득한 모양. 然諾【연낙】 그리하겠다고 허락함. 然則【연즉】 그러한즉. 然後【연후】 그러한 뒤.	

魔 마 마귀 マ おに	術 술 재주(꾀) 기술 ジュツ わざ witchcraft	漫 만 부질없을 マン	步 보 걸음 ホ·ブ あるく
广 庐 麻 魔 魔 魔術	彳 忄 朮 術 術 魔術	氵 沪 沪 浥 漫 漫步	丨 ト 止 牛 步 漫步
魔術【마술】 사람의 눈을 어리게 하는 야릇한 술수. 魔鬼【마귀】 요란스럽고 못된 잡귀의 총칭. 術策【술책】 계략.		漫步【만보】 한가하게 거닒. 散漫【산만】 어수선하게 펼쳐져 있음. 徐徐【서서】 천천히 함. 徐行【서행】 천천히 걸음.	

膜 막, 모 꺼풀 무릎꿇을 マク うすかわ	質 질 바탕 볼모 シツ·シチ	蠻 만 오랑캐 バン えびす savage	夷 이 오랑캐 평평할 イ えびす
月 胪 胪 胪 膜 膜質	广 斤 所 所 質	言 結 絲 䜌 蠻 蠻夷	一 ニ ョ 弖 夷 蠻夷
膜質【막질】 막으로 된 바탕. 膜唄【모패】 합장하고 부처에 절하고 노래함. 質量【질량】 물체에 포함된 물질의 양.		蠻族【만족】 야만족. 蠻俗【만속】 야만인의 풍속. 夷險【이험】 평탄한 곳과 험한 곳. 東夷【동이】 동쪽 지방의 민족.	

萬 만 일만 マンバン よろづ ten thousands & longevity	壽 수 목숨 ジュ いのちことぶき	滿 만 찰 マン みちる	潮 조 조수 チョウ しお high tide
艹 苩 萬 萬 萬 萬壽	士 吉 壹 壽 壽 萬壽	氵 沣 沣 満 滿 滿潮	氵 氵 淖 潮 潮 潮潮
萬壽【만수】 썩 오래 삶. 萬有【만유】 우주 만물. 壽命【수명】 목숨. 壽福【수복】 오래 살며 복을 누리는 일.		滿潮【만조】 가장 높은 밀물. 滿期【만기】 기한이 참. 豊滿【풍만】 풍족하여 그득함. 潮流【조류】 바닷물의 흐름.	

萬死無惜 (만사무석) 죄가 무거워 만 번 죽어도 용서할 여지가 없다.
萬事休 (만사휴) 모든 일이 헛수고가 되다.

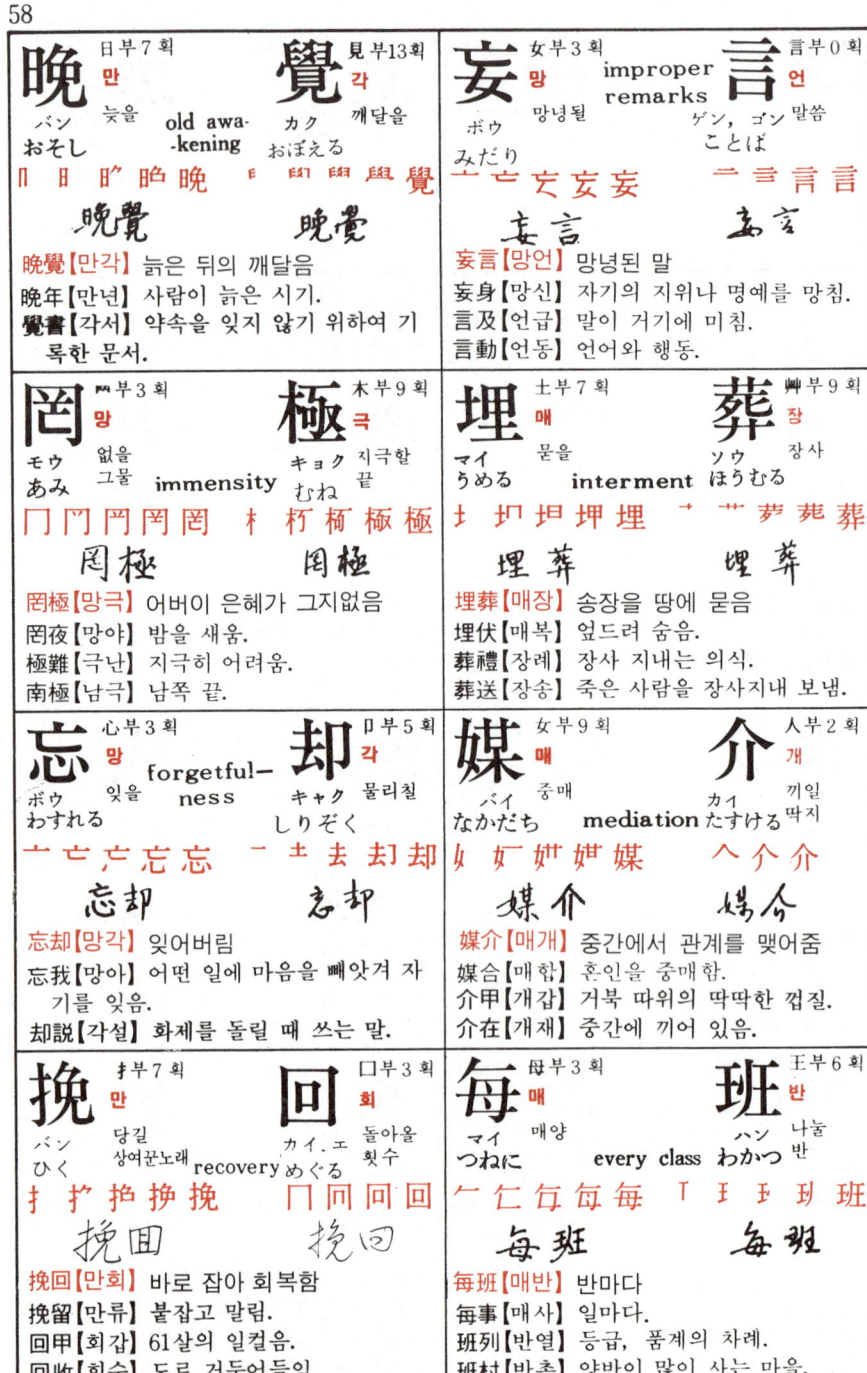

網目不疎 (망목불소) 그물코가 총총한 것처럼 법률이 세밀하다.
忘身忘家 (망신망가) 몸과 집안을 잊다.

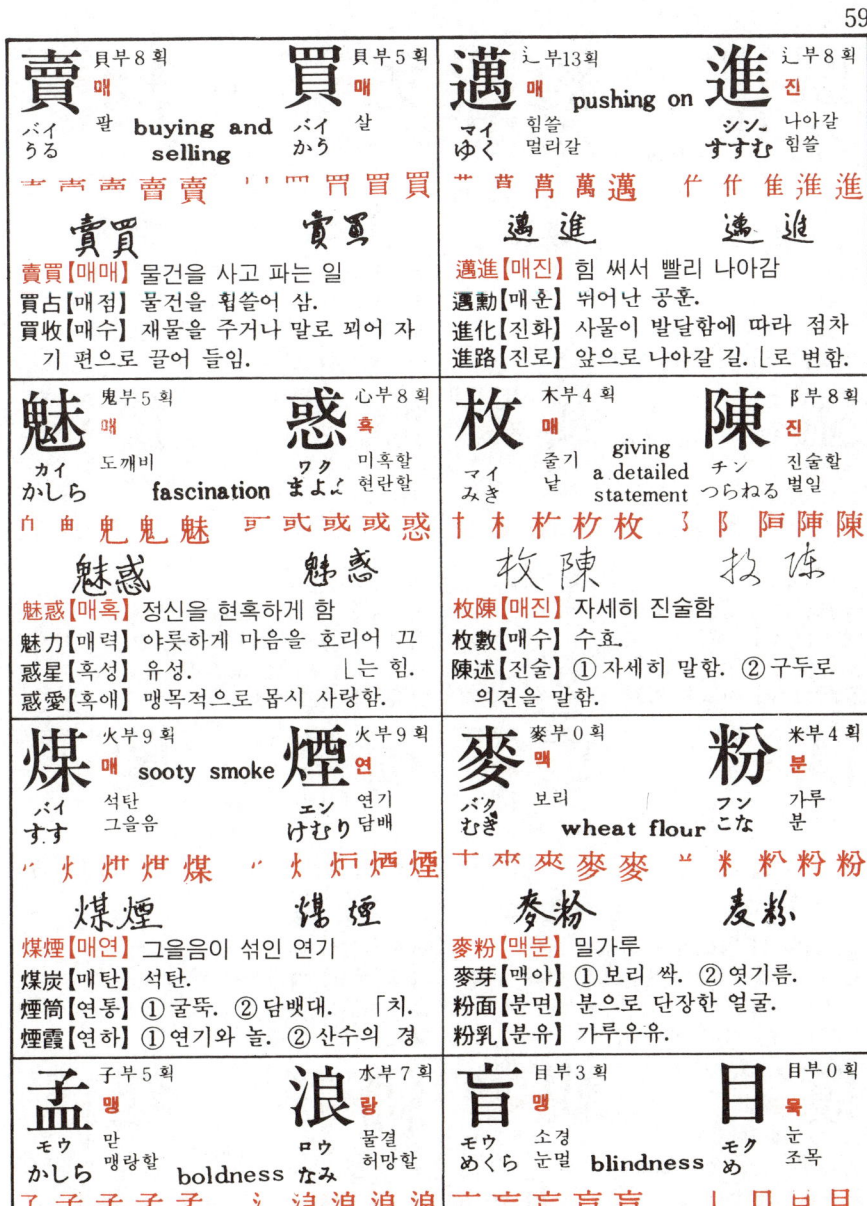

麥秀之嘆 (맥수지탄) 나라의 멸망을 한탄하다.
盲龜遇木 (맹귀우목) 눈 먼 거북이가 물에 뜬 나무를 붙잡다.

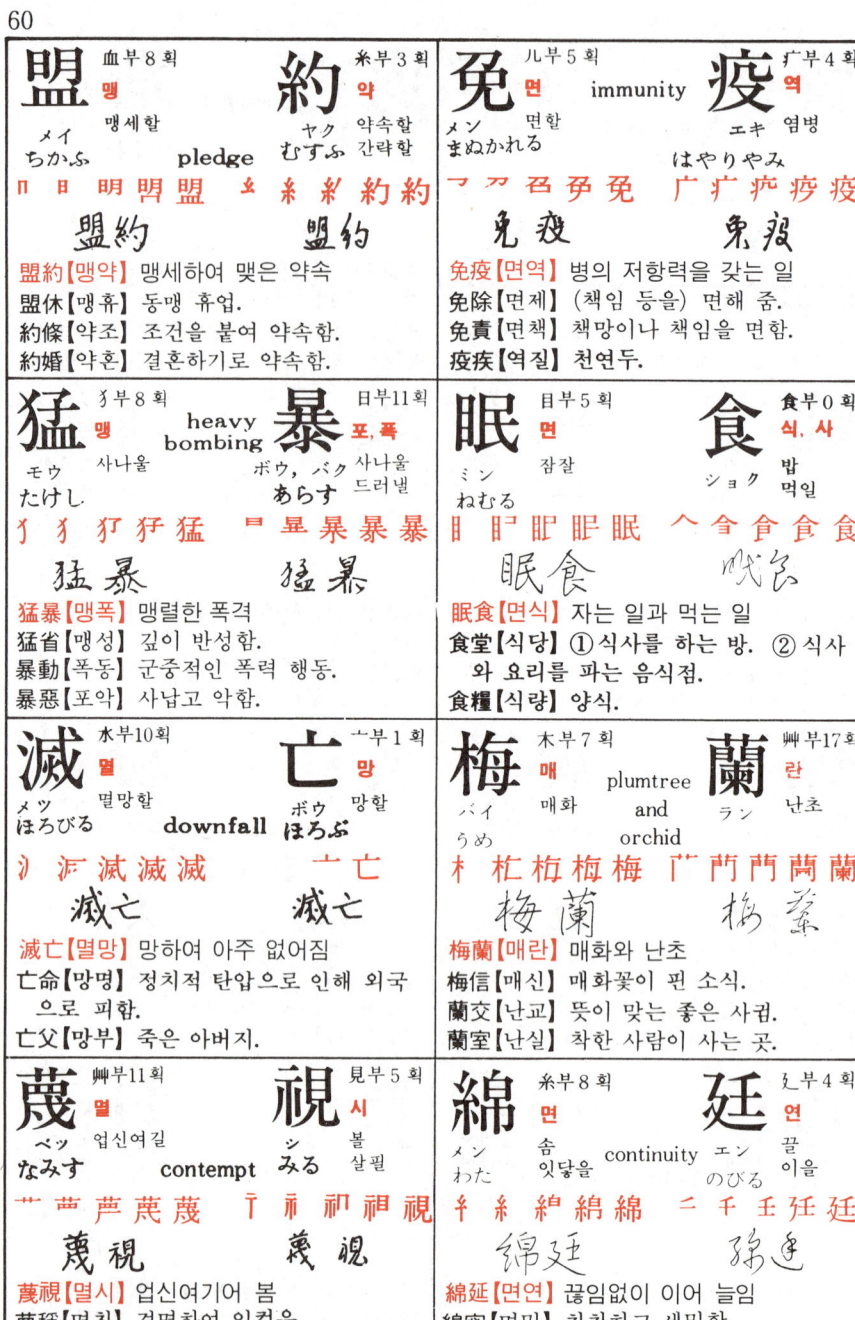

盟約【맹약】 맹세하여 맺은 약속.
盟休【맹휴】 동맹 휴업.
約條【약조】 조건을 붙여 약속함.
約婚【약혼】 결혼하기로 약속함.

免疫【면역】 병의 저항력을 갖는 일
免除【면제】 (책임 등을) 면해 줌.
免責【면책】 책망이나 책임을 면함.
疫疾【역질】 천연두.

猛暴【맹폭】 맹렬한 폭격
猛省【맹성】 깊이 반성함.
暴動【폭동】 군중적인 폭력 행동.
暴惡【포악】 사납고 악함.

眠食【면식】 자는 일과 먹는 일
食堂【식당】 ①식사를 하는 방. ②식사와 요리를 파는 음식점.
食糧【식량】 양식.

滅亡【멸망】 망하여 아주 없어짐
亡命【망명】 정치적 탄압으로 인해 외국으로 피함.
亡父【망부】 죽은 아버지.

梅蘭【매란】 매화와 난초
梅信【매신】 매화꽃이 핀 소식.
蘭交【난교】 뜻이 맞는 좋은 사귐.
蘭室【난실】 착한 사람이 사는 곳.

蔑視【멸시】 업신여기어 봄
蔑稱【멸칭】 경멸하여 일컬음.
視力【시력】 눈으로 물건을 볼 수 있는 힘.
視察【시찰】 돌아다니며, 현 사정을 살핌.

綿延【면연】 끊임없이 이어 늘임
綿密【면밀】 찬찬하고 세밀함.
綿絲【면사】 무명실.
延命【연명】 겨우 목숨을 이어 살아감.

盲者直門 (맹자직문) 장님이 문을 바로 들어가다.
猛虎爲鼠 (맹호위서) 범도 위엄을 잃게 되면 쥐와 같다.

名 명 口부3획 メイ な 이름 이름날 galaday	節 절 竹부9획 セツ ふし 마디 절약할	勉 면 力부7획 ベン つとめる 힘쓸 diligence	勵 려 力부15획 レイ はげむ 힘쓸
ノクタ名名 名節	⺮ 笞 笪 節節 名卽	´ 名 兔 免 勉 勉励	厂 厉 厲 勵 勵 勉勵
名節【명절】 명일. 名單【명단】 관계자의 이름을 적은 것. 節槪【절개】 기개 있는 지조. 節米【절미】 쌀을 절약함.		勉勵【면려】 힘써 함. 勉從【면종】 마지 못해 복종함. 勉學【면학】 학문에 힘씀. 勵精【여정】 정신을 가다듬고 힘씀.	
冥 명 ⼀부8획 メイ 어두울 저승 soul in the Hades	鬼 귀 鬼부0획 キ おに 귀신	矛 모 矛부0획 ム ほこ 창 contradiction	盾 순 目부4획 ジュン たて 방패
一冖冝冥冥 冥鬼	白甶由鬼鬼 鬼尼	一フヌ予矛 矛盾	厂厂厈所盾 矛盾
冥鬼【명귀】 저승에 있는 귀신. 冥想【명상】 눈을 감고 조용히 생각함. 冥助【명조】 은근한 도움. 鬼神【귀신】 죽은 사람의 영혼.		矛盾【모순】 창과 방패. 말의 앞과 뒤가 서로 맞지 않음 矛戈【모과】 창. 전하여 병기. 矛叉【모차】 끝이 두가닥으로 된 창.	
毛 모 毛부0획 モウ け 털 식물 woolen yarn	絲 사 糸부6획 シ いと 실	慕 모 心부11획 ボ したふ 사모할 longing and imitation	倣 방 人부8획 ホウ ならふ 본받을
一二三毛 毛絲	´ 幺 乡 糸 絲 毛絲	艹 莒 莫 慕慕 慕倣	亻 仿 仿 倣 倣 慕倣
毛絲【모사】 털실. 毛筆【모필】 붓. 絲雨【사우】 실처럼 가늘게 내리는 비. 絲竹【사죽】 ① 현악기와 관악기. ② 음악.		慕倣【모방】 사모하여 모방함. 愛慕【애모】 사랑하고 사모함. 倣古【방고】 옛 것을 모방함. 倣此【방차】 이것과 같이 본떠서 함.	
模 모 木부11획 モ のり 법 본뜰 shape	樣 양 木부11획 ヨウ かたち 모양	貌 모 豸부7획 ボウ かたち 모양 appearance	形 형 彡부4획 ケイ,ギョウ かたち,かた 형상
木 朾 椹 模模 模樣	木 栏 样 様様 模樣	豸 豹 豹 貌貌 貌形	二干 开 形 貌形
模樣【모양】 생김새. 模範【모범】 본받을 만한 본보기. 樣式【양식】 일정한 형식. 樣子【양자】 얼굴 모습.		貌形【모형】 모습. 모양 風貌【풍모】 풍채와 용모. 形言【형언】 형용하여 말함. 形態【형태】 사물의 생김새.	

名實相符 (명실상부) 이름과 실상이 같다.
明若觀火 (명약관화) 불을 보듯이 분명하다.

募 力부11획 ボ つのる 모 모을 loan	債 人부11획 サイ かり 채 빚 flotion	冒 刀부7획 ボウ おかす 모 가릴 무릅쓸 defilement	瀆 水부15획 トク かさなる 독 도랑 더러울
艹 芦 莫 募 募 募債	亻 化 借 借 債 募債	冂 冃 冐 冒 冒 冒瀆	氵 浐 瀆 瀆 瀆 冒瀆
募債【모채】 공채나 사채를 모음 募兵【모병】 병정을 모음〔뽑음〕. 債權【채권】 빚 준 사람이 빚 진 사람에게 행할 수 있는 권리.		冒瀆【모독】 들이 덤비어 욕되게 함 冒名【모명】 거짓 꾸며대는 이름. 瀆溝【독구】 도랑. 개천. 瀆慢【독만】 업신여김.	

侮 人부7획 ブ あなどる 모 업신여길 insult	辱 辰부3획 ジョク はづかしむ 욕 더럽힐 욕할(될)	朦 月부14획 モウ おぼろ 몽 흐릴 dimness	朧 月부16획 ロウ おぼろ 롱 흐릴
亻 仁 佇 侮 侮 侮辱	厂 厏 辰 辱 辱 侮辱	月 肿 朦 朦 朦 朦朧	月 脂 脂 朧 朧 朦朧
侮辱【모욕】 깔보아서 욕되게 함 侮狎【모압】 업신여기어 함부로 굶. 辱在【욕재】 영락하여 부끄러운 처지에 놓임. 恥辱【치욕】 수치와 모욕.		朦朧【몽롱】 흐리멍덩하여 아득함 朦昏劑【몽혼제】 마취제. 朧光【농광】 흐린 달빛. 朧朧【농롱】 흐린 모양.	

謀 言부9획 ボウ 모 꾀할 rebellion	叛 又부7획 ハン そむく 반 배반할	木 木부0획 ボク き 목 나무 wood	材 木부3획 ザイ 재 재목 재능
言 訁 䛇 謀 謀 謀叛	丷 半 斨 斨 叛 謀叛	一 十 才 木 木材	十 木 村 材 木材
謀叛【모반】 반역을 꾀함 謀略【모략】 속임수를 쓰는 꾀. 謀士【모사】 계략을 잘 꾸미는 사람. 叛徒【반도】 반란을 일으킨 무리.		木材【목재】 재료로 쓰이는 나무 木石【목석】 ①나무와 돌. ②'매우 감정이 없는 사람'을 비유하여 이르는 말. 材料【재료】 감. 거리.	

沐 水부4획 モク ボク 목 머리감을 bathing	浴 水부7획 ヨク あびる 욕 목욕할	妙 女부4획 ミョウ たくみ 묘 묘할 젊을 exquisite skill	技 扌부4획 ギ たへ 기 재주
氵 氵 汁 沐 沐 沐浴	氵 氵 浴 浴 浴 沐浴	乆 女 奾 妙 妙 妙技	十 扌 护 技 技 妙技
沐浴【목욕】 머리를 씻고 몸을 씻음 沐恩【목은】 은혜를 입음. 浴客【욕객】 목욕하는 손님. 浴化【욕화】 은혜를 입음.		妙技【묘기】 묘한 재주 妙齡【묘령】 (주로 여자의) 젊은 나이. 技巧【기교】 교묘한 손재주. 技能【기능】 재주와 능력.	

盲玩丹青 (맹완단청) 보아도 내용을 알지 못할 사물을 보다.
盲人眼疾 (맹인안질) 있으나마나 아무 상관이 없다.

牧 목 shepherd boy	童 동	戊 무	寅 인 tiger

牧童【목동】 마소를 치는 아이
牧民【목민】 백성을 다스리어 기름.
童心【동심】 어린이 마음.
童濯【동탁】 산이 민둥민둥함.

戊寅【무인】 60갑자의 열다섯째
戊夜【무야】 오전 4시 경.
寅年【인년】 태세가 '인'인 해, 곧 '범띠'의 해.

沒 몰 self-oblivion	我 아	茂 무	盛 성 dense

沒我【몰아】 자기를 몰각한 상태
我見【아견】 자기 멋대로의 생각.
我執【아집】 소아에 집착하여 자기만 내세움.

茂盛【무성】 풀이나 나무가 우거짐
茂才【무재】 재능이 뛰어난 사람.
盛衰【성쇠】 성함과 쇠함.
盛況【성황】 성대한 상황.

武 무 armament	裝 장	巫 무 female shaman &	卜 복 fortuneteller

武裝【무장】 전쟁을 할 차림새
武勇【무용】 싸움에 용맹스러움.
裝備【장비】 장치와 설비.
裝飾【장식】 치장하여 꾸밈.

巫卜【무복】 무당과 점장이
巫術【무술】 무당의 방술.
巫堂【무당】 미래의 길흉을 점하고 굿을 하는 여자.

無 무 unrivalled	敵 적	墨 묵 cuttlefish	魚 어

無敵【무적】 겨룰만 한 적이 없음
無窮【무궁】 끝없이 영원함.
無視【무시】 업신여김.
匹敵【필적】 걸 맞아서 견줄 만함.

墨魚【묵어】 오징어
筆墨【필묵】 붓과 먹.
魚物【어물】 생선이나 생선을 말린 것.
魚肉【어육】 생선과 짐승의 고기.

墨翟之守 (묵적지수) 굳건히 성을 지키다. 자기 의견이나 주장을 굳이 지키다.

貿 貝부5획 무 무역할 장사 ボウ かふ trade	易 日부4획 역,이 바꿀 쉬울 イ,エキ かはる	默 黑부4획 묵 말없을 モク しづか meditation	念 心부4획 념 생각 ネン おもふ
貿貿	易易	默默	念念
貿【무역】 외국과의 장사 거래를 함 貿米【무미】 쌀을 무역함. 易行【이행】 행하기가 쉬움. 便易【편이】 편리하고 쉬움.		默念【묵념】 마음 속으로 빎 默過【묵과】 잘못을 알고도 모르는 체하고 그대로 넘김. 念慮【염려】 여러 가지로 헤아려 걱정함.	
文 文부0획 문 글월 ブン,モン もじ literature	學 子부13획 학 배울 ガク まなぶ	蚊 虫부4획 문 모기 ブン か mosquito & fly	蠅 虫부13획 승 파리 ヨウ はへ
文學	文學	蚊蠅	蚊蠅
文學【문학】 글에 대한 학문 文臣【문신】 문관으로서의 신하. 學界【학계】 학문을 연구하는 사회. 學窓【학창】 학문을 닦는 곳.		蚊蠅【문승】 모기와 파리 蠅拂【승불】 파리채. 蠅營【승영】 사소한 이익을 얻으려고 악착같이 일함.	
聞 耳부8획 문 들을 ブン きく hearing	音 音부0획 음 소리 소식 オン おと	勿 勹부2획 물 말 アニ フツ,モチ なかれ of course	論 言부8획 론 논의할 ロン はかる
聞音	音音	勿論	勿論
聞音【문음】 소리를 들음 聞望【문망】 이름이 널리 알려짐. 聞香【문향】 향내를 맡음. 音聲【음성】 목소리.		勿論【물론】 말할 것도 없음 勿驚【물경】 엄청난 것을 말할 때 '놀라지 말라'의 뜻을 나타내는 말. 論功【논공】 공로를 평가함.	
問 口부8획 문 물을 モン とふ question and answer	答 竹부6획 답 대답할 トウ こたへる	彌 弓부14획 미 퍼질 수선할 ビ とちる temporizing	縫 糸부11획 봉 꿰맬 기울 ホウ ぬふ
問答	問答	彌縫	彌縫
問答【문답】 서로 묻고 대답하고 함 問議【문의】 물어서 서로 의논함. 問責【문책】 책임을 물음〔추궁함〕. 答辯【답변】 물음에 대하여 대답함.		彌縫【미봉】 빈구석을 탈없이 메워감 彌留【미류】 병이 오래 낫지 않아 위급해 짐. 縫印【봉인】 붙인 곳에 찍는 도장. 봉함. 縫合【봉합】 꿰매어 합침.	

門前成市 (문전성시) 권세가 드날리거나 부자가 되어, 집 문 앞이 방문객으로 저자를 이루다.

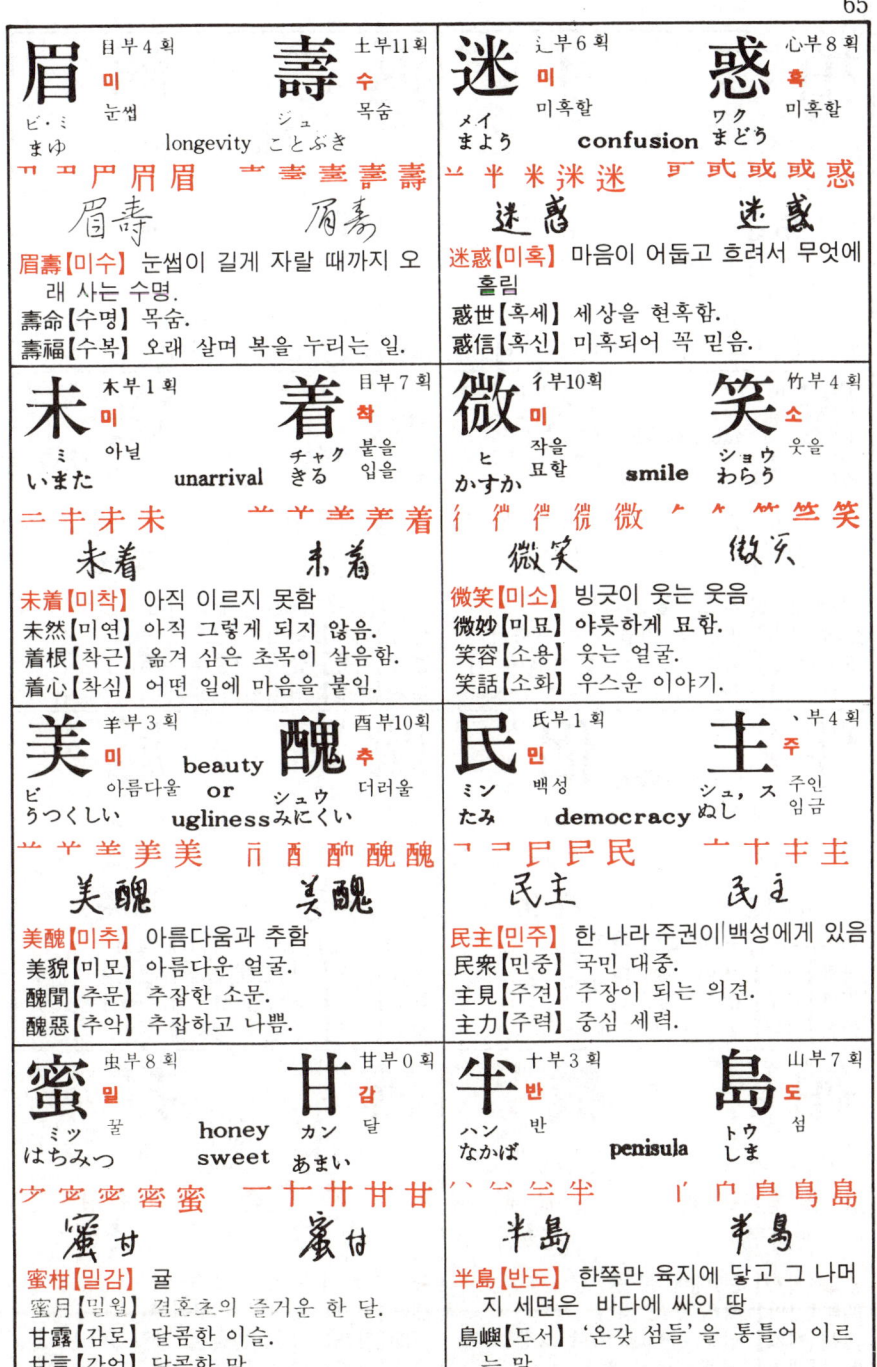

未亡人 (미망인) 남편이 죽으면 의례히 따라 죽어야 함에도 불구하고 아직 죽지 않고 이 세상에 남아 있는 사람.

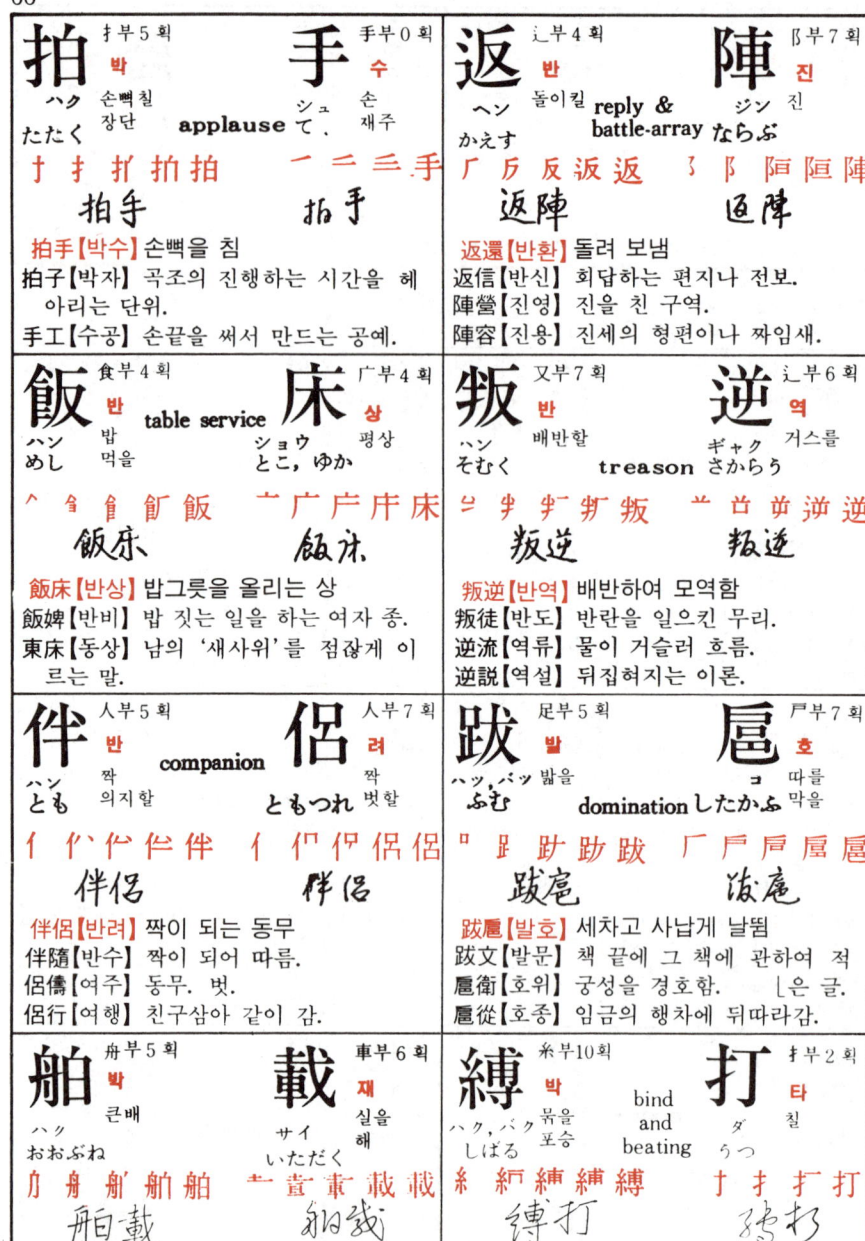

拍掌大笑 (박장대소) 손바닥을 치면서 크게 웃다.
盤根錯節 (반근착절) 구부러진 나무 뿌리와 울퉁불퉁한 마디.

反 (반) echo / 響 (향) echo / 勃 (발) out break / 發 (발)

反響【반향】 반사되어 울리는 현상.
反應【반응】 작용에 따라 일어나는 현상.
響應【향응】 소리에 마주쳐서 그 소리와 같이 울림.

勃發【발발】 일이 갑자기 크게 일어남.
勃然【발연】 벌컥 일어나는 모양.
發表【발표】 세상에 널리 드러내어 알림.
發掘【발굴】 묻혀 있는 물건을 파냄.

發 (발) / 揮 (휘) exhibition / 磐 (반) huge rock / 石 (석)

發揮【발휘】 떨치어서 나타냄.
發覺【발각】 숨긴 것이 드러남.
揮淚【휘루】 눈물을 뿌림.
揮毫【휘호】 붓글씨를 쓰거나 그림을 그림.

磐石【반석】 넓고 편편한 큰 돌.
磐牙【반아】 서로 굳게 맺어 한통이 됨.
石像【석상】 돌로 조각하여 만든 사람이나 동물의 형상.

彷 (방) wandering / 徨 (황) / 潑 (발) liveliness / 剌 (랄)

彷徨【방황】 아무 목적이 없이 어정버정함.
彷彿【방불】 흐릿하여 분별하기 어려운 모양.
徨忙【황망】 황황해서 매우 바쁨.
徨徨【황황】 어슷거리는 모양.

潑剌【발랄】 활발하게 약동하는 모양.
潑墨【발묵】 그림이나 글씨의 먹물이 퍼지는 일.
剌謬【날류】 어그러져 틀림.

方 (방) mind / 寸 (촌) / 妨 (방) obstacle / 害 (해,갈)

方寸【방촌】 ① 마음. ② 한 치 사방.
方案【방안】 일을 처리할 방법이나 방도에 관한 안.
寸暇【촌가】 얼마 안 되는 겨를.

妨害【방해】 헤살을 놓아 해를 끼침.
妨遏【방알】 막아서 들어오지 못하게 함.
害毒【해독】 어떤 일을 망치거나 파괴하여 손해를 끼치는 요소.

傍若無人 (방약무인) 좌우에 사람이 없다는 듯이 언행을 함부로 하다.
拔本塞源 (발본색원) 폐단의 근원을 뽑고 막아 없애다.

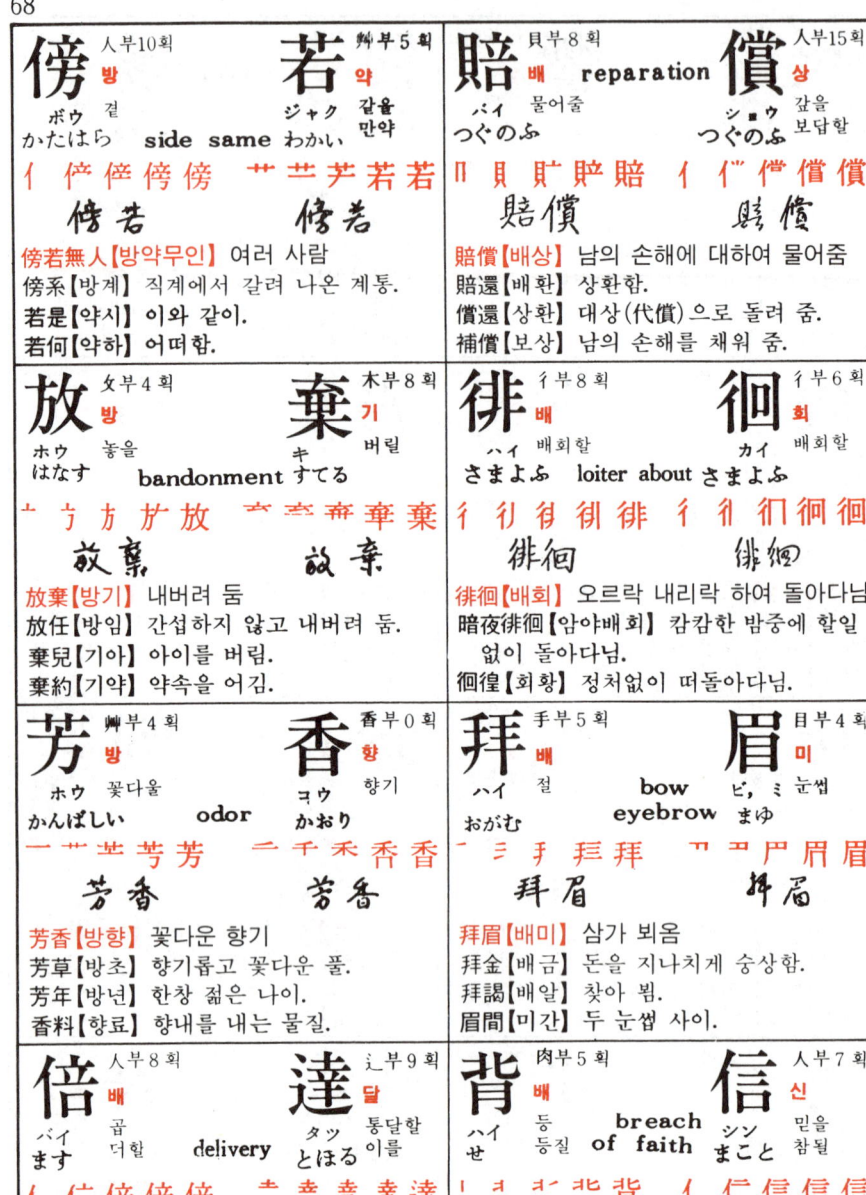

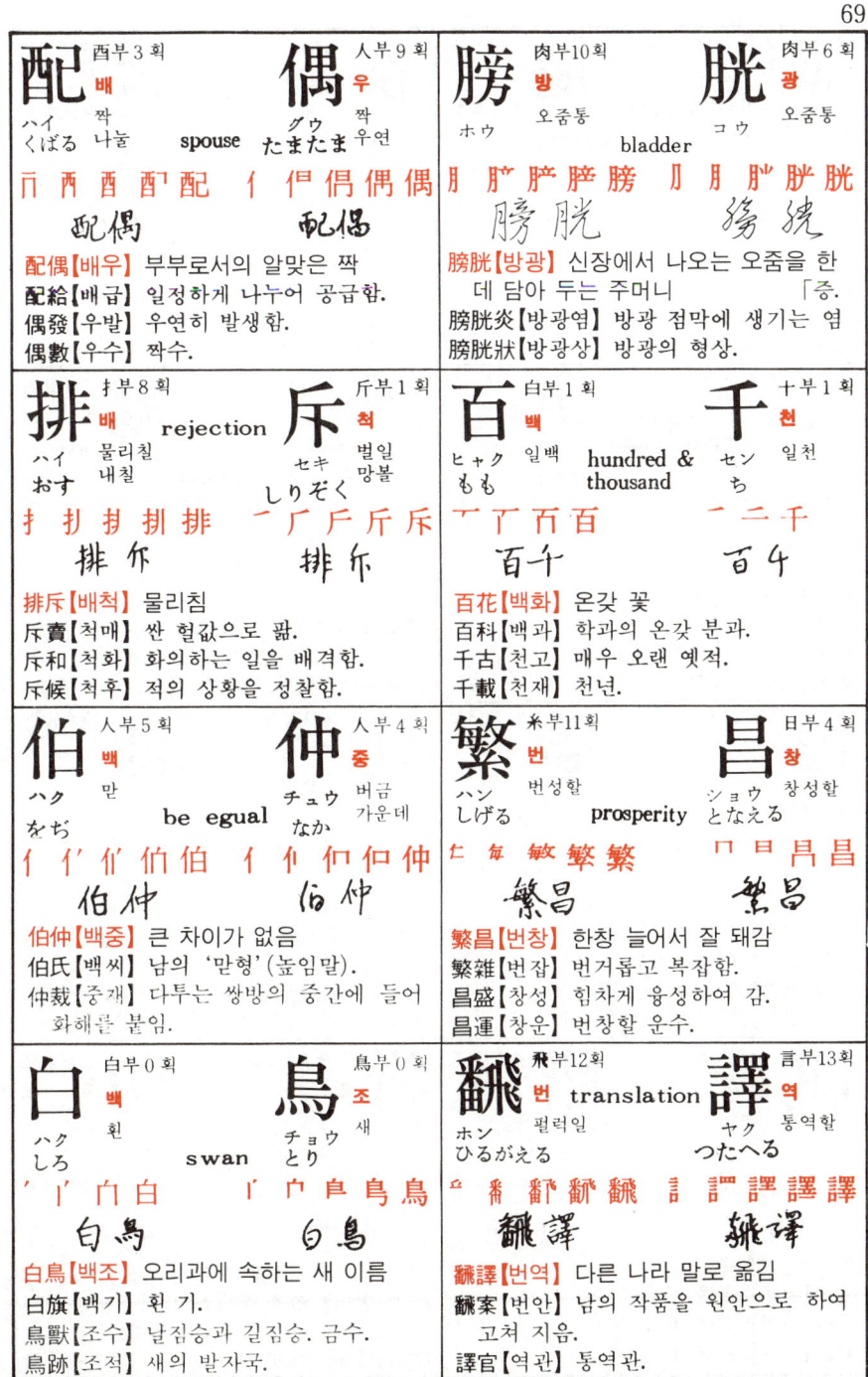

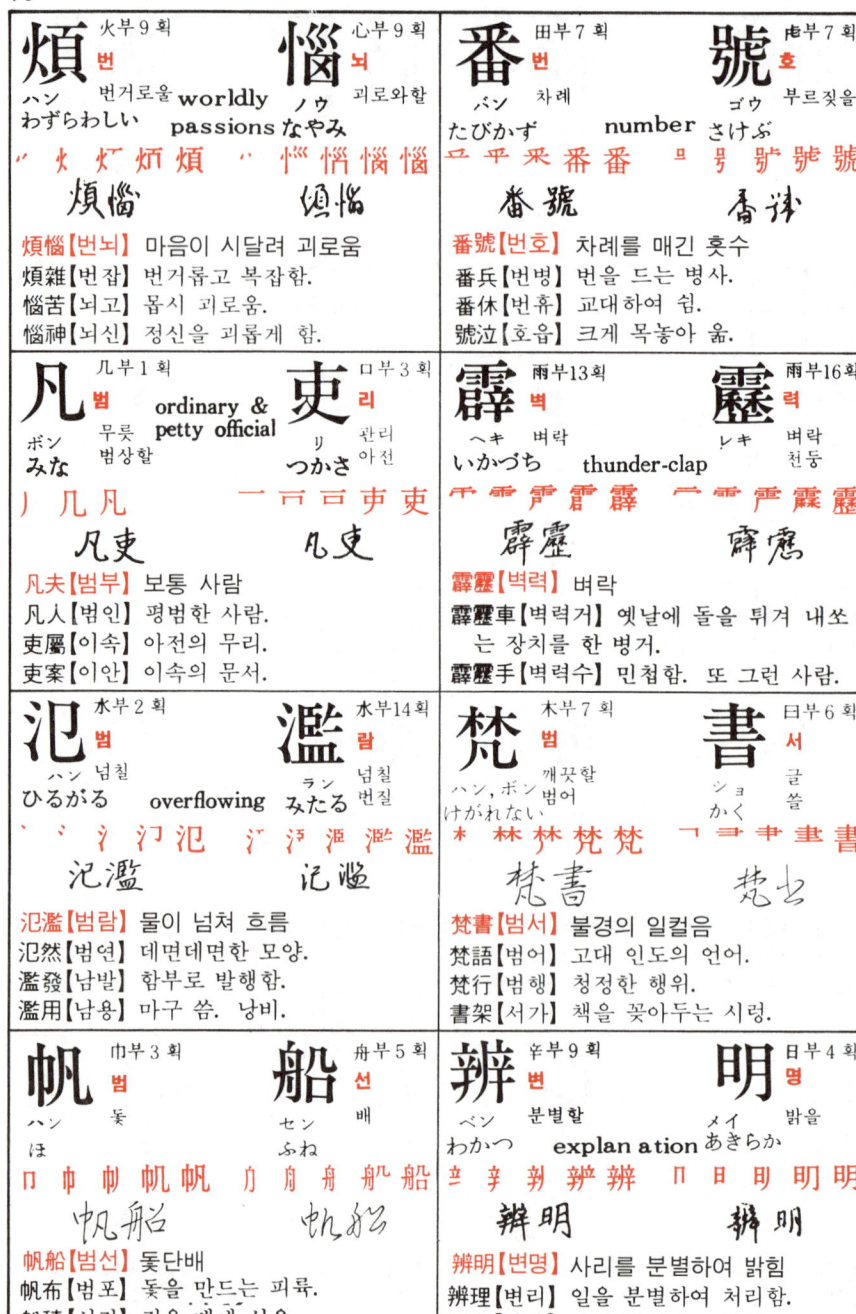

71

汎 [범] 水부 3획
ハン / はまねし / overflow
뜰 넓을 / 넘칠 / 번질
氵汎汎

汎濫

汎濫【범람】 물이 넘쳐 흐름
汎稱【범칭】 넓은 범위로 쓰는 명칭.
濫用【남용】 마구 씀. 낭비.
濫職【남직】 분수에 넘치는 벼슬.

濫 [람] 水부 14획
ラン / みだる
넘칠 / 번질
氵汃沪泙濫濫

汎濫

倂 [병] 人부 6획
ヘイ / ならぶ / annexation
아우를
亻伫伫倂倂

倂吞

倂吞【병탄】 남의 물건을 제것으로 만듦
倂合【병합】 둘 이상의 기관을 합하여 하
吞滅【탄멸】 삼켜 없애 버림. 나로 만듦.
吞吐【탄토】 삼킴과 뱉음.

吞 [탄] 口부 4획
ドン / のむ
삼킬
一二天吞吞

倂吞

碧 [벽] 石부 9획
ヘキ / あを / sultan's parasol
푸를
丁珀珀碧碧

碧梧

碧梧【벽오】 벽오동
碧空【벽공】 짙게 푸른 하늘.
碧眼【벽안】 검은 자위가 파란 눈.
梧桐【오동】 오동나무.

梧 [오] 木부 7획
ゴ / あをきり
오동나무
木朾桁梧梧

碧梧

別 [별] 刀부 5획
ベツ / わかれる / annex
다를
口口号別別

別館

別館【별관】 본관 밖에 세운 집
別途【별도】 ①딴 방면. ②딴 용도.
館舍【관사】 외국 사신을 묵게 하는 집.
館員【관원】 관에서 일하는 사람.

館 [관] 食부 8획
カン / やかた
객사 / 묵을
飠飠館館館

別館

變 [변] 言부 16획
ヘン / かわる / change
변할
言緕緩變變

變更

變更【변경】 바꾸어서 다르게 고침
變化【변화】 변하여 다르게 됨.
更生【갱생】 다시 살아남.
更新【경신】 고치어 새롭게 함.

更 [경,갱] 日부 3획
コウ / さらに
고칠 / 다시
一百更更

變更

丙 [병] 一부 4획
ヘイ / ひのえ / third and the fourth
남녘
一一万丙丙

丙丁

丙科【병과】 과거 성적 등급의 하나
丙寅【병인】 60갑자의 하나.
丁男【정남】 한창 때의 남자.
丁夫【정부】 스무 살 안팎의 남자.

丁 [정] 一부 1획
テイ / チョウ
고무래 / 천간
一丁

丙丁

竝 [병] 立부 5획
ヘイ / ならぶ / unification
아우를
亠立立竝

竝肩

竝肩【병견】 어깨를 겨루어 나란히 함
竝記【병기】 함께 나란히 적음.
肩章【견장】 제복의 어깨에 직종, 등급 등
을 표시하기 위해 붙이는 표.

肩 [견] 肉부 4획
ケン / かた
어깨
厂戶斤肩肩

竝肩

普 [보] 日부 8획
フ / あまねし / ordinary
널리
䒑丱竝普普

普通

普通【보통】 널리 일반에게 통함
普遍【보편】 두루 미치거나 통함.
通勤【통근】 매일 다니며 근무함.
通用【통용】 여러 가지에 두루 쓰임.

通 [통] 辶부 7획
ツウ / とおる
통할
マ甬甬通通

普通

病入膏肓 (병입고황) 병이 고황에 들다. 병이 깊다.
補車相依 (보거상의) 서로 돕고 의지하다.

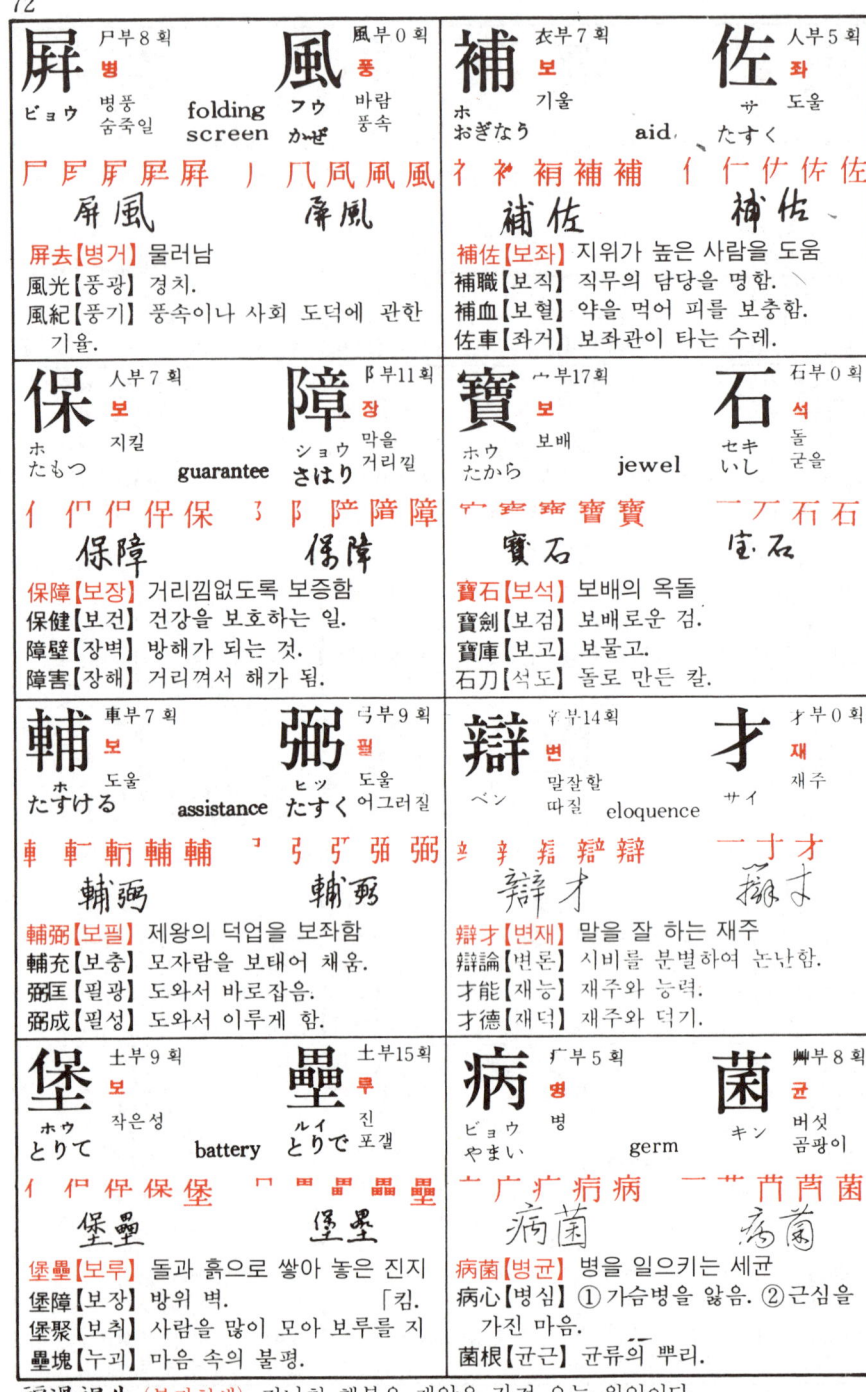

福過禍生 (복과화생) 지나친 행복은 재앙을 가져 오는 원인이다.

覆水不返盆 (복수불반분) 한번 쏟아진 물은 다시 담을 수 없다.

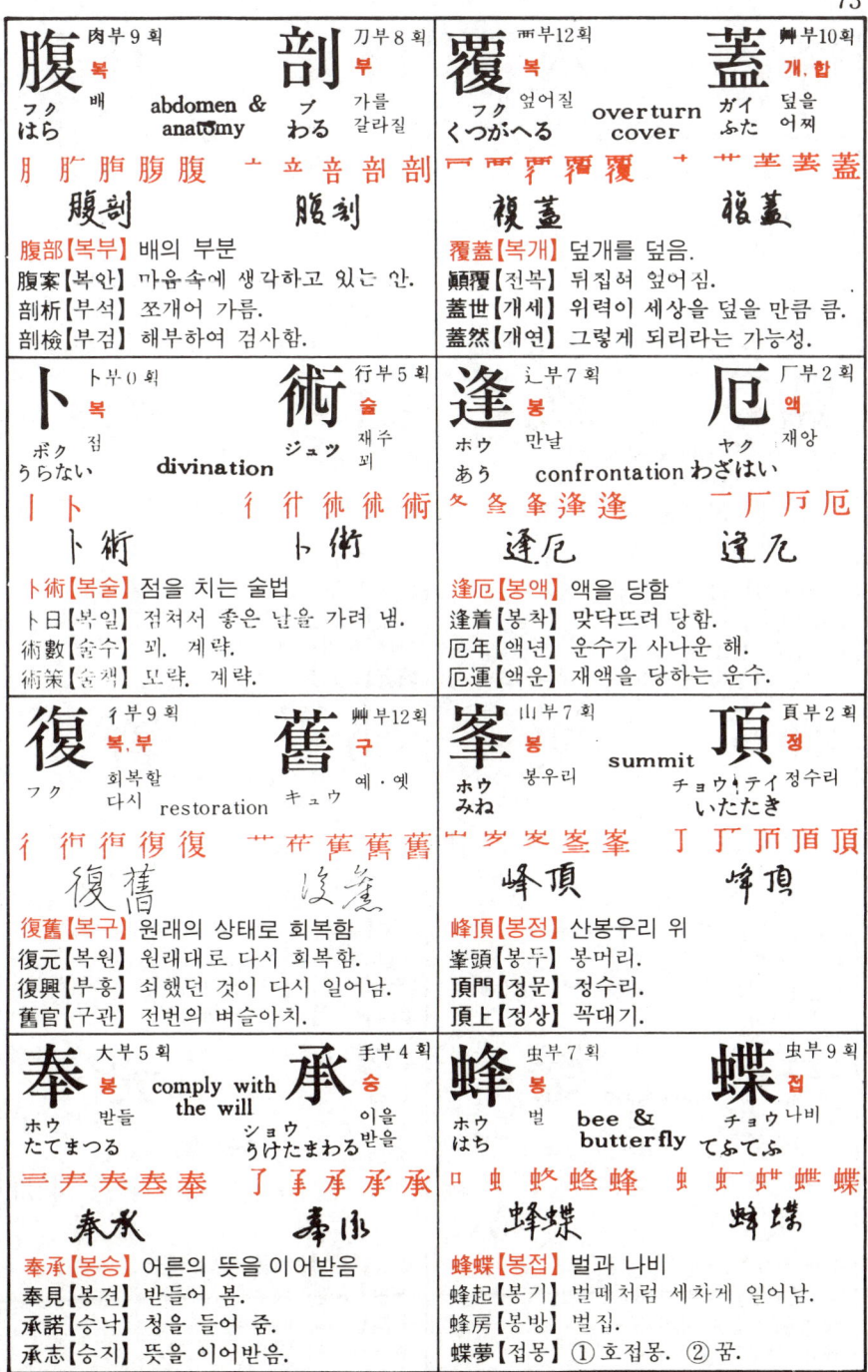

烽 火부7획 봉 ホウ のろし 봉화 signal-fire	火 火부0획 화 カ ひ 급할 불	鋒 金부7획 봉 ホウ ほこさき 앞장 병기	刃 刀부1획 인 ジン やいば 칼날 병장기 blade
′ ⺁ 炒 烙 烽 烽火	′ ⺌ 火 烽火	釒釒鉾鋒鋒 鋒刃	ㄱ 刀 刃 鋒刃
烽火【봉화】 병란이있을 때경보로 드는 불 烽煙【봉연】 봉화를 올리는 연기. 火急【화급】 매우 급함. 火力【화력】 ①불의 힘. ②열의 힘.		鋒刃【봉인】 창이나 칼 따위의 날 鋒銳【봉예】 성질이 날카롭고 민첩함. 兵刃【병인】 창, 칼 등의 날이 있는 병기. 刃傷【인상】 칼로 사람을 상하게 함.	
鳳 鳥부3획 봉 ホウ 봉새 pillow with Phoenix design	枕 木부4획 침 チン 베개 まくら	封 寸부6획 봉 ホウ·フウ 봉할 쌓을 making a grave mound	墳 土부12획 분 フン 무덤
几 凡 凨 鳯 鳳 鳳枕	† 朩 朾 枕 枕 鳳枕	土 圭 킈 封 封 封墳	土 圹 垆 墳 墳 封墳
鳳枕【봉침】 봉황을 수놓은 베개 枕頭【침두】 베갯머리. 枕木【침목】 ①굄목. ②철도 레일 밑을 괴는 나무나 콘크리트 따위의 토막.		封墳【봉분】 흙을 쌓아 무덤을 만듬 封印【봉인】 봉한 자리에 도장을 찍음. 封地【봉지】 제후를 봉한 땅. 墳墓【분묘】 무덤.	
府 广부5획 부 フ 고을 관청 governor	使 人부6획 사 シ 하여금 사신	部 阝부8획 부 ブ 떼 거느릴 one's post of duty	署 罒부9획 서 ショ 관청 쓸
广 广 庁 府 府 府使	亻 亻 佢 使 使 府使	亠 立 咅 部 部 部署	罒 罒 罢 罢 署 部署
府使【부사】 "부"의 으뜸 벼슬 使命【사명】 지워진 임무. 使臣【사신】 임금의 명을 받아 외국에 가는 신하.		部署【부서】 사업 체계에 따라 갈라진 사업 부문의 단위 部隊【부대】 한 단위의 군대. 署理【서리】 직무를 대리함.	
夫 大부1획 부 フ おっと 사내 남편 husband and wife	婦 女부8획 부 フ よめ 며느리 아내	浮 水부7획 부 フ·うく 뜰 うかぶ float ship	舟 舟부0획 주 シュウ ふね 배
一 二 弌 夫 夫婦	ᆫ 妇 妒 婦 婦 夫婦	氵 氵 浮 浮 浮 浮舟	厂 力 力 舟 舟 浮舟
夫婦【부부】 남편과 아내 夫人【부인】 남의 아내. 婦道【부도】 여자의 도리. 新婦【신부】 갓 결혼한 색시.		浮舟【부주】 배를 물에 띄움 浮生【부생】 덧없는 인생. 舟橋【주교】 배다리. 舟行【주행】 배를 타고 감.	

富則多事 (부즉다사) 재산이 많으면 일도 많다.
附和雷同 (부화뇌동) 아무 비판없이 남의 말에 따르다.

父 父부0획 フ ちち 아버지 parents	母 母부1획 モ ボ はは 어머니 모체	付 人부3획 フ つける 줄 붙일 attached tag	標 木부11획 ヒョウ しるべ 표 표
ノハク父 父母	∟口口母母 父母	ノイ仁付付 付標	木杤栖標標 付標
父母【부모】 아버지와 어머니 母國【모국】 본국. 母性【모성】 어머니로서의 여자 마음. 母體【모체】 근본이 되는 물체.		付託【부탁】 남에게 당부함 付送【부송】 물건을 부쳐 보냄. 標準【표준】 여러 사물이 준거할 기준. 標的【표적】 목표로 삼는 물건.	
富 宀부9획 フ とむ 가멸 riches and honours	貴 貝부5획 キ たふとし 귀 귀할	符 竹부5획 フ わりふ 부신 부적 coincidence	合 口부3획 ゴウ あう 합,흡 합할 흡
宀宁宫宫富富 富貴	口虫虫貴貴 富貴	ノベ竹竹符符 符合	人人合合 符合
富貴【부귀】 재산 많고 지위 높음 富裕【부유】 재산이 썩 많고 넉넉함. 貴賤【귀천】 부귀와 빈천. 귀함과 천함. 貴賓【귀빈】 높고 귀한 손님.		符合【부합】 꼭들어 맞음 合格【합격】 자격에 맞아 통과함. 合議【합의】 한 자리에 모여 토의함. 合資【합자】 자본을 아울러 냄.	
負 貝부2획 フ おう 짐질 패할 burden	擔 扌부13획 タン になう 멜 담	賦 貝부8획 フ とりたて 구실 bestow	租 禾부5획 ソ みつぎ 세금 조
ノク午负負 負擔	扌扩护擔 負擔	貝貯賦賦賦 賦租	二千禾和租 賦租
負擔【부담】 일을 맡아서 책임짐 負債【부채】 빚을 짐. 또는 진 빚. 擔當【담당】 일을 맡음. 擔任【담임】 임무를 맡음.		賦租【부조】 세금을 매기어서 물림 賦役【부역】 국민에게 의무적으로 책임지우는 노역. 租稅【조세】 법에 의하여 내는 세금.	
副 刀부9획 フク そふ 버금 by-product	産 生부6획 サン うむ 낳을 산	剖 刀부8획 フ わる 가를 갈라질 analysis	析 木부4획 セキ さく 쪼갤 가를 석
二冊冨副 副産	亠产产產產 副産	亠立音咅剖 剖析	十才木析析 剖析
副産物【부산물】 주요한 물건을 만드는데 따라서 생기는 일 産故【산고】 아이를 낳는 일. 産業【산업】 생산을 하는 사업.		剖析【부석】 쪼개어 가름 剖檢【부검】 해부하여 검사함. 析出【석출】 화합물을 분석하여 어떤 물질을 분리해 냄.	

父執尊長 (부집존장) 아버지의 친구로, 아버지와 나이가 비슷한 어른.
負薪入火 (부신입화) 나무를 지고 불에 들다.

赴任 (부임) leave for one's post / 扶助 (부조) aid

赴任【부임】 임명을 받아 신임지로 감
赴援【부원】 구원하러 감.
任務【임무】 맡은 일.
任意【임의】 마음 내키는 대로 함.

扶助【부조】 남을 물질적으로 도와 줌
扶養【부양】 도와 주어 기름.
助力【조력】 힘을 써 도와 줌.
助成【조성】 도와서 이루게 함.

粉末 (분말) powder / 奔忙 (분망) very busy

粉末【분말】 작은 입자의 가루
粉面【분면】 분으로 단장한 얼굴.
粉乳【분유】 가루우유.
末路【말로】 망하여 가는 마지막 길.

奔忙【분망】 급하고 바쁨
奔馬【분마】 빨리 닫는 말.
忙殺【망쇄】 매우 바쁨. 「겨를.
忙中閑【망중한】 바쁜 가운데 잠깐 짜낸

忿怒 (분노) / 盆峽 (분협) basin & gorge

忿怒【분노】 분하여 몹시 성을 냄
忿心【분심】 벌컥 성을 낸 마음.
怒號【노호】 성내어 외침. 큰소리를 냄.
怒髮【노발】 격노로 일어서는 머리카락.

盆地【분지】 산으로 둘러 싸인 평지
盆種【분종】 화초를 분에 심음.
峽谷【협곡】 험하고 좁은 산골짜기.
峽村【협촌】 두메에 있는 마을.

分析 (분석) analysis / 焚坑 (분갱) burn & pit

分析【분석】 나누어 가름
分外【분외】 분수에 지나침.
析出【석출】 화합물을 분석하여 어떤 물질을 분리해 냄.

焚滅【분멸】 불에 타서 없어짐
焚香【분향】 향을 불에 태움.
坑道【갱도】 땅 속으로 판 길.
坑內【갱내】 광산, 탄광의 구덩이 안.

焚書坑儒 (분서갱유) 학자들의 정치 비평을 금하기 위하여 책을 불사르고 유생을 생매장한 일.

紛 糸부4획 분 어지러울 フン あらそう dispute
爭 爪부4획 쟁 다툴 ソウ あらそう
紛爭【분쟁】 복잡하여 헝클어진 다툼질
紛起【분기】 여기저기에서 일어남.
紛亂【분란】 일이 뒤얽혀 어지러움.
爭議【쟁의】 노동 문제를 중심으로 다툼.

墳 土부12획 분 무덤 フン はか tomb
墓 土부11획 묘 무덤 ボ はか
墳墓【분묘】 무덤.
封墳【봉분】 흙을 쌓아 무덤을 만듦.
墓碑【묘비】 무덤 앞에 세운 빗돌.
墓地【묘지】 무덤이 있는 땅.

雰 雨부4획 분 안개 フン きり
虹 虫부3획 홍 무지개 コウ にじ rainbow
雰虹【분홍】 무지개
雰雰【분분】 눈이 펄펄 날리는 모양.
虹橋【홍교】 무지개 모양으로 된 다리.
虹彩【홍채】 눈알을 둘러싼 얇은 막.

奮 大부13획 분 떨칠 힘쓸 フン ふるう
鬪 門부10획 투 싸울 トウ たたかふ struggle
奮鬪【분투】 있는 힘을 다하여 싸움.
奮起【분기】 분발하여 일어남.
鬪爭【투쟁】 싸움.
鬪志【투지】 투쟁하려는 굳센 의지.

糞 米부11획 분 똥 거름줄 フン くそ excretions
尿 尸부4획 뇨 오줌 ニョウ ゆばり
糞尿【분뇨】 똥과 오줌.
尿毒症【요독증】 신장염으로 오줌이 잘 나오지 않아 이물질이 피 속에 들어박혀 중독이 된 병.

弗 弓부2획 불 아닐 달러 フツ あらず dollar
貨 貝부4획 화 재화 화물 カ たから
弗貨【불화】 미국의 돈. 달러
貨幣【화폐】 돈.
貨財【화재】 돈이나 값진 물건 따위.
貨主【화주】 화물의 주인.

不 一부3획 불 아닐 フ いなや go to heaven
歸 止부14획 귀 돌아올 붙좇을 キ かえる
不歸【불귀】 돌아오지 못함.
不法【불법】 법에 어긋남.
歸家【귀가】 집으로 돌아감.
歸依【귀의】 부처에게 순종하고 신앙함.

譬 言부13획 비 비유할 깨우칠 ヒ さとる metaphor
喩 口부9획 유 깨우쳐줄 비유할 ユ たとふ
譬喩【비유】 비슷한 다른 사물을 가리키어 하는 말
譬言【비언】 비꼬는 말.
喩勸【유권】 타일러 격려함.

不問曲直 (불문곡직) 옳고 그름을 가리지 않고 함부로 일을 처리하다.
不免虎口 (불면호구) 위험을 면하지 못하다.

佛 人부 5획 **불** 부처 ブツ ほとけ
典 八부 6획 **전** 법 책 テン のり
the sutras

亻 仴 侣 俤 佛　口 巾 曲 典 典

佛典　佛典

佛典【불전】 불교의 경전
佛徒【불도】 불교를 믿는 사람.
典雅【전아】 법도에 맞아 아담함.
典據【전거】 근거로 삼는 문헌상의 출처.

崩 山부 8획 **붕** 무너질 죽을 ホウ くずれる
壞 土부 16획 **괴** 무너질 カイ
collapse

屵 屵 崩 崩　土 坤 坤 壞 壞

崩壞　崩壞

崩壞【붕괴】 무너짐
崩御【붕어】 임금의 죽음.
壞亂【괴란】 파괴하고 문란하게 함.
壞滅【괴멸】 완전히 파괴되어 멸망함.

比 比부 0획 **비** 견줄 ヒ くらべる
較 車부 6획 **교** 견줄 カク くらぶ
comparison

一 上 上 比　亘 車 軒 軫 較

比較　比較

比較【비교】 서로 견주어 봄
比隣【비린】 가까운 이웃.
比日【비일】 날마다. 매일.
較量【교량】 비교하여 헤아림.

誹 言부 8획 **비** 헐뜯을 ヒ そしる
謗 言부 10획 **방** 헐뜯을 ボウ そしり
abuse

言 訂 訃 誹 誹　言 訁 誁 謗 謗

誹謗　誹謗

誹謗【비방】 비웃어서 말함
謗書【방서】 남을 헐뜯는 편지.
謗怨【방원】 헐뜯으며 원망함.
毁謗【훼방】 남을 헐어서 꾸짖음.

非 非부 0획 **비** 아닐 그를 ヒ たがふ
但 人부 5획 **단** 다만 タン ただし
not only …but

丿 ヨ ヨ 非 非　丿 亻 们 但 但

非但　非但

非但【비단】 그것뿐만 아니라
但書【단서】 (법률 조항이나 공식 문건 등에서) 본문 다음에 '단'자를 쓰고, 예외나 조건 등을 밝힌 글.

批 扌부 5획 **비** 비평할 ヒ おす
評 言부 5획 **평** 평론할 ヒョウ はかる
criticism

扌 扌 扗 扯 批　言 訁 訂 評 評

批評　批評

批評【비평】 사물의 선악을 판단함
批點【비점】 글이 잘 된 곳에 찍는 점.
評價【평가】 가치, 수준 등을 평정함.
評判【평판】 세상 사람들의 평.

悲 心부 8획 **비** 슬플 ヒ かなしい
哀 口부 6획 **애** 슬플 アイ あわれ
sorrow

丿 ヨ 非 非 悲　亠 亩 亨 哀 哀

悲哀　悲哀

悲哀【비애】 슬픔과 서러움
悲痛【비통】 몹시 슬프고 가슴이 아픔.
哀惜【애석】 슬프고 아까움.
哀願【애원】 애절하게 바람.

卑 十부 6획 **비** 낮을 ヒ いやしい
賤 貝부 8획 **천** 천할 セン いやしい
humbleness

白 白 由 卑　貝 貝 賎 賤 賤

卑賤　卑賤

卑賤【비천】 낮고 천함
卑近【비근】 흔하고 가까움.
尊卑【존비】 신분의 높음과 낮음.
賤視【천시】 업신여겨 낮게 봄.

朋友講習 (붕우강습) 벗이 모여 서로 학식을 닦다.
非禮勿視 (비례물시) 예가 아닌 것은 보지 않다.

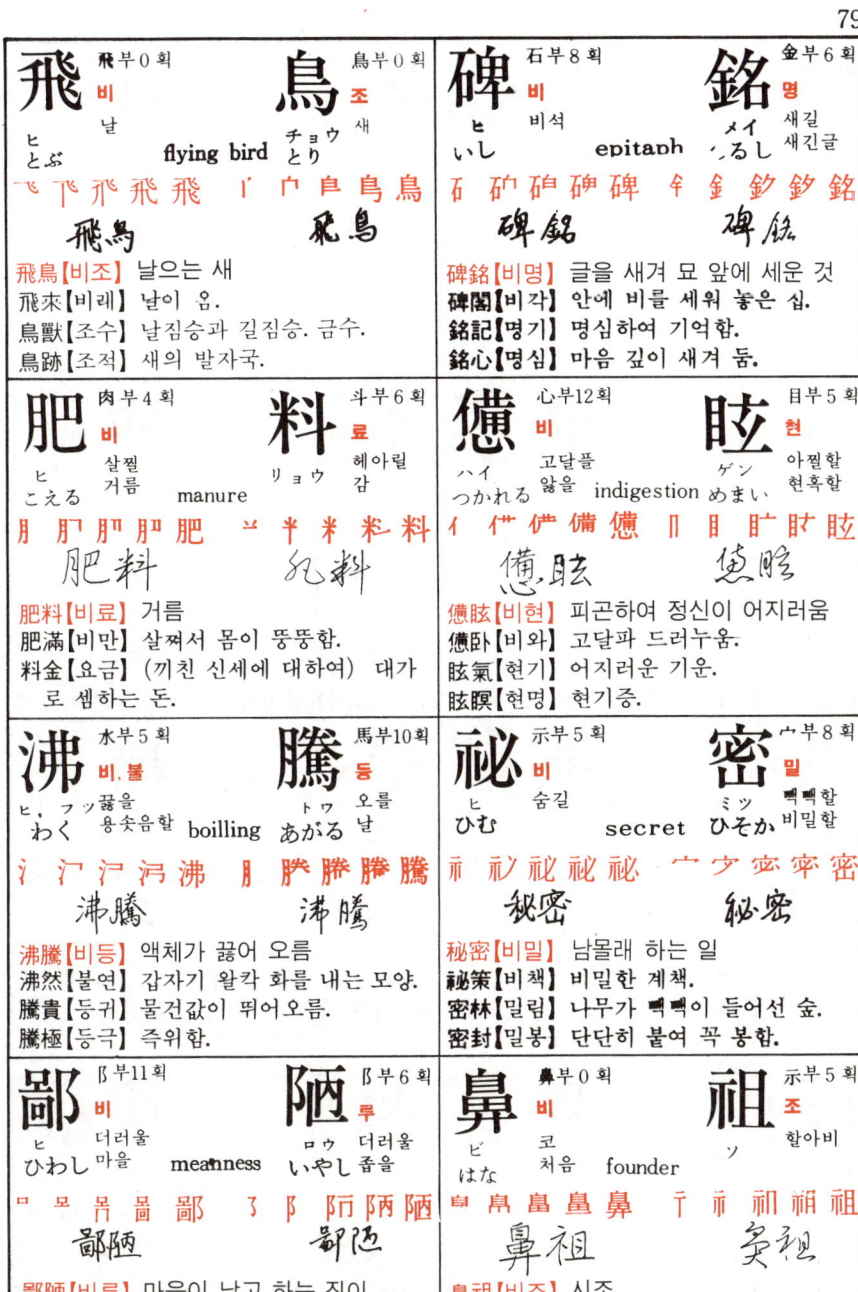

飛鳥【비조】 날으는 새
飛來【비래】 날이 옴.
鳥獸【조수】 날짐승과 길짐승. 금수.
鳥跡【조적】 새의 발자국.

碑銘【비명】 글을 새겨 묘 앞에 세운 것
碑閣【비각】 안에 비를 세워 놓은 집.
銘記【명기】 명심하여 기억함.
銘心【명심】 마음 깊이 새겨 둠.

肥料【비료】 거름
肥滿【비만】 살쪄서 몸이 뚱뚱함.
料金【요금】 (끼친 신세에 대하여) 대가로 셈하는 돈.

憊眩【비현】 피곤하여 정신이 어지러움
憊卧【비와】 고달파 드러누움.
眩氣【현기】 어지러운 기운.
眩瞑【현명】 현기증.

沸騰【비등】 액체가 끓어 오름
沸然【불연】 갑자기 왈칵 화를 내는 모양.
騰貴【등귀】 물건값이 뛰어오름.
騰極【등극】 즉위함.

祕密【비밀】 남몰래 하는 일
祕策【비책】 비밀한 계책.
密林【밀림】 나무가 빽빽이 들어선 숲.
密封【밀봉】 단단히 붙여 꼭 봉함.

鄙陋【비루】 마음이 낮고 하는 짓이 더러움
陋名【누명】 억울하게 뒤집어 쓴 불명예.
陋屋【누옥】 누추한 집.

鼻祖【비조】 시조
鼻笑【비소】 코웃음.
祖國【조국】 자기의 조상이 대대로 살아 온 나라.

脾胃難定 (비위난정) 비위를 가라앉히기 어렵다.
髀肉之嘆 (비육지탄) 넓적다리에 살이 오른 것을 탄식하다.

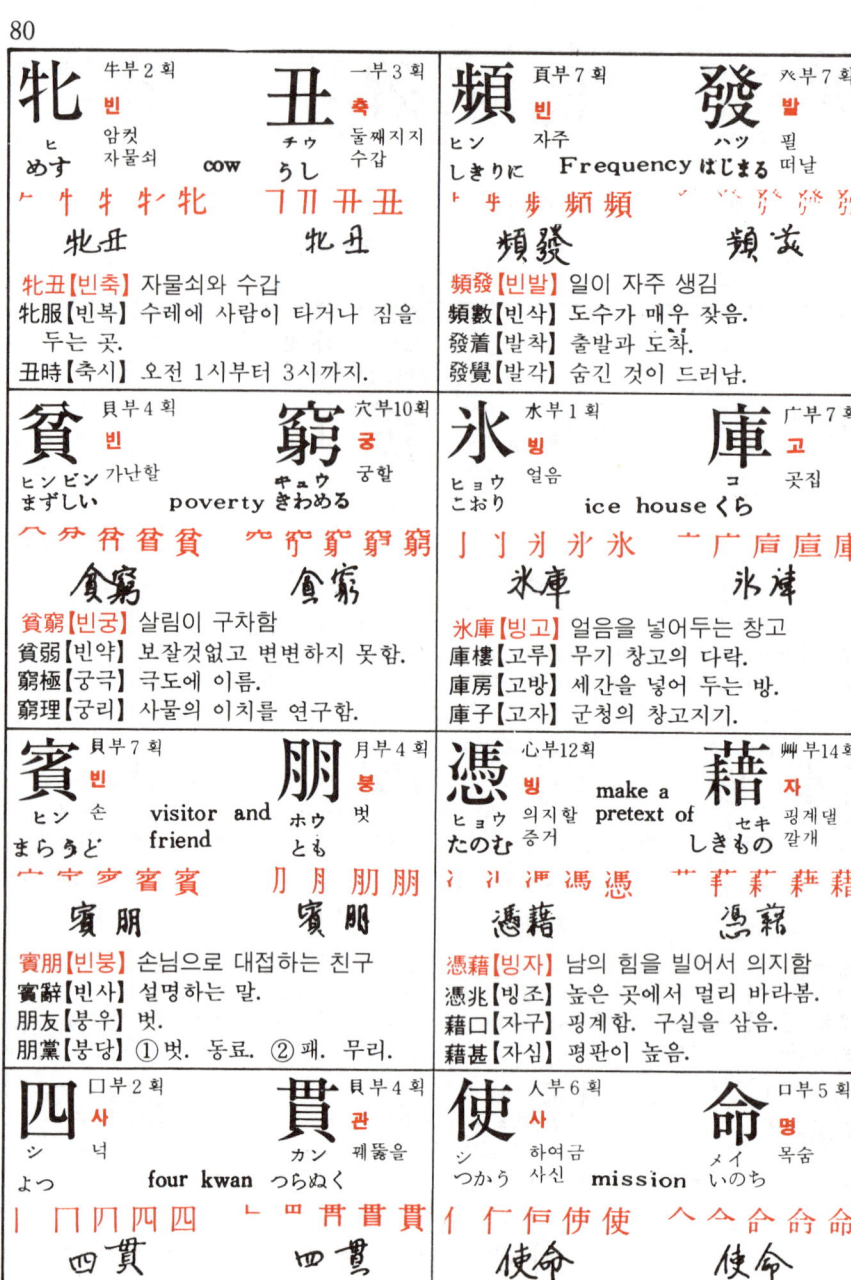

牝鷄之晨 (빈계지신) 암탉이 울어 때를 알린다. 아내가 남편의 권리를 빼앗음을 비유한 말.

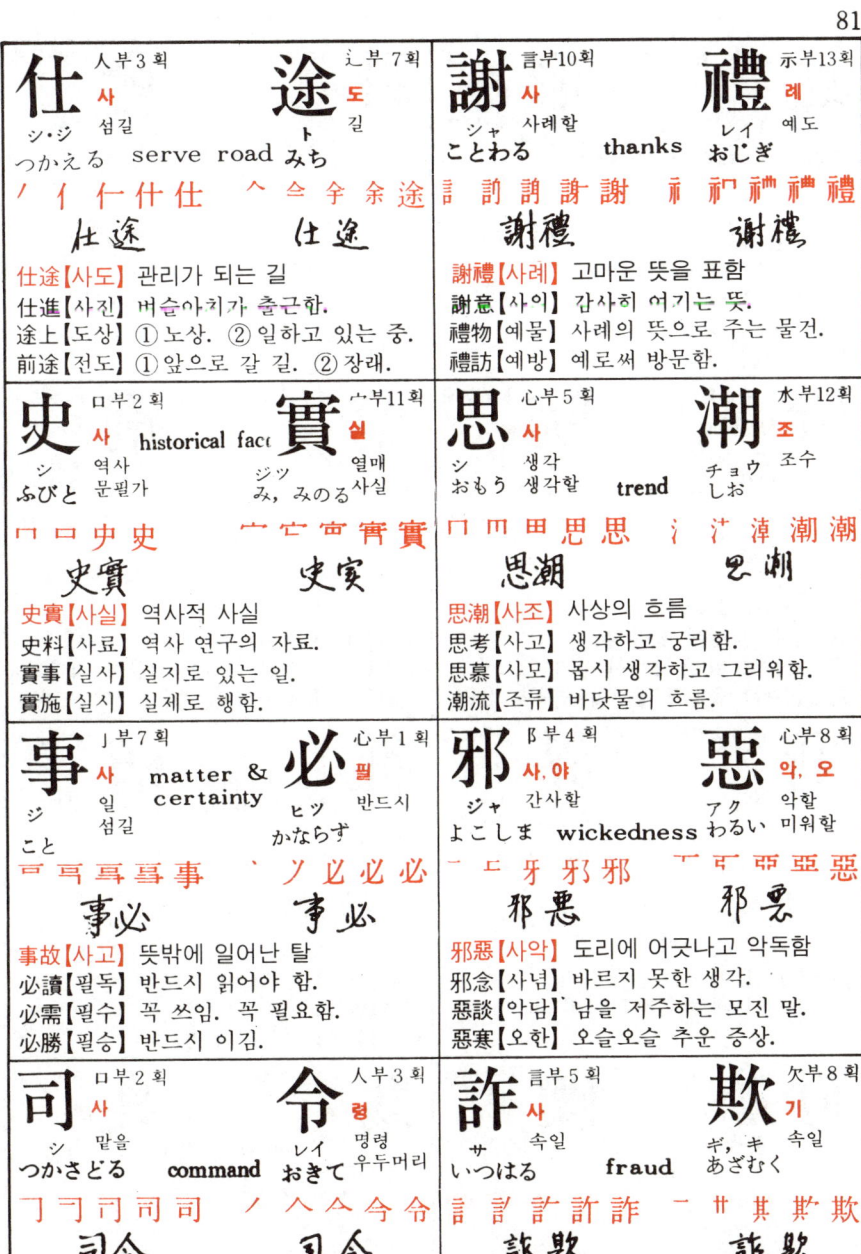

四面春風 (사면춘풍) 어떠한 경우라도 좋은 낯으로 대하다.
思無邪 (사무사) 조금도 나쁜 일을 생각지 않다.

蛇足 (사족) 뱀의 발. 화사첨족의 준말. 부질없는 일로 일을 그르치다.
死中求生 (사중구생) 죽을 지경에 빠졌다가 살 길을 찾다.

沙 (水부 4획) 사 / サ, シャ / すな / 모래 / desert
漠 (水부 11획) 막 / バク / ひっそり / 아득할

沙漠【사막】 모래만이 있는 넓은 벌판
沙上樓閣【사상누각】 모래 위에 지은 누각. 곧 기초가 견고하지 못함.
漠然【막연】 아득한 모양.

私 (禾부 2획) 사 / シ / わたくし / 사사 / self-interest
慾 (心부 11획) 욕 / ヨク / むさぼる / 욕심

私慾【사욕】 개인의 욕심
私利【사리】 개인의 사사로운 이익.
慾望【욕망】 하고자 하거나 가지려고 바람.

寫 (宀부 12획) 사 / シャ / うつす / 베낄 / 그림 / photograph
眞 (目부 5획) 진 / シン / まこと / 참

寫眞【사진】 있는 그대로 그리어 냄
寫生【사생】 실물·실경을 그대로 그림.
眞談【진담】 진정에서 나온 말.
眞相【진상】 사물의 참된 모습.

絲 (糸부 6획) 사 / シ / いと / 실 / fine rain
雨 (雨부 0획) 우 / ウ / あめ / 비

絲雨【사우】 실처럼 가늘게 내리는 비
絲竹【사죽】 ① 현악기와 관악기. ② 음악.
絹絲【견사】 비단 따위를 짜는 명주실.
雨量【우량】 비가 내린 분량.

祀 (示부 3획) 사 / シ / まつる / 제사 / sacrifices to the dead
祈 (示부 4획) 기 / キ / いのる / 빌

祀典【사전】 제사의 의식
祀孫【사손】 봉사손(奉祀孫)의 준말.
祈雨【기우】 가물 때에 비 오기를 빎.
祈願【기원】 소원이 이루어지도록 바람.

赦 (赤부 4획) 사 / シャ / ゆるす / 놓아줄 / 사면할 / pardon
宥 (宀부 6획) 유 / ユウ / ゆるす / 놓을 / 용서할

赦宥【사유】 죄를 용서하여 줌
赦免【사면】 죄를 용서하는 것.
赦原【사원】 정상을 참작하여 용서함.
宥密【유밀】 마음이 넓고 조용함.

唆 (口부 7획) 사 / サ / 꾈 / 부추길 / instigation
囑 (口부 21획) 촉 / ショク / たのむ / 청촉할 / 부탁할

唆囑【사촉】 남을 부추겨 나쁜 일을 시킴
唆弄【사롱】 부추기며 조롱함.
囑目【촉목】 주의하여 봄.
囑託【촉탁】 일을 부탁하여 맡김.

珊 (玉부 5획) 산 / サン / せんご / 산호 / 패옥소리 / coral
瑚 (玉부 9획) 호 / コ / もりものだい / 산호

珊瑚【산호】 강장동물 산호층의 중축 뼈
珊瑚珠【산호주】 산호로 만든 구슬.
珊珊【산산】 허리에 찬 옥이 울리는 소리.
瑚璉【호련】 우수한 인물의 비유로 쓰임.

事半功倍 (사반공배) 들인 공은 적어도 이루어진 공이 많다.
四分五裂 (사분오열) 넷으로 나누어지고 다섯으로 쪼개어지다.

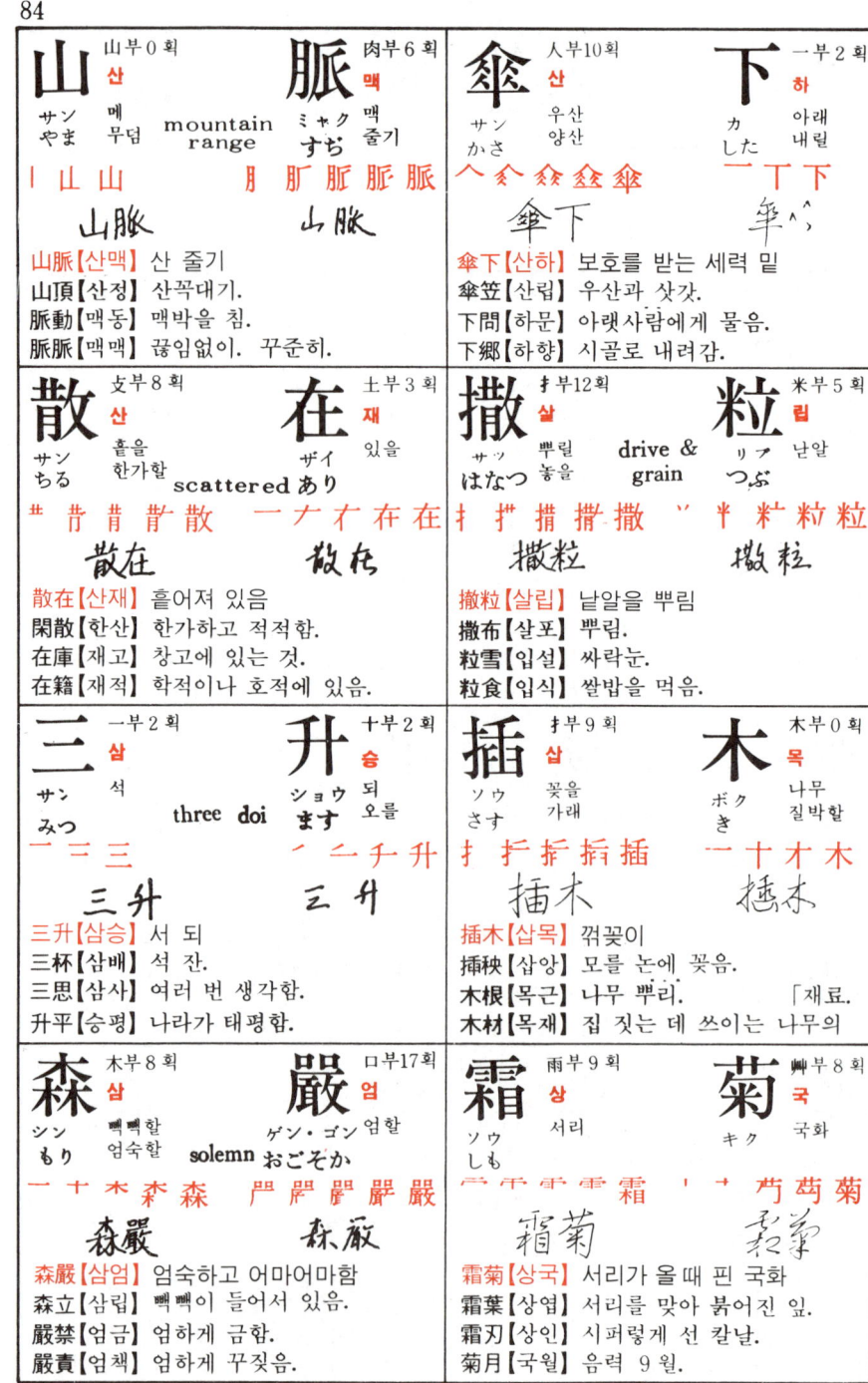

山戰水戰 (산전수전) 복잡한 세상의 일.
散之四方 (산지사방) 산산히 흩어지다.

爽 爻부7획 상	快 心부4획 쾌	相 木부4획 상	扶 扌부4획 부
ソウ 밝을 refreshing- さわやか 시원할 ness	カイ 쾌활 こころよい 빠를	ソウ 서로 あい mutual aid	フ 도울 たすく
一一六六爽爽	丨忄忄忄快快	一十十木 相相相	一十扌扌扶扶
爽 爽	快 快	相扶 相扶	

爽快【상쾌】 기분이 시원하고 거뜬함
爽達【상달】 기상이 시원하고 사리에 밝
快感【쾌감】 시원하고 즐거운 느낌. 음.
快樂【쾌락】 만족하고 즐거움.

相扶【상부】 서로 도움.
相術【상술】 관상을 보는 방법.
相殘【상잔】 서로 다투고 싸움.
扶養【부양】 도와 주어 기름.

喪 口부9획 상	祭 示부6획 제	桑 木부6획 상	木 木부0획 목
ソウ 잃을 うしなふ 복입을 occasions	サイ 제사 まつる	ソウ 뽕나무 くわ mulberry	ボク, モク 나무 き 질박할
一十冊冊严严喪	クタ夕癶タ祭祭	又叒叒桑桑	一十才木
喪祭	喪祭	桑木	桑木

喪祭【상제】 상례와 제례
喪服【상복】 상중에 입는 예복.
祭典【제전】 제례(祭禮).
祭天【제천】 하늘에 제사함.

桑木【상목】 뽕나무
桑麻【상마】 뽕나무와 삼.
木根【목근】 나무 뿌리.
木材【목재】 집 짓는 데 쓰이는 나무의 「재료.

嘗 口부11획 상	味 口부5획 미	狀 犬부4획 장,상	況 水부5획 황
ショウ 맛볼 なめる 일찍 taste and bitter	ミ 맛 あじ	ジョウ 문서 さま 형상 circumst- ances	キョウ 하물며 형편 ここに
𫝀𫝀𫝀嘗嘗嘗	丨口叮吁味味	丨ㅣ爿壯狀狀	氵氵氵沪沪況
嘗味	嘗味	狀況	狀況

嘗味【상미】 맛보기 위하여 조금 먹어 봄
嘗新【상신】 임금이 햇곡식을 처음 먹는
味覺【미각】 맛에 대한 감각. 「예.
無味【무미】 ①맛이 없음. ②몰취미함.

狀況【상황】 형편과 모양
狀態【상태】 사물의 형편이나 모양.
況且【황차】 하물며.
槪況【개황】 개략적인 상황.

祥 示부6획 상	夢 艹부11획 몽	償 人부15획 상	還 辶부13획 환
ショウ 상서로울 さいはひ lucky dream	ボウ 꿈 ゆめ	ショウ 갚을 つぐなう repayment	カン 돌아올 かへる 돌릴
亠亓示祚祥祥	艹苂莣夢夢	亻亻伫僧償償	罒罒罒景還
祥夢	祥夢	償還	償還

祥夢【상몽】 상서가 있는 꿈
祥雲【상운】 상서로운 구름.
夢想【몽상】 실현성이 없는 헛된 생각.
夢幻【몽환】 '허황한 생각'을 이르는 말.

償還【상환】 빌린 돈을 도로 갚음
償金【상금】 입힌 손해에 갚는 돈.
還甲【환갑】 나이 예순 한 살.
還送【환송】 되돌려 보냄.

三韓甲族 (삼한갑족) 우리 나라의 옛부터 문벌이 높은 집안.
喪家之狗 (상가지구) 상가의 개.

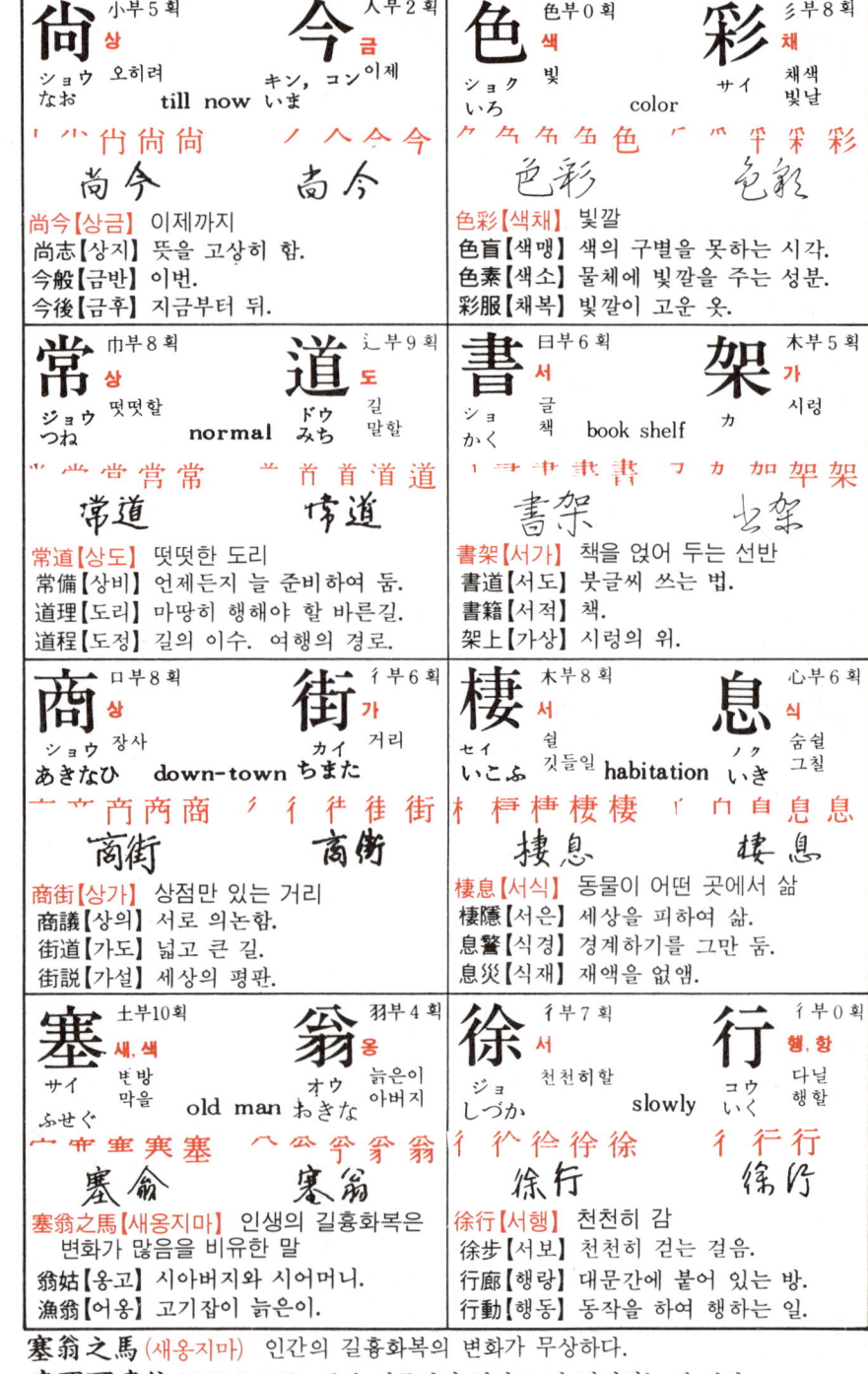

暑 日부 9획 서 ショ あつい 더위 이따금 summer & go	往 彳부 5획 왕 オウ ゆく 갈	庶 广부 8획 서 ショ たみくさ 여러 거의 common people	民 氏부 1획 민 ミン たみ 백성
旦早昇暑暑	ノイイ汁往	广广产序庶	7 コ 尸 F 民
暑往 暑往		庶民 庶民	
暴炎【폭염】 타는 듯한 더위 暑中【서중】 한창 더울 때. 往年【왕년】 지난날. 往復【왕복】 갔다가 돌아옴.		庶民【서민】 일반 사람들 庶務【서무】 일반적인 여러 가지 사무. 民情【민정】 국민의 사상과 생활 형편. 民衆【민중】 국민 대중.	

敍 攴부 7획 서 ジョ ついて 펄 description	述 辶부 5획 술 ジュツ のべる 지을 펄	瑞 玉부 9획 서 ズイ しるし 상서 경사스러울 good fortune	運 辶부 9획 운 ウン はこぶ 움직일 부릴
人 今 余 針 敍	一 十 木 朮 述	王 玨 珆 瑞 瑞	宣 軍 運 運
敍述 敍述		瑞運 瑞運	
敍述【서술】 차례를 좇아 진술함 敍景【서경】 경치를 글로 적음. 述語【술어】 풀이말. 서술어. 述義【술의】 뜻을 폄. 뜻을 말함.		瑞運【서운】 상서로운 운수 瑞日【서일】 상서로운 날. 運動【운동】 몸을 놀리어 움직임.「복. 運命【운명】 사람에게 닥쳐 오는 길흉 화	

釋 釆부 13획 석 セキ 풀 explain & register	譜 言부 12획 보 フ しるす 계보 악보	鮮 魚부 6획 선 セン あざやか 고울 fresh blood	血 血부 0획 혈 ケツ ち 피
乛 秆 釋 釋 釋	言 計 詳 譜 譜	𠂉 魚 魚 鲜 鮮	丿 宀 血 血
釋譜 釋譜		鮮血 鮮血	
釋譜詳節【석보상절】 석가의 일대기 釋明【석명】 사실을 설명하여 내용을 밝 釋放【석방】 풀어서 내어 놓음. 「힘. 譜所【보소】 족보를 만드는 사무소.		鮮血【선혈】 상하지 않은 피 鮮少【선소】 매우 적음. 血書【혈서】 제 몸의 피를 내어 쓴 글발. 血肉【혈육】 자기가 낳은 자식.	

惜 心부 8획 석 セキ おしい 아까울 regrettable	敗 攴부 7획 패 ハイ やぶれる 패할 썩을 defeat	船 舟부 5획 선 セン ふね 배	賃 貝부 6획 임 チン かす 품팔이 세낼 passage money
丶忄忄惜惜	冂目貝敗敗	月 舟 舩 船	亻 仟 任 賃 賃
惜敗 惜敗		船賃 船賃	
惜敗【석패】 억울하게 짐, 아깝게 짐 惜別【석별】 이별을 애틋하게 여김. 敗家【패가】 가산을 다 써버림. 敗殘【패잔】 패하여 쇠잔한 나머지.		船賃【선임】 배를 탈 때 내는 돈 船遊【선유】 뱃놀이. 賃金【임금】 삯전. 賃借【임차】 손료를 내고 빌어 씀.	

先憂後樂 (선우후락) 남보다 먼저 조심하고 남보다 나중 즐기다.
仙姿玉質 (선자옥질) 용모가 아름답고 재질도 뛰어남.

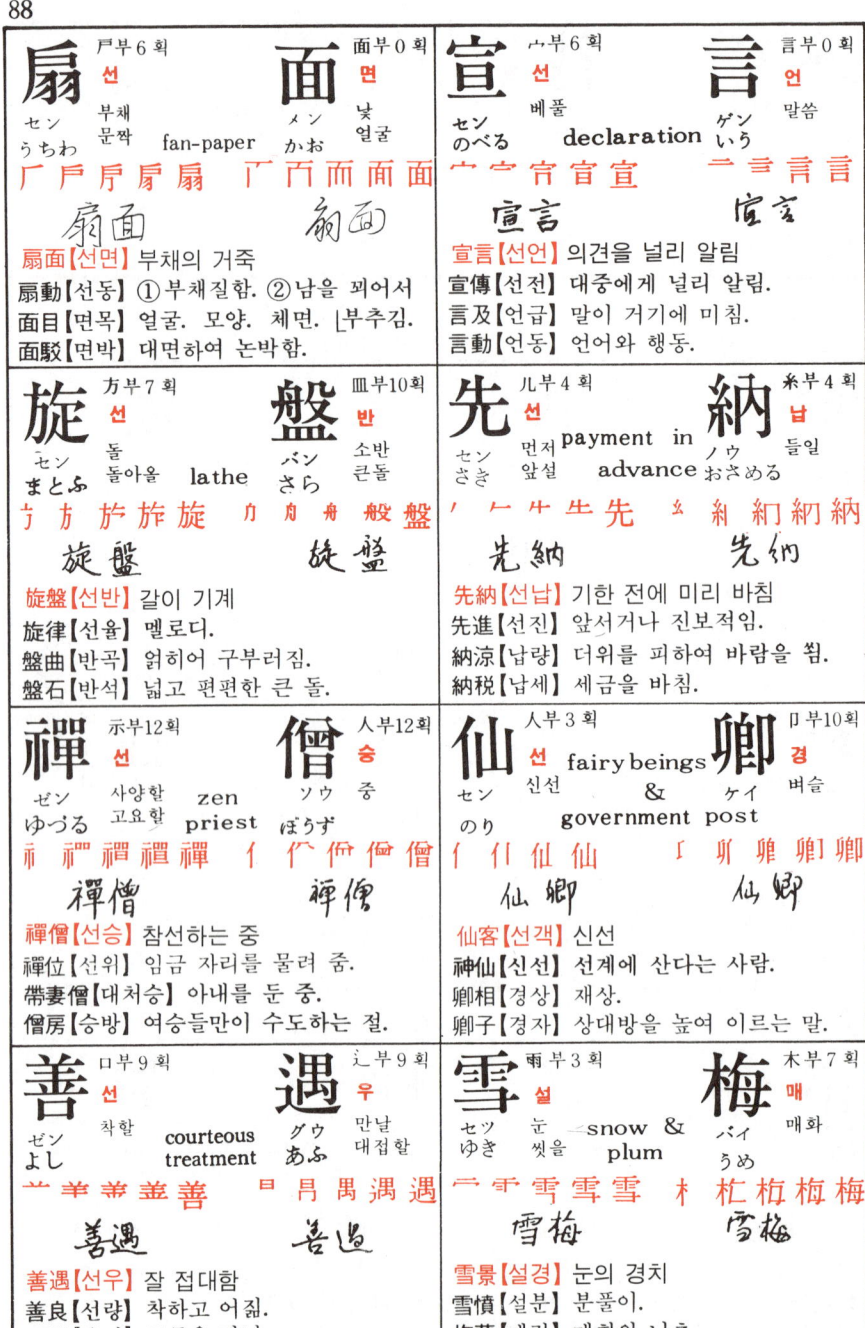

扇 선 / 面 면 / 宣 선 / 言 언
fan-paper / declaration

扇面【선면】 부채의 거죽
扇動【선동】 ①부채질함. ②남을 꾀어서
面目【면목】 얼굴. 모양. 체면. 부추김.
面駁【면박】 대면하여 논박함.
宣言【선언】 의견을 널리 알림
宣傳【선전】 대중에게 널리 알림.
言及【언급】 말이 거기에 미침.
言動【언동】 언어와 행동.

旋 선 / 盤 반 / 先 선 / 納 납
lathe / payment in advance

旋盤【선반】 갈이 기계
旋律【선율】 멜로디.
盤曲【반곡】 얽히어 구부러짐.
盤石【반석】 넓고 편편한 큰 돌.
先納【선납】 기한 전에 미리 바침
先進【선진】 앞서거나 진보적임.
納涼【납량】 더위를 피하여 바람을 쐼.
納稅【납세】 세금을 바침.

禪 선 / 僧 승 / 仙 선 / 卿 경
zen priest / fairy beings & government post

禪僧【선승】 참선하는 중
禪位【선위】 임금 자리를 물려 줌.
帶妻僧【대처승】 아내를 둔 중.
僧房【승방】 여승들만이 수도하는 절.
仙客【선객】 신선
神仙【신선】 선계에 산다는 사람.
卿相【경상】 재상.
卿子【경자】 상대방을 높여 이르는 말.

善 선 / 遇 우 / 雪 설 / 梅 매
courteous treatment / snow & plum

善遇【선우】 잘 접대함
善良【선량】 착하고 어짊.
遇賊【우적】 도둑을 만남.
遇合【우합】 우연히 만남.
雪景【설경】 눈의 경치
雪憤【설분】 분풀이.
梅蘭【매란】 매화와 난초.
梅信【매신】 매화꽃이 핀 소식.

先則制人 (선즉제인) 앞서면 사람을 제한다.
仙風道骨 (선풍도골) 풍채가 뛰어난 사람.

泄 水부 5획
설 / 샐 / 업신여길
セツ もる
loose bowels
氵氵汁汁泄泄
泄瀉

泄瀉【설사】 배탈이 나서 누는 묽은 똥
泄用【설용】 섞어 씀.

瀉 水부 15획
사 / 쏟을 / 설사할
シャ そそぐ
氵氵浐浐浔瀉
泄瀉

瀉土【사토】 염분이 있어 식물이 자라지 않는 땅.
瀉藥【사약】 설사하는 약.

成 戈부 3획
성 / 이룰
セイ なる
丿厂成成成
成績

成績【성적】 일을 마친 결과
成就【성취】 목적대로 일을 이룸.
成立【성립】 이루어짐.

績 糸부 11획
적 / 길쌈할 / 공
セキ つむぐ
result
纟糸紆紆績績
成績

業績【업적】 사업에서 거둔 공적.

閃 門부 2획
섬 / 엿볼
セン ひらめる
flash light
丨冂冂門門閃
閃光

閃光【섬광】 번쩍하는 빛
閃影【섬영】 번득거리는 그림자.

光 儿부 4획
광 / 빛
コウ ひかり
丨丨丨丬光
閃光

光景【광경】 ① 경치. ② 상태. 모양.
光明【광명】 밝고 환함.

攝 手부 18획
섭 / 당길 / 대신할
セツ とる
intake
扌揖揖揖攝
攝取

攝取【섭취】 양분을 빨아들임
攝政【섭정】 임금을 대리하여 정사를 맡아봄.

取 又부 6획
취 / 가질 / 거둘
シュ とる
丆FE耳取取
攝取

取扱【취급】 다룸. 처리함.
取才【취재】 재주를 시험하여 뽑음.

性 心부 5획
성 / 성품
セイ うまれつき
character
丶忄忄忄性性
性格

性格【성격】 개인의 성질
性情【성정】 성질과 심정.

格 木부 6획
격 / 격식 / 정도
カク さため
十木朴权格
性格

格式【격식】 격에 맞는 일정한 방식.
格調【격조】 인품이나 품격.

醒 酉부 9획
성 / 깰 / 깨달을
セイ さとる
wake up & bring together
冂西酉酉醒
醒鐘

醒鐘【성종】 소리를 내어 깨어주는 시계
醒然【성연】 잠에서 깬 모양.

鐘 金부 12획
종 / 쇠북
ショウ かね
钅铲鐘鐘鐘
醒鐘

鐘閣【종각】 종을 달아 놓는 집.
鐘銘【종명】 종의 명.

省 目부 4획
성, 생 / 살필
セイ かえりみる
reflection
丨小少省省
省察

省察【성찰】 자기 마음을 살펴봄
省墓【성묘】 조상의 산소를 찾아 돌봄.

察 宀부 11획
찰 / 살필
サツ あらさか
宀宀宀宗察察
省察

察訪【찰방】 역마의 일을 보는 벼슬.
察知【찰지】 살펴서 앎.

洗 水부 6획
세 / 씻을
セン あらう
氵氵汁洸洗
洗濯

洗濯【세탁】 빨래
洗腦【세뇌】 사상을 고치기 위한 교육.
洗練【세련】 능숙하고 미끈하게 함.

濯 水부 14획
탁 / 빨래할
ダク あらう
laundry
氵氵汒渭濯
洗濯

盛年不重來 (성년부중래) 젊은 시절은 다시 없다.
成者必衰 (성자필쇠) 성한 자는 반드시 쇠망한다.

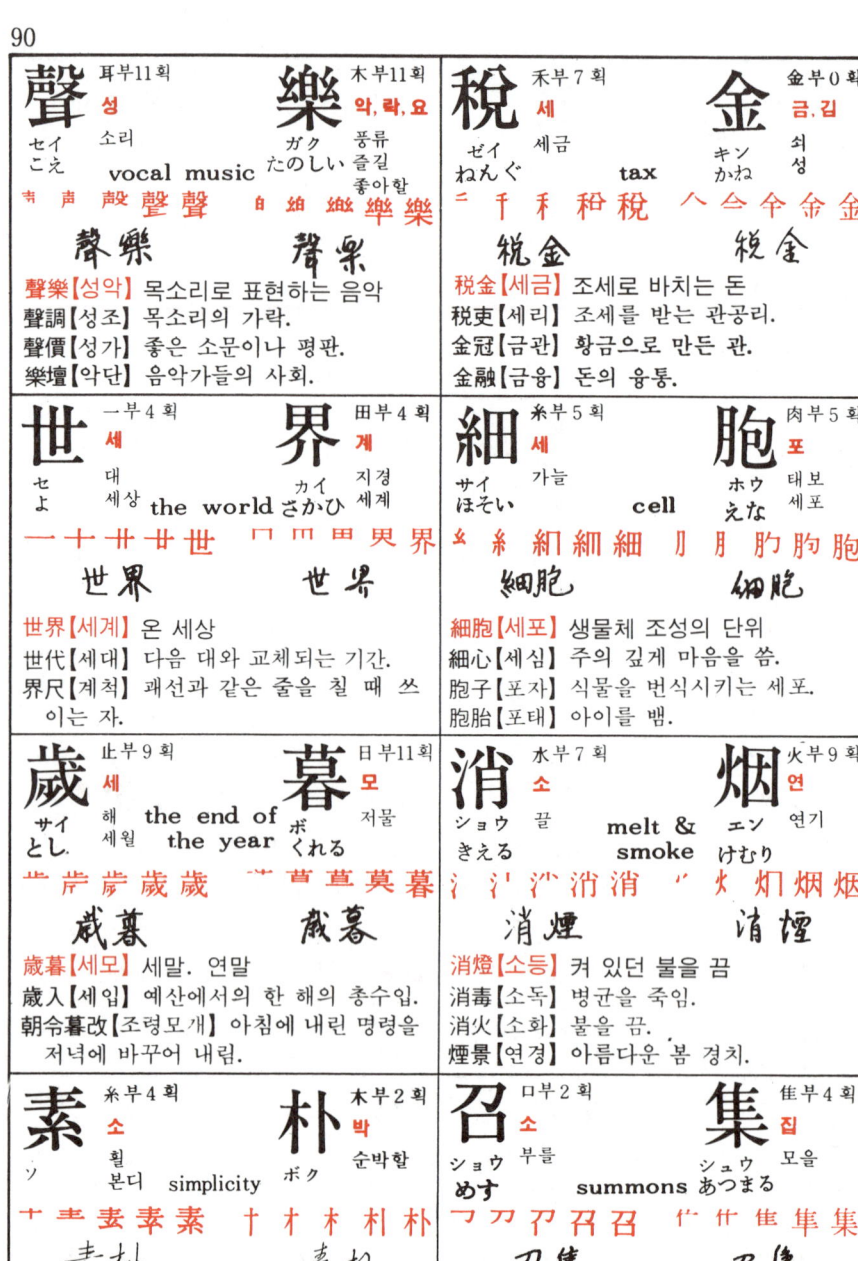

歲月不待人 (세월부대인) 세월은 사람을 기다리지 않는다.
世態炎凉 (세태염량) 세상사의 성쇠.

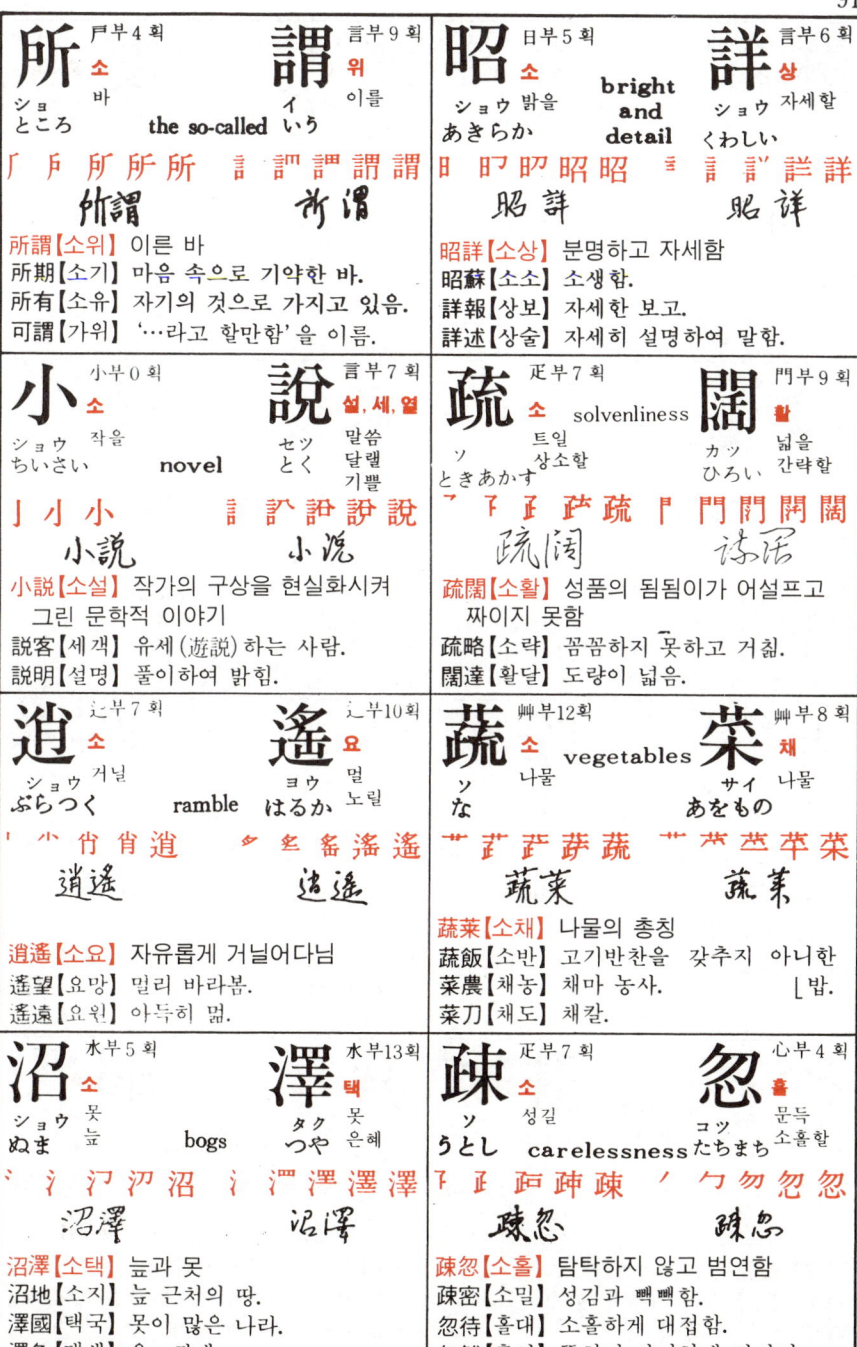

所【소】 ショ ところ バ the so-called
謂【위】 イウ 이를
所謂【소위】 이른 바
所期【소기】 마음 속으로 기약한 바.
所有【소유】 자기의 것으로 가지고 있음.
可謂【가위】 '…라고 할만함'을 이름.

昭【소】 ショウ あきらか 밝을 bright and detail
詳【상】 ショウ くわしい 자세할
昭詳【소상】 분명하고 자세함.
昭蘇【소소】 소생함.
詳報【상보】 자세한 보고.
詳述【상술】 자세히 설명하여 말함.

小【소】 ショウ ちいさい 작을 novel
說【설,세,열】 セツ とく 말씀 달랠 기쁠
小說【소설】 작가의 구상을 현실화시켜 그린 문학적 이야기
說客【세객】 유세(遊說) 하는 사람.
說明【설명】 풀이하여 밝힘.

疏【소】 ソ ときあかす 트일 상소할 solvenliness
闊【활】 カツ ひろい 넓을 간략할
疏闊【소활】 성품의 됨됨이가 어설프고 짜이지 못함
疏略【소략】 꼼꼼하지 못하고 거칢.
闊達【활달】 도량이 넓음.

逍【소】 ショウ ぶらつく 거닐 ramble
遙【요】 ヨウ はるか 멀 노닐
逍遙【소요】 자유롭게 거닐어다님
遙望【요망】 멀리 바라봄.
遙遠【요원】 아득히 멂.

蔬【소】 ソ な 나물 vegetables
菜【채】 サイ あをもの 나물
蔬菜【소채】 나물의 총칭
蔬飯【소반】 고기반찬을 갖추지 아니한 밥.
菜農【채농】 채마 농사.
菜刀【채도】 채칼.

沼【소】 ショウ ぬま 못 늪 bogs
澤【택】 タク つや 못 은혜
沼澤【소택】 늪과 못
沼地【소지】 늪 근처의 땅.
澤國【택국】 못이 많은 나라.
澤色【택색】 윤. 광택.

疏【소】 ソ うとし 성길 carelessness
忽【홀】 コツ たちまち 문득 소홀할
疏忽【소홀】 탐탁하지 않고 범연함
疏密【소밀】 성김과 빽빽함.
忽待【홀대】 소홀하게 대접함.
忽然【홀연】 뜻하지 아니하게 갑자기.

小人之勇 (소인지용) 혈기에서 부리는 소인의 용기.
小貪大失 (소탐대실) 적은 것을 탐내다가 큰 것을 잃다.

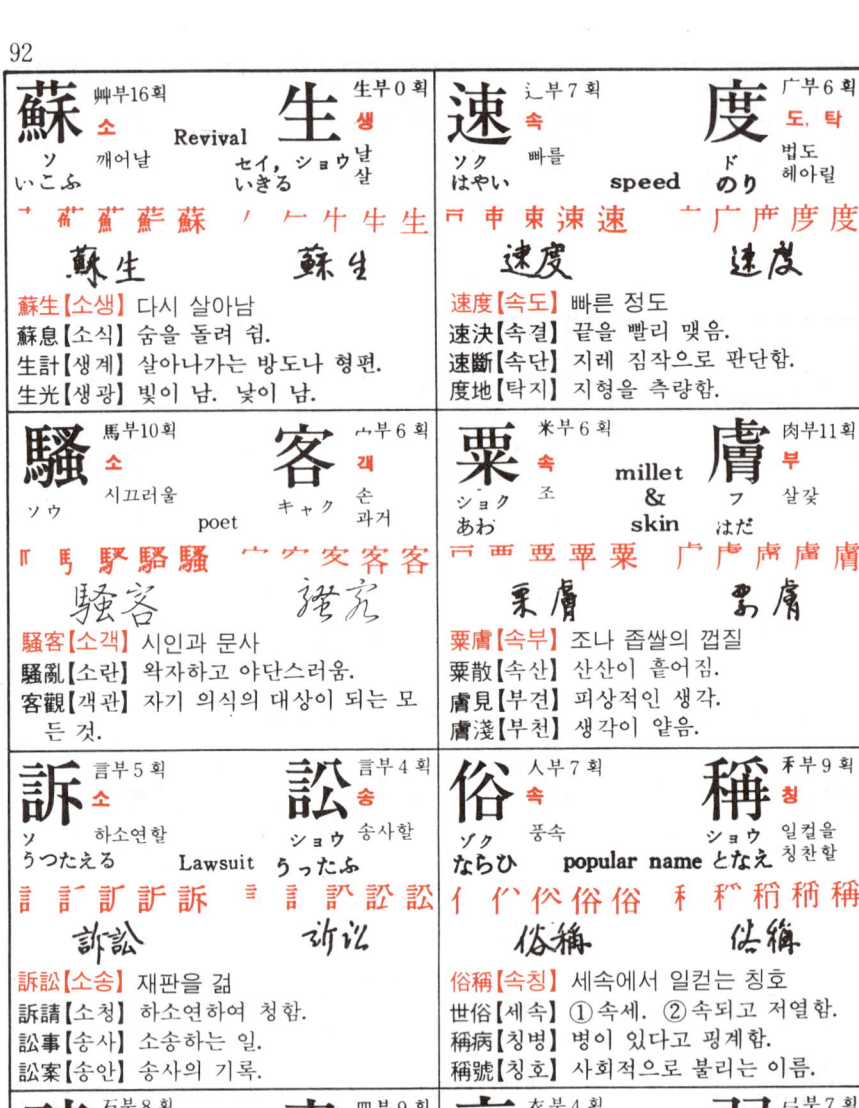

束手無策 (속수무책) 어찌 할 방책이 없어 꼼짝 못하다.
送舊迎新 (송구영신) 묵은 해를 보내고 새해를 맞다.

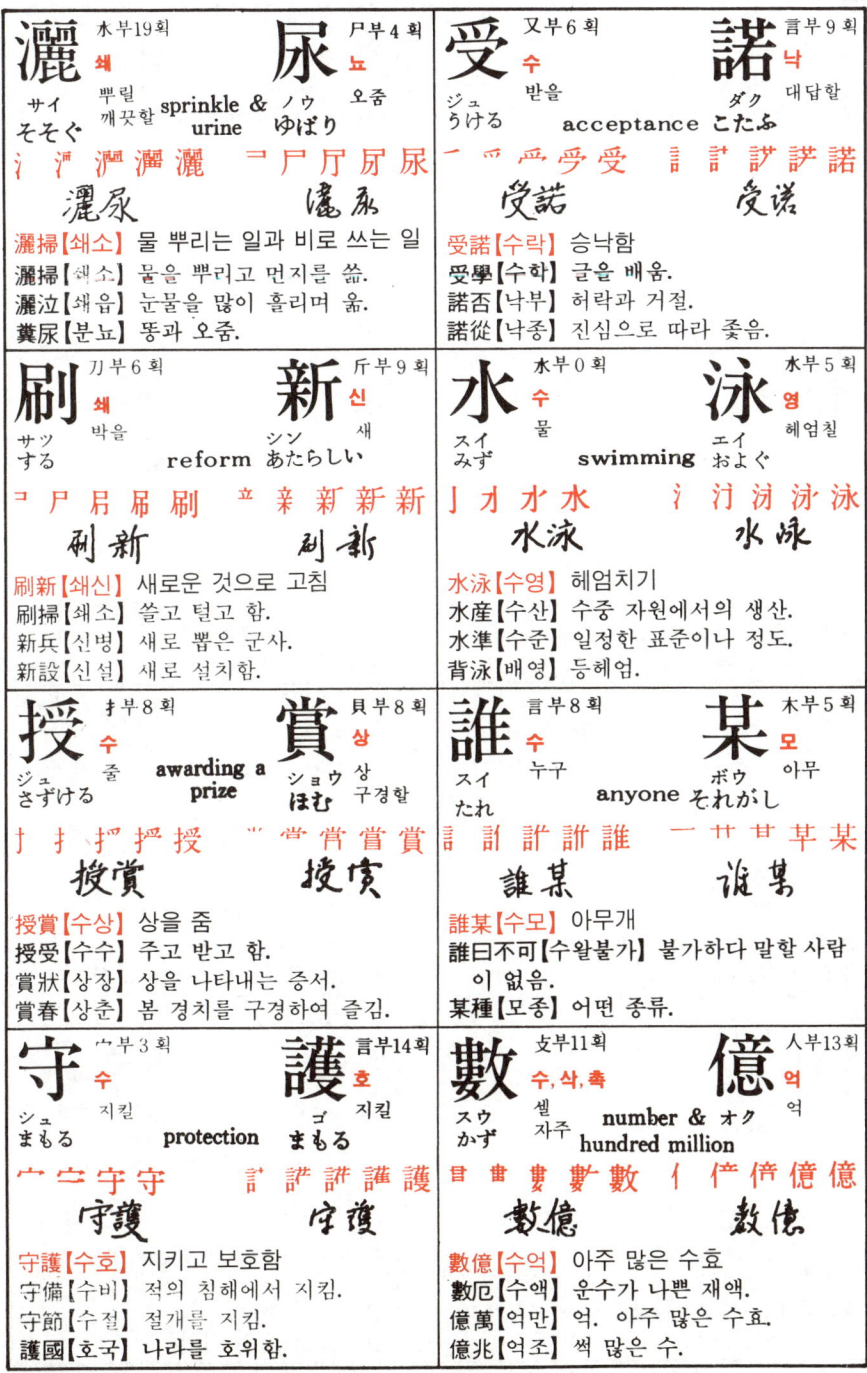

灑 쇄	尿 뇨	受 수	諾 낙
サイ 뿌릴 깨끗할 sprinkle & urine そそぐ	尿 오줌 ノウ ゆばり	ジュ 받을 うける acceptance	ダク 대답할 こたふ

氵汧灑灑灑　一尸尸尿尿　一爫爫爯受受　言訐諾諾諾
灑尿　　　　　灑尿　　　　　受諾　　　　　受諾

灑掃【쇄소】 물 뿌리는 일과 비로 쓰는 일
灑掃【쇄소】 물을 뿌리고 먼지를 쏢.
灑泣【쇄읍】 눈물을 많이 흘리며 욺.
糞尿【분뇨】 똥과 오줌.

受諾【수락】 승낙함
受學【수학】 글을 배움.
諾否【낙부】 허락과 거절.
諾從【낙종】 진심으로 따라 좇음.

刷 쇄	新 신	水 수	泳 영
サツ 박을 する reform	シン 새 あたらしい	スイ 물 みず swimming	エイ 헤엄칠 およぐ

コ尸尸吊刷　亠亲新新新　丨才才水　氵汀泂泳泳
刷新　　　　　刷新　　　　　水泳　　　　　水泳

刷新【쇄신】 새로운 것으로 고침
刷掃【쇄소】 쓸고 털고 함.
新兵【신병】 새로 뽑은 군사.
新設【신설】 새로 설치함.

水泳【수영】 헤엄치기
水産【수산】 수중 자원에서의 생산.
水準【수준】 일정한 표준이나 정도.
背泳【배영】 등헤엄.

授 수	賞 상	誰 수	某 모
ジュ 줄 さずける awarding a prize	ショウ 상 ほむ 구경할	スイ 누구 たれ anyone	ボウ 아무 それがし

扌扌扩授授　"严當賞賞　言訁訮訮誰　一廿甘苴某
授賞　　　　　授賞　　　　　誰某　　　　　誰某

授賞【수상】 상을 줌
授受【수수】 주고 받고 함.
賞狀【상장】 상을 나타내는 증서.
賞春【상춘】 봄 경치를 구경하여 즐김.

誰某【수모】 아무개
誰曰不可【수왈불가】 불가하다 말할 사람이 없음.
某種【모종】 어떤 종류.

守 수	護 호	數 수,삭,촉	億 억
シュ 지킬 まもる protection	ゴ 지킬 まもる	スウ 셀 かず 자주 number & hundred million	オク 억

宀宀宁守守　言訐護護護　罒曲婁數數　亻俨倍億億
守護　　　　　守護　　　　　數億　　　　　數億

守護【수호】 지키고 보호함
守備【수비】 적의 침해에서 지킴.
守節【수절】 절개를 지킴.
護國【호국】 나라를 호위함.

數億【수억】 아주 많은 수효
數厄【수액】 운수가 나쁜 재액.
億萬【억만】 억. 아주 많은 수효.
億兆【억조】 썩 많은 수.

送往迎來 (송왕영래) 가는 사람을 전송하고 오는 사람을 맞이하다.
守口如瓶 (수구여병) 말할 때 신중하고 비밀을 잘 지키다.

收 수 / シュウ / おさめる / 거둘 / gathering	錄 록 / ロク / しるす / 기록할 문서	修 수 / シュウ / おさめる / 닦을 / amendment	訂 정 / テイ / ただす / 꿈을
丨丨屮屮收　收錄　收錄	金釒釒鉰錄	亻亻亻扩攸修　修訂　修訂	一二言訂訂

收錄【수록】 모아서 기록함.
收支【수지】 수입과 지출.
錄音【녹음】 소리를 기계적으로 기록함.
錄紙【녹지】 남에게 보이기 위한 쪽지.

修訂【수정】 바르게 고침.
修飾【수식】 모양을 꾸밈.
修業【수업】 학업 또는 기예를 닦음.
訂正【정정】 글자나 글의 잘못을 고침.

輸 수 / シュ, ユ / おくる / 실어낼 / importation	入 입 / ニュウ / いる / 들	蒐 수 / シュウ / あつむ / 모을 사냥 / collection	輯 집 / シュウ / やはらぐ / 모을 화목할
亘車輸輸輸　輸入	ノ入　輸入	艹艻茁蒐蒐　蒐輯	亘軋軯輯輯　蒐輯

輸入【수입】 외국 물품을 사들임.
輸出【수출】 외국으로 물품을 내보냄.
入賞【입상】 상을 탈 등수에 듦.
入港【입항】 배가 항구에 들어감.

蒐集【수집】 재료를 찾아 모아서 편집함.
蒐選【수선】 여럿을 모아 그중에서 가림.
輯寧【집녕】 무사태평함.
輯錄【집록】 모아서 기록함.

羞 수 / シュウ / はち / 부끄러워할 드릴 / shame	恥 치 / チ / はぢ / 부끄러울 욕될	搜 수, 소 / ソウ / さがす / 찾을 어지러울 / search	索 삭, 색 / サク / つな・さがす / 새끼꼴 찾을
丷羊芦差羞　羞恥	丨耳耴恥恥　羞恥	扌扌押挭搜　搜索	卄吉索索索　搜索

羞恥【수치】 부끄러움.
羞辱【수욕】 부끄럽고 욕됨.
恥事【치사】 남부끄러운 일.
恥部【치부】 남에게 보이기 부끄러운 곳.

搜索【수색】 수사하여 탐색함.
搜査【수사】 찾아 조사함.
索莫【삭막】 황폐하여 쓸쓸한 모양.
索出【색출】 뒤져서 찾아 냄.

囚 수 / ジン・ニン / ひと / 가둘 죄수	人 인 / シュウ / 사람	愁 수 / シュウ / 근심	眉 미 / ビ・ミ / まゆ / 눈썹
丨冂冈囚囚　囚人	ノ人　囚人	二禾秋秋愁　愁眉	𠃌𠃍尸尸眉　愁眉

囚人【수인】 죄를 지은 죄수.
囚役【수역】 죄수에게 시키는 노동.
人之常情【인지상정】 사람이 누구나 가지는 보통의 인정.

愁眉【수미】 근심에 찬 얼굴을 이르는 말.
悲愁【비수】 슬픔과 근심.
眉間【미간】 두 눈썹 사이.

守株待兎 (수주대토) 요행을 바라고 헛되이 세월을 보내다.
壽則多辱 (수즉다욕) 장수하면 욕된 일을 많이 겪는다.

瘦 广부10획 수 シュウ やせる 파리할 야윌	瘠 广부10획 척 セキ やせる 파리할 궁핍할 emaciate	狩 犭부6획 수 シュ かり 사냥 순행할 hunting	獵 犭부15획 렵 リョウ かり 사냥
广疒疸瘦瘦 瘦瘠	广疒疒瘩瘠 瘦瘠	犭犭犷狩狩 狩獵	犭犭獵獵獵 狩獵
瘦瘠【수척】 몸이 말라 살이 적음. 瘦消【수연】 졸졸 흐르는 물. 瘠馬【척마】 수척한 말. 瘠墨【척묵】 몸이 야위고 거무데데함.		狩獵【수렵】 사냥. 狩人【수인】 사냥꾼. 獵車【엽거】 사냥에 쓰는 수레. 獵銃【엽총】 사냥하는 데 쓰는 총.	

首 首부0획 수 シュ くび 머리 첫째 head and tail	尾 尸부4획 미 ビ お 꼬리 끝	熟 火부11획 숙 ジュク 익을 익숙할 master	練 糸부9획 련 レン ねる 익힐
丷丷首首首 首尾	一ㄱ尸尸尾 首尾	享郭孰孰熟 熟練	幺糸糸紳練 熟練
首尾【수미】 머리와 꼬리. 시작과 끝. 首腦【수뇌】 중요한 자리를 맡은 사람. 首席【수석】 맨 윗자리. 末尾【말미】 가장 뒤끝.		熟練【숙련】 능숙하도록 익힘. 熟達【숙달】 익숙하여 흰함. 熟眠【숙면】 깊이 잠이 듦. 練磨【연마】 힘써 배우고 닦음.	

垂 土부5획 수 スイ たれる 드리울 늘어질	直 目부3획 직 チョク なおす 곧을 고칠	夙 夕부2획 숙 シュク あした 일찍 빠를 deep-rooted enmity	怨 心부5획 원 エン うらむ 원망할 원수
三手垂垂垂 垂直	一十十直直 垂直	ノ几凡夙夙 夙怨	ク夕夗夗怨 夙怨
垂直【수직】 직선과 곡선이 닿아 직각을 이룬 상태. 直言【직언】 옳고 그른 것에 대하여 기탄 없이 바로 하는 말.		夙怨【숙원】 오래 쌓인 원한. 夙心【숙심】 일찍부터 품은 뜻. 怨氣【원기】 원망하는 마음. 怨恨【원한】 원통하고 한이 되는 생각.	

雖 隹부9획 수 スイ いへども 비록 supposing said	曰 曰부0획 왈 エツ いはく 가로	塾 土부11획 숙 ジュク へや 문옆방 글방 Private school master	師 巾부7획 사 シ かしら 스승 군사
吕虽虽虽雖 雖曰	一冂曰曰 雖曰	亠享郭孰塾 塾師	亻ㅓ自師師 塾師
雖敎而【수교이】 비록 가르치더라도. 雖然【수연】 비록 그러하나. 雖是【수시】 그러나. 曰字【왈자】 언행이 수선스러운 사람.		塾師【숙사】 사숙(私塾)의 스승. 塾舍【숙사】 교실과 숙사를 겸한 사설 서당. 師範【사범】 스승이 될 만한 모범. 師事【사사】 스승으로 섬김.	

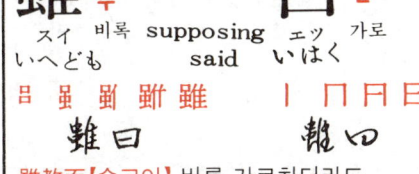

水落石出 (수락석출) 물이 줄고 암석이 드러난 겨울날의 강의 경치.
手舞足蹈 (수무족도) 어쩔 줄 모르고 좋아서 날뛴다.

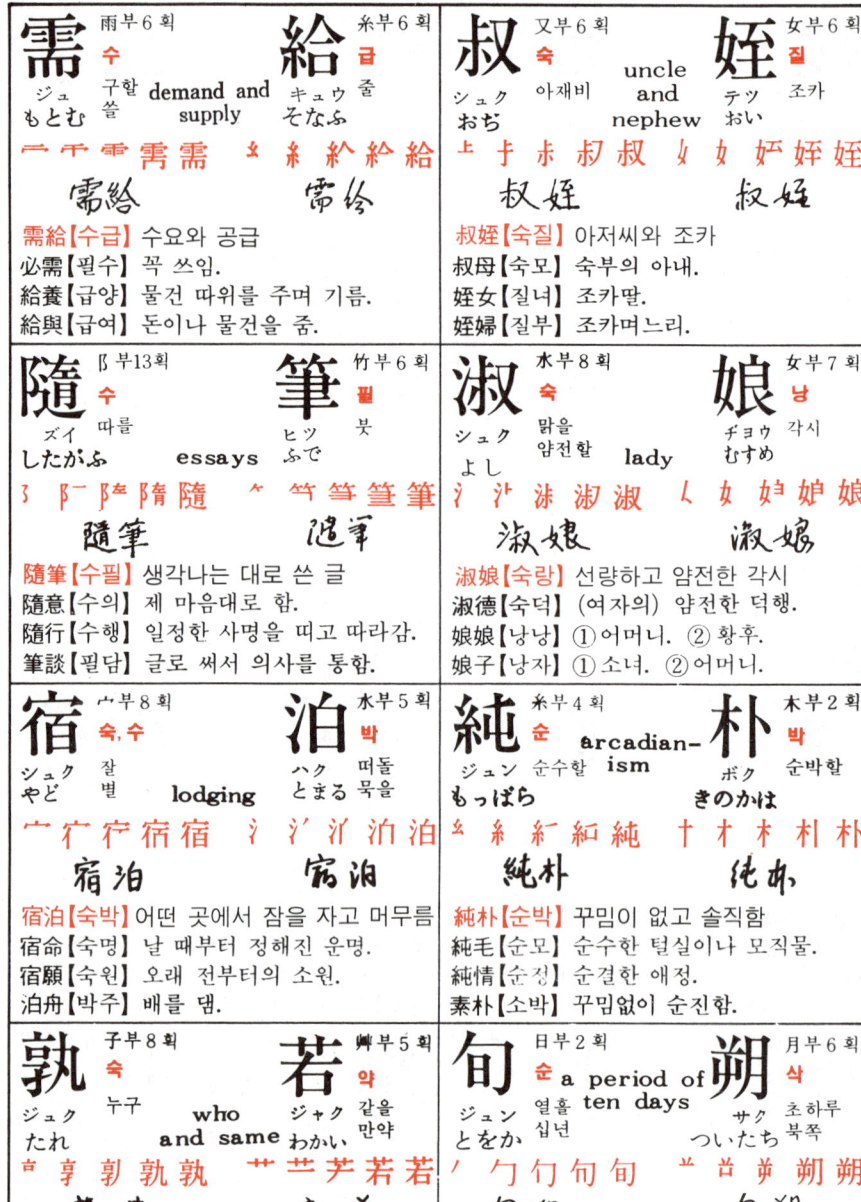

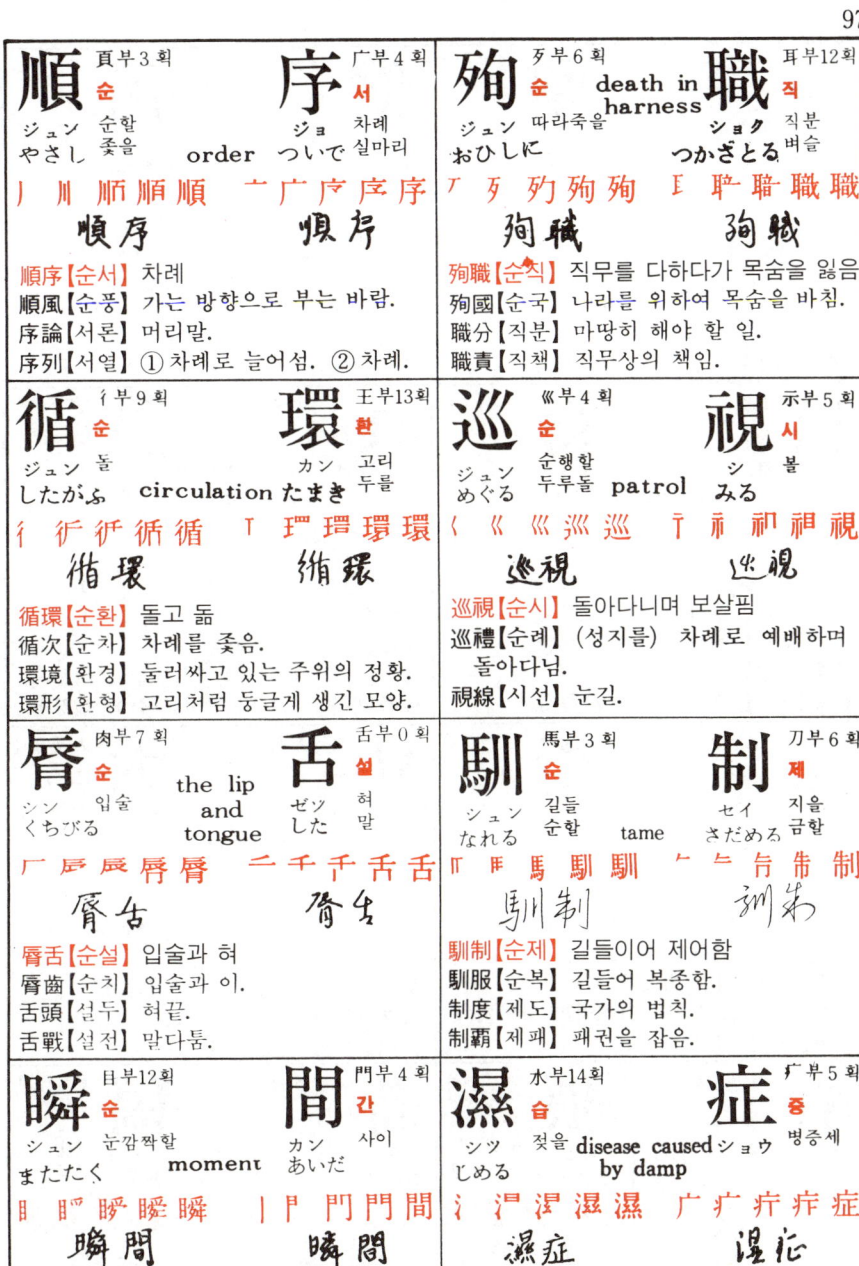

順序【순서】 차례
順風【순풍】 가는 방향으로 부는 바람.
序論【서론】 머리말.
序列【서열】 ①차례로 늘어섬. ②차례.

殉職【순직】 직무를 다하다가 목숨을 잃음
殉國【순국】 나라를 위하여 목숨을 바침.
職分【직분】 마땅히 해야 할 일.
職責【직책】 직무상의 책임.

循環【순환】 돌고 돎
循次【순차】 차례를 좇음.
環境【환경】 둘러싸고 있는 주위의 정황.
環形【환형】 고리처럼 둥글게 생긴 모양.

巡視【순시】 돌아다니며 보살핌
巡禮【순례】 (성지를) 차례로 예배하며 돌아다님.
視線【시선】 눈길.

脣舌【순설】 입술과 혀
脣齒【순치】 입술과 이.
舌頭【설두】 혀끝.
舌戰【설전】 말다툼.

馴制【순제】 길들이어 제어함
馴服【순복】 길들어 복종함.
制度【제도】 국가의 법칙.
制覇【제패】 패권을 잡음.

瞬間【순간】 잠깐 동안
間斷【간단】 계속되지 않고 한동안 끊어짐.
間食【간식】 ①끼니 외에 먹는 음식. ②샛밥.

濕氣【습기】 축축한 기운
濕疹【습진】 피부병의 일종.
症勢【증세】 병의 형세나 현상.
症狀【증상】 병을 앓는 형상.

昇天入地 (승천입지) 하늘로 올라가고 땅으로 들어가다. 죽음.
是非之心 (시비지심) 선악을 가릴 줄 아는 마음.

| 襲 衣부16획 습 엄습할 シュウ おそう attack | 擊 手부13획 격 칠 ゲキ うつ | 僧 人부12획 승 중 ソウ ぼうず monk | 侶 人부7획 려 짝 벗할 リョ ともつれ |

音 龍 龍 襲 襲 ／ 車 殼 擊 擊
襲擊　　　　襲擊
襲擊【습격】 갑자기 적을 엄습하여 침.
世襲【세습】 자자손손 물려 받음.
擊滅【격멸】 쳐서 멸망시킴.
擊沈【격침】 배를 쳐서 침몰시킴.

亻 伵 伵 僧 僧 亻 伵 伵 侶 侶
僧侶　　　　僧侶
僧規【승규】 승려(僧侶)의 법규.
僧俗【승속】 중과 중이 아닌 사람.
侶儔【여주】 동무. 벗.
侶行【여행】 친구삼아 같이 감.

| 拾 扌부6획 습,십 열 シュウ ひろう picking up | 得 彳부8획 득 얻을 トク える 깨달을 | 乘 丿부9획 승 탈 ジョウ のる multiplication & division | 除 阝부7획 제 덜 ジョ のぞく |

扌 扌 扲 拾 拾 彳 得 得 得 得
拾得　　　　拾得
拾得【습득】 주워 얻음.
拾級【습급】 계급이 차례로 오름.
得男【득남】 아들을 낳음.
得意【득의】 뜻대로 되어 만족함.

一 二 禾 乖 乘 ３ 阝 阝 阝 除 除
乘除　　　　乘除
乘除【승제】 곱하기와 나누기.
乘夜【승야】 밤을 이용함.
除去【제거】 (그 자리에서) 없애 버림.
除授【제수】 임금이 직접 관원을 임명함.

| 市 巾부2획 시 저자 シ いち street | 街 彳부6획 가 거리 ガイ | 昇 日부4획 승 오를 ショウ のぼる ascension | 天 大부1획 천 하늘 テン あめ 자연 |

亠 广 方 市　 彳 彳 街 街 街
市街　　　　市街
市街【시가】 도시의 큰 길거리.
市場【시장】 상품 매매를 위하여 설치한 곳.
市井【시정】 ①시가. ②거리의 장사치.
街道【가도】 넓고 큰 길.

口 日 皁 昇 昇 一 二 于 天
昇天　　　　昇天
昇天【승천】 하늘에 오름.
昇平【승평】 세상이 잘 다스려짐.
天機【천기】 천지의 비밀.
天然【천연】 자연 그대로의 상태.

| 豺 豸부3획 시 승냥이 サイ やまいぬ jackal and wolf | 狼 犭부7획 랑 이리 어지러울 ロウ おおかみ | 詩 言부6획 시 シ からた poetry strow | 稿 禾부10획 고 볏짚 원고 コウ わら |

⺈ 豸 豺 豺 豺 犭 犭 狌 狼 狼
豺狼　　　　豺狼
豺狼【시랑】 승냥이와 이리.
豺狐【시호】 승냥이와 여우.
豺虎【시호】 사납고 악독한 사람의 비유.
狼戾【낭려】 이리같이 마음이 비뚤어짐.

三 言 詩 詩 詩 二 禾 秆 稿 稿
詩稿　　　　詩稿
詩稿【시고】 시의 초고.
詩興【시흥】 시상이 일어나는 흥취.
稿料【고료】 원고료.
稿草【고초】 볏짚.

時和年豊 (시화연풍) 나라가 태평하고 풍년이 들다.
食小事煩 (식소사번) 먹을 것은 적고 일만 복잡하다.

繩 (糸부13획)
ショウ / なは / 승 / 노 기릴 / straw-rope

繩糾【승규】 과실을 책망함
繩技【승기】 줄타기.
繩縛【승박】 포승. 또 포승으로 묶음.

絞 (糸부6획)
コウ / くびる / 교 / 목맬 꼴 / & kill

絞刑【교형】 목을 매어 죽이는 형벌.

柴 (木부5획)
サイ / しば / 시 / 섶 막을

柴扉【시비】 사립문
柴木【시목】 땔나무.
柴油【시유】 땔나무와 기름.

扉 (戸부8획)
ヒ / とびら / 비,호 / 문짝 집 / twig gate

扉戸【비호】 문짝과 문.

試 (言부6획)
シ / こころみる / 시 / 시험할 / examination

試驗【시험】 성질·능력을 알아봄
試食【시식】 맛이나 솜씨를 알아보기 위하여 시험삼아 먹어봄.
驗證【험증】 증거.

驗 (馬부13획)
ケン / しるし / 험 / 시험할 보람

猜 (犭부8획)
サイ / そねむ / 시 / 시기할 의심할 / jealousy &

猜疑【시의】 시기하고 의심함
猜害【시해】 시기하여 해침.

疑 (疋부9획)
ギ / うたがふ / 의 / 의심 의심할 / doubt

疑心【의심】 ①마음에 미심하게 여기는 생각. ②믿지 못하는 마음.

始 (女부5획)
シ / はじめる / 시 / 비로소 처음 / beginning

始初【시초】 맨 처음
始終【시종】 처음과 끝.

初 (刀부5획)
ショ / はじめ / 초 / 처음

初面【초면】 처음으로 대하는 사람.
初志【초지】 처음에 먹은 뜻.

式 (弋부3획)
シキ / のり / 식 / 법 본 / address

式辭【식사】 인사로 하는 말이나 글
式例【식례】 일의 일정한 전례.

辭 (辛부12획)
ジ / ことば / 사 / 말 사양할

辭色【사색】 말과 얼굴빛.
辭表【사표】 사직의 뜻을 적어 내는 문서.

侍 (人부6획)
シ / つきそひ / 시 / 모실 / waiting woman

侍婢【시비】 모시고 시중드는 계집종
侍衛【시위】 임금을 호위함.

婢 (女부8획)
ヒ / はしため / 비 / 계집종

婢夫【비부】 계집 종의 남편.
婢妾【비첩】 종으로 첩이 된 계집.

植 (木부8획)
ショク / うえる / 식 / 심을 / planting

植樹【식수】 나무를 심음
植物【식물】 생물의 이대 분류의 하나.

樹 (木부12획)
ジュ / き / 수 / 나무 세울

樹立【수립】 (국가, 계획 따위를) 세움.
樹木【수목】 나무.

識者憂患 (식자우환) 학식이 있어서 도리어 근심을 사게 되다.
新凉燈火 (신량등화) 서늘한 초가을 밤에 등불 밑에서 글 읽기가 좋다.

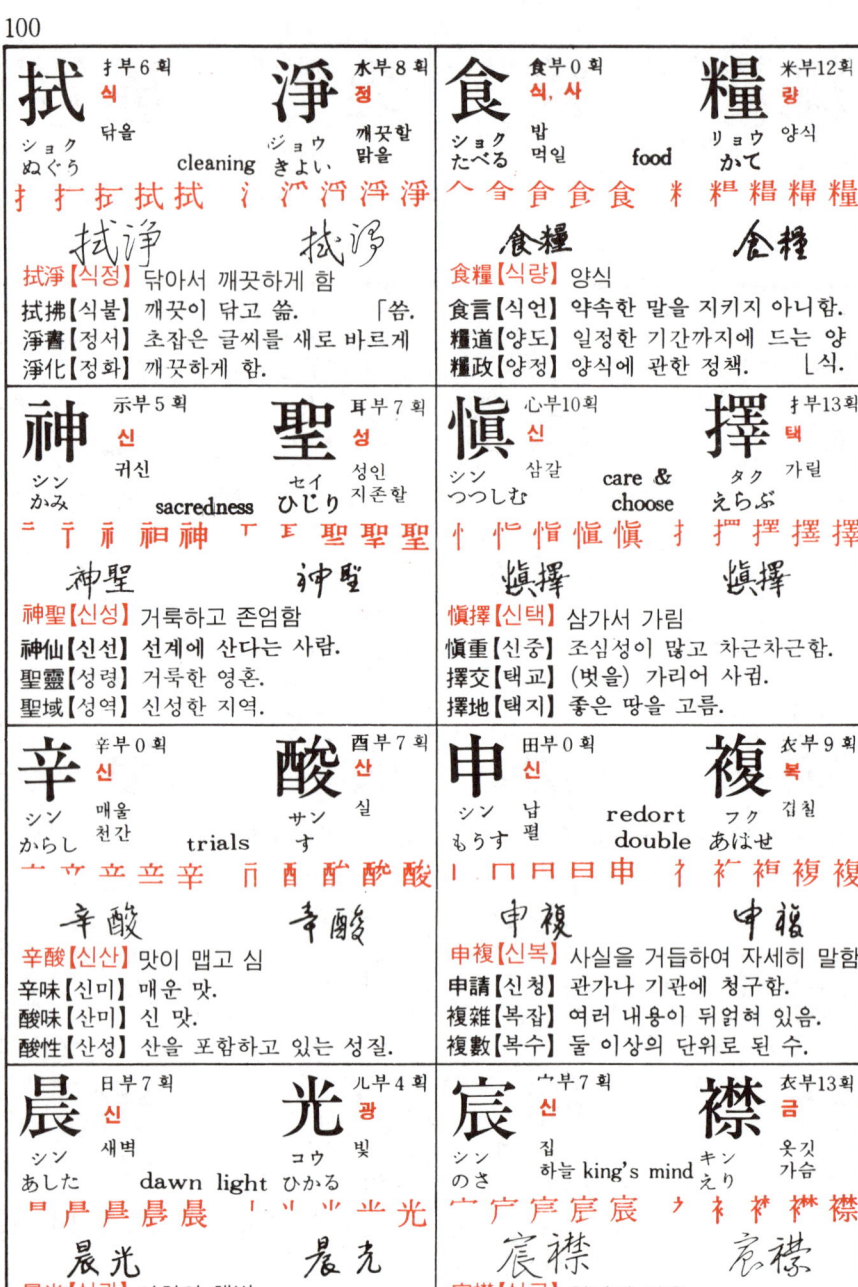

實事求是 (실사구시) 사실 즉 실제에 임하여 그 일의 진상을 찾고 구하다.
心腹之友 (심복지우) 가장 친밀한 벗.

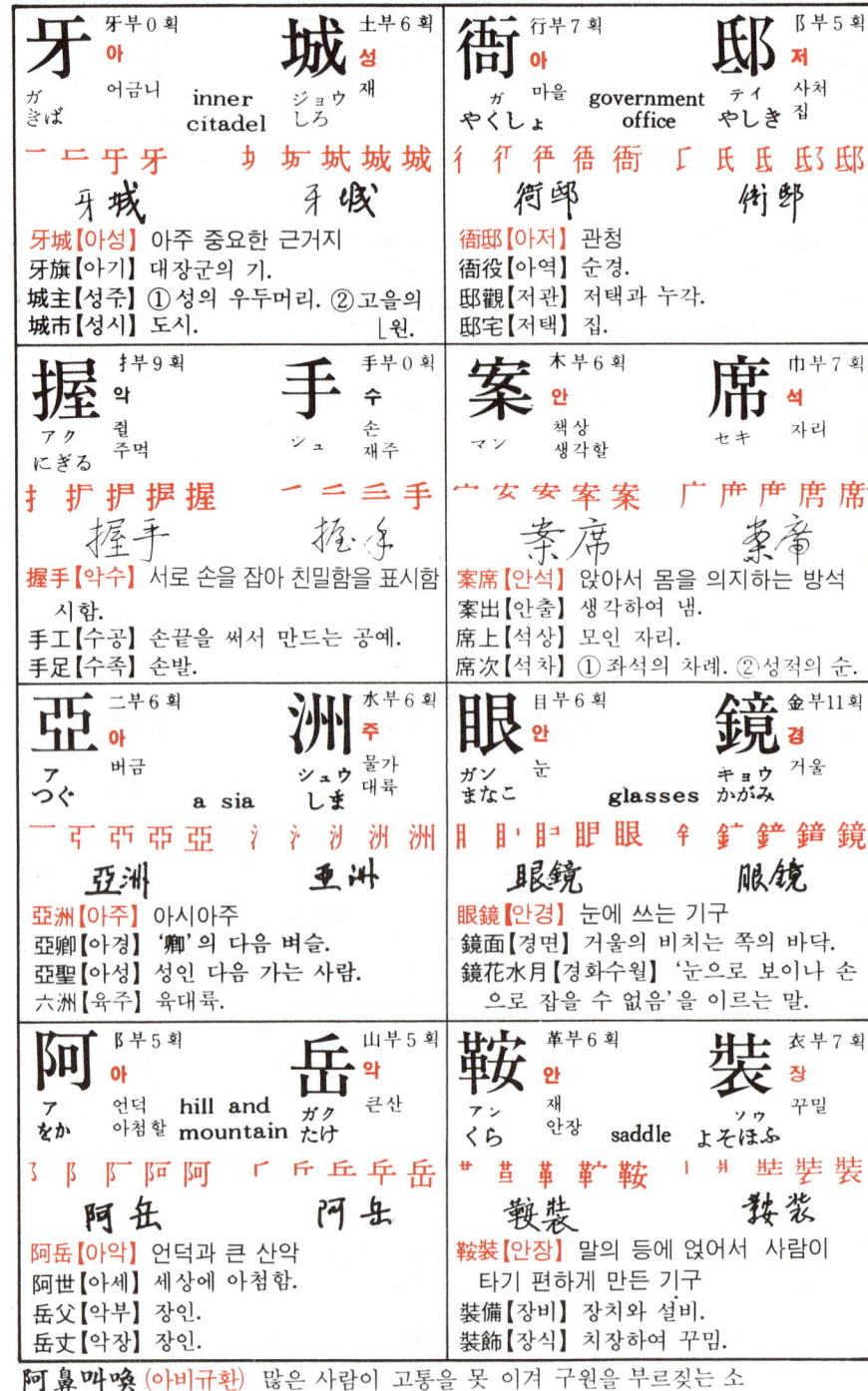

安 [안] 宀부 3획
アン / やすい / 평안할 값쌀 / peaceful
丶宀宀安安
安眠

- 安眠【안면】 편안히 잘 잠
- 安價【안가】 값이 쌈.
- 安息【안식】 편안하게 쉼.
- 眠食【면식】 자는 일과 먹는 일.

眠 [면] 目부 5획
ミン / ねむる / 잠잘
目目目眠眠
安眠

按 [안] 扌부 6획
アン / おさふ / 살필 누를 / relief
扌扩抁按按
按堵

- 按撫【안무】 민정을 잘 보살펴 어루만져 위로함
- 堵牆【도장】 담.
- 堵列【도열】 많은 사람이 죽 늘어섬.

堵 [도] 土부 9획
ト / かき / 담 담장
土圵埓堵堵
按堵

謁 [알] 言부 9획
エツ / まうす / 뵈올 / visit a superior
言訂謁謁謁
謁廟

- 謁廟【알묘】 사당에 친묘함
- 謁聖【알성】 임금이 문묘에 참배함.
- 拜謁【배알】 만나 뵘.
- 廟議【묘의】 조정의 회의.

廟 [묘] 广부 12획
ビョウ / たまや / 조정 사당
广广庙庙廟
謁廟

押 [압] 扌부 5획
アツ / おす / 익을 업신여길 / press
一扌扪押押
押捺

- 押送【압송】 죄인을 감시하여 보냄
- 狎習【압습】 익숙함.
- 捺染【날염】 피륙에 무늬를 들이는 방법.
- 捺印【날인】 도장을 찍음.

捺 [날] 扌부 8획
ナツ / おす / 도장찍을
扌扩捺捺捺
押捺

軋 [알] 車부 1획
アツ / きしる / 삐걱거릴 형벌이름 / friction
冂冃亘車軋
軋轢

- 軋轢【알력】 수레가 삐걱거림
- 軋芴【알물】 자잘한 것.
- 軋辭【알사】 자세한 말. 상세한 언사.
- 轢死【역사】 수레바퀴에 치어 죽음.

轢 [력] 車부 15획
レキ / きしる / 삐걱거릴 칠
車軋軡轢轢
軋轢

昂 [앙] 日부 5획
コウ / あがる / 높을 밝을 / elevation
冂日旦昂昂
昂揚

- 昂揚【앙양】 높여서 드러냄
- 昂貴【앙귀】 값이 오름.
- 揚名【양명】 이름을 들날림.
- 揚水【양수】 물을 자아 올림.

揚 [양] 扌부 9획
ヨウ / あぐ / 날릴 올릴
扌扌捍揚揚
昂揚

暗 [암] 日부 9획
アン / くらい / 어두울 / darkness
⺁日旷暗暗
暗黑

- 暗黑【암흑】 어둡고 캄캄함
- 暗行【암행】 정체를 숨기고 다님.
- 黑幕【흑막】 ①검은 막. ②겉으로 드러나지 아니한 음흉한 내막.

黑 [흑] 黑부 0획
コク / くろ / 검을
⺁⺁甲里黑
暗黑

仰 [앙] 人부 4획
ギョウ / あおぐ / 우러를 / respect and tile
亻仃仰仰
仰瓦

- 仰請【앙청】 우러러 청함
- 仰望【앙망】 삼가 바람.
- 瓦解【와해】 어떤 원인으로 사물이 급격히 무너짐.
- 瓦匠【와장】 기와장이.

瓦 [와] 瓦부 0획
ガ / かわら / 기와 질그릇
一丆瓦瓦
仰瓦

安貧樂道 (안빈낙도) 가난하지만 마음을 편히 하고 걱정하지 않으며 도를 즐기다.

央 앙 (大부 2획) オウ / 가운데

央流

瀆 독 (水부 15획) トク, みそ / 더러울

瀆誦【독송】외어 읽음.
瀆職【독직】직책을 더럽힘.
瀆溝【독구】도랑. 개천.
瀆慢【독만】업신여김.

鴉 아 (鳥부 4획) ア, からす / 갈가마귀, 검을

鴉背

鴉背【아배】까마귀의 등.
鴉青【아청】검은 빛을 띤 푸른 빛.
背泳【배영】등헤엄.
背信【배신】신의를 저버림.

背 배 (肉부 5획) ハイ / 등, 어길

鴉背

愛 애 (心부 9획) アイ, いつくしむ / 사랑 love

愛情

愛情【애정】사랑하는 마음.
愛重【애중】사랑하고 소중히 여김.
情報【정보】정세에 관한 소식, 내용.
情實【정실】사사 정에 얽힌 사실.

情 정 (心부 8획) ジョウ, なさけ / 뜻 love

愛情

齷 악 (齒부 9획) アク, こせつく / 작을, 잔달 ferociousness

齷齪

齷齪【악착】성질이 모질고 깜찍스럽거나 마음이 좁음.
齪齪【착착】소심한 모양. 신중한 모양.

齪 착 (齒부 7획) ソク, せまい / 작을, 잔달

齷齪

涯 애 (水부 8획) ガイ, はて / 물가 the water's edge

涯際

涯際【애제】물 가.
涯脚【애각】낭떠러지의 아래 끝 부분.
際遇【제우】① 제회. ② 대우.
際會【제회】뜻이 맞게 잘 만남.

際 제 (阝부 11획) サイ, きわ / 사귈

涯際

雁 안 (厂부 4획) ガン / 기러기 wild goose

雁鴻

雁鴻【안홍】기러기와 큰 기러기.
雁夫【안부】혼인 때 신부 집에 목안(木雁)을 가지고 가는 사람.
鴻業【홍업】나라를 세우는 큰 사업.

鴻 홍 (水부 6획) コウ / 큰기러기

雁鴻

液 액 (水부 8획) エキ, しる / 즙 liquid

液體

液體【액체】형상이 없는 유동성 물질.
液化【액화】기체나 고체가 액체로 변함.
體系【체계】개개의 것을 조직적이고 통일적인 것으로 통일하는 것.

體 체 (骨부 13획) テイ, タイ, からた / 몸

液體

也 야 (乙부 2획) ヤ, なり / 어조사

也乎

也乎【야호】강조의 뜻을 나타내는 어조사.
也者【야자】…라고 하는 것은.
純乎【순호】섞임이 없이 제대로 온전함.
斷乎【단호】한번 결정한 대로 엄격히.

乎 호 (부 4획) コ・か, や / 어조사

也乎

哀而不悲 (애이불비) 슬프지만 겉으로 드러내지 않다.
愛人以德 (애인이덕) 사람을 덕으로써 사랑하다.

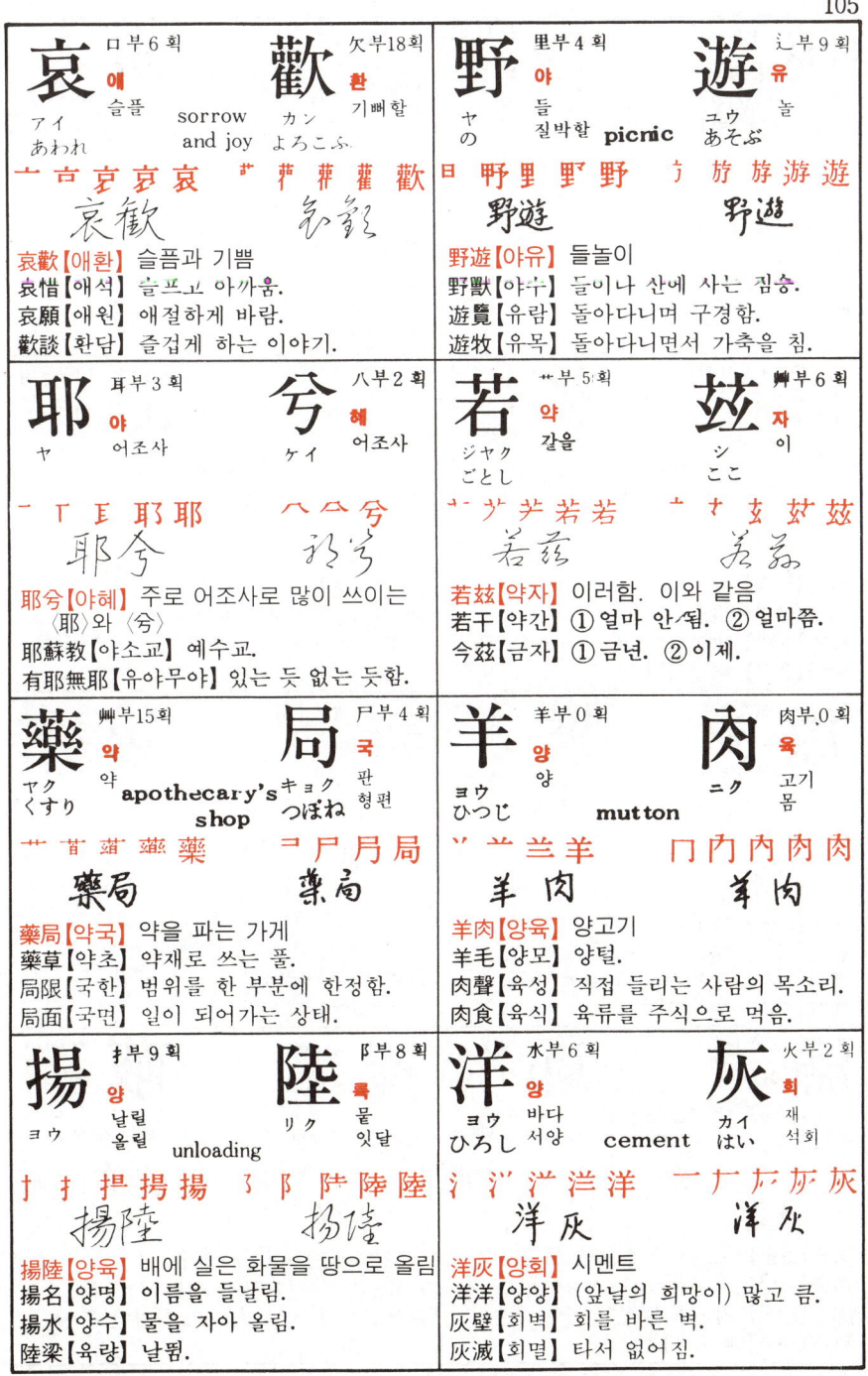

攘 양,녕 ジョウ 물리칠 はらう 어지러울 stiring up	臂 비 ヒ 팔뚝 ひじ 팔	讓 양 ジョウ 사양할 ゆずる concession	步 보 ホ,ブ 걸음 あゆむ
扌扩扩攘攘 攘臂 攘臂【양비】기운을 내어 힘차게 일어남 攘災【양재】재화를 물리침. 臂使【비사】팔이 손가락을 부리듯 마음 대로 부려 먹음.	月月辟辟臂臂	言評評讓讓 讓步 讓步【양보】남에게 자리를 내 줌. 讓渡【양도】권리 따위를 넘겨 줌. 步武【보무】활발하게 걷는 걸음. 步行【보행】걸어서 감. 걸어 다님.	丨丨止牛步
楊 양 ヨウ 버들 やなぎ willow	柳 류 リュウ 버들 やなぎ	圄 어 ゴ 가둘 ひとや 옥 prison	囹 령 レイ 옥 ひとや
木 杆 枦 揭 楊 楊柳 楊柳【양류】버드나무 楊枝【양지】버들가지. 柳眉【유미】미인의 눈썹. 柳絲【유사】버들가지.	木 朾 柯 柳 柳	冂 門 囝 围 圄 圄囹 圄囹【어령】옥. 감옥 圄空【어공】감옥이 텅 빈다는 뜻으로 나라가 잘 다스려져 죄를 짓는 사람이 없음을 이름.	冂 冈 凡 囹 囹
魚 어 ギョ 물고기 うお catch	獲 획 カク 얻을 えもの	語 어 ゴ 말씀 かたる word phrase	句 구 ク 글귀 くぎり
个 刍 刍 魚 魚 魚獲 魚獲【어획】물고기를 잡음 魚肉【어육】생선과 짐승의 고기. 獲得【획득】얻어 내거나 얻어 가짐. 獲罪【획죄】죄를 지음.	犭 犷 猜 獲 獲	言 訐 評 語 語 語句 語句【어구】말의 구절. 말의 마디 語氣【어기】말할 때의 말의 기운. 語源【어원】단어가 성립된 근원. 結句【결구】맺음의 글.	丿 勹 匀 句 句
漁 어 ギョ 고기잡을 すねとり fishing & husband	郞 랑 ロウ 사내 をっと 남편	掩 엄 エン 가릴 おほふ 엄습할 cover	蔽 폐 ヘイ 가릴 おほう 덮을
氵 泙 渔 漁 漁 漁郞 漁具【어구】고기잡이에 쓰는 도구 漁業【어업】고기잡이 또는 양어하는 업. 郞君【낭군】자기의 남편을 이름. 郞官【낭관】벼슬 이름.	冫 ㇠ 良 郞 郞	扌 护 拃 挦 掩 掩蔽 掩蔽【엄폐】가리어서 숨김 掩殺【엄살】엄습하여 죽임. 蔽隱【폐은】①은폐함. ②가리어 보이지 아니함.	艹 艿 苟 葆 蔽

漁夫之利 (어부지리) 쌍방이 다투는 사이에 제삼자가 득을 보다.
語不成說 (어불성설) 말이 이치에 맞지 않다.

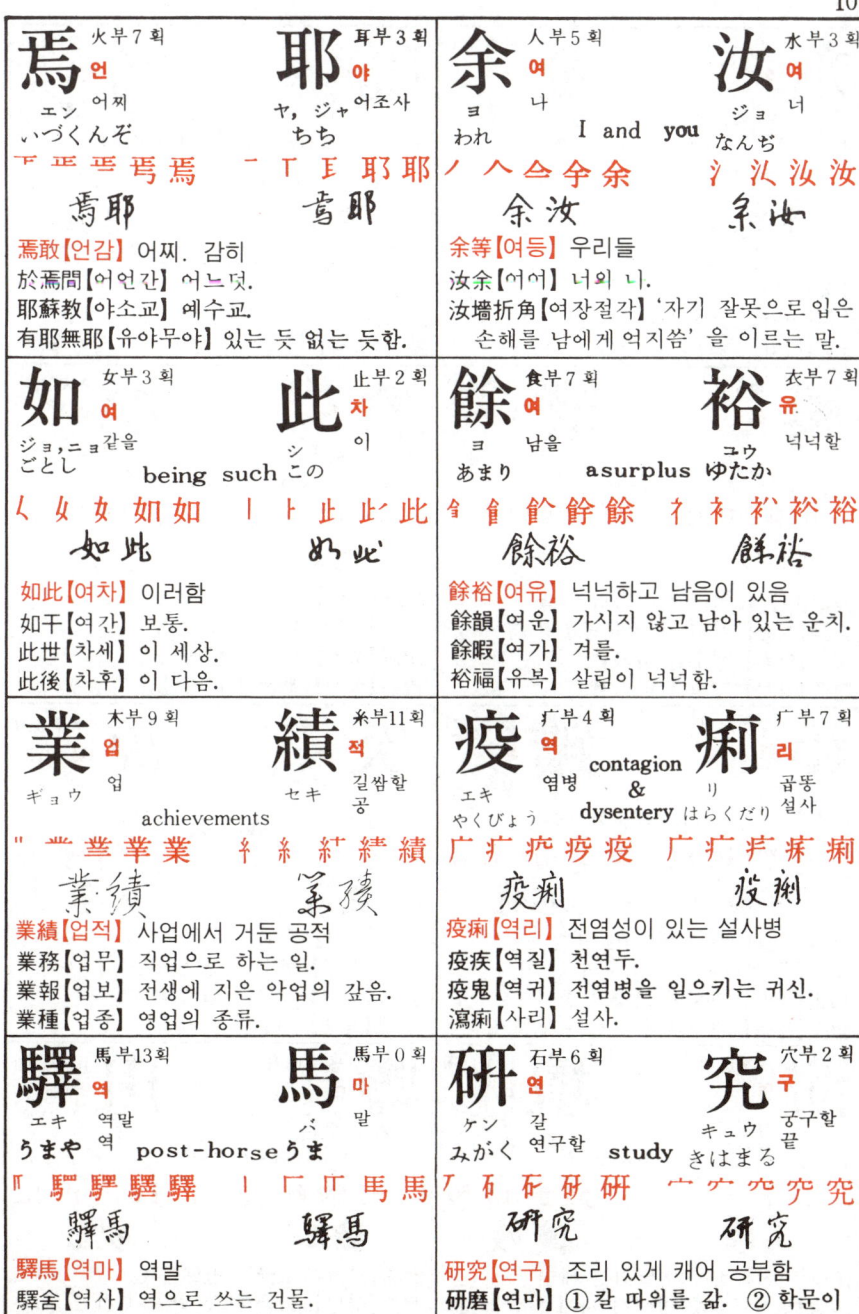

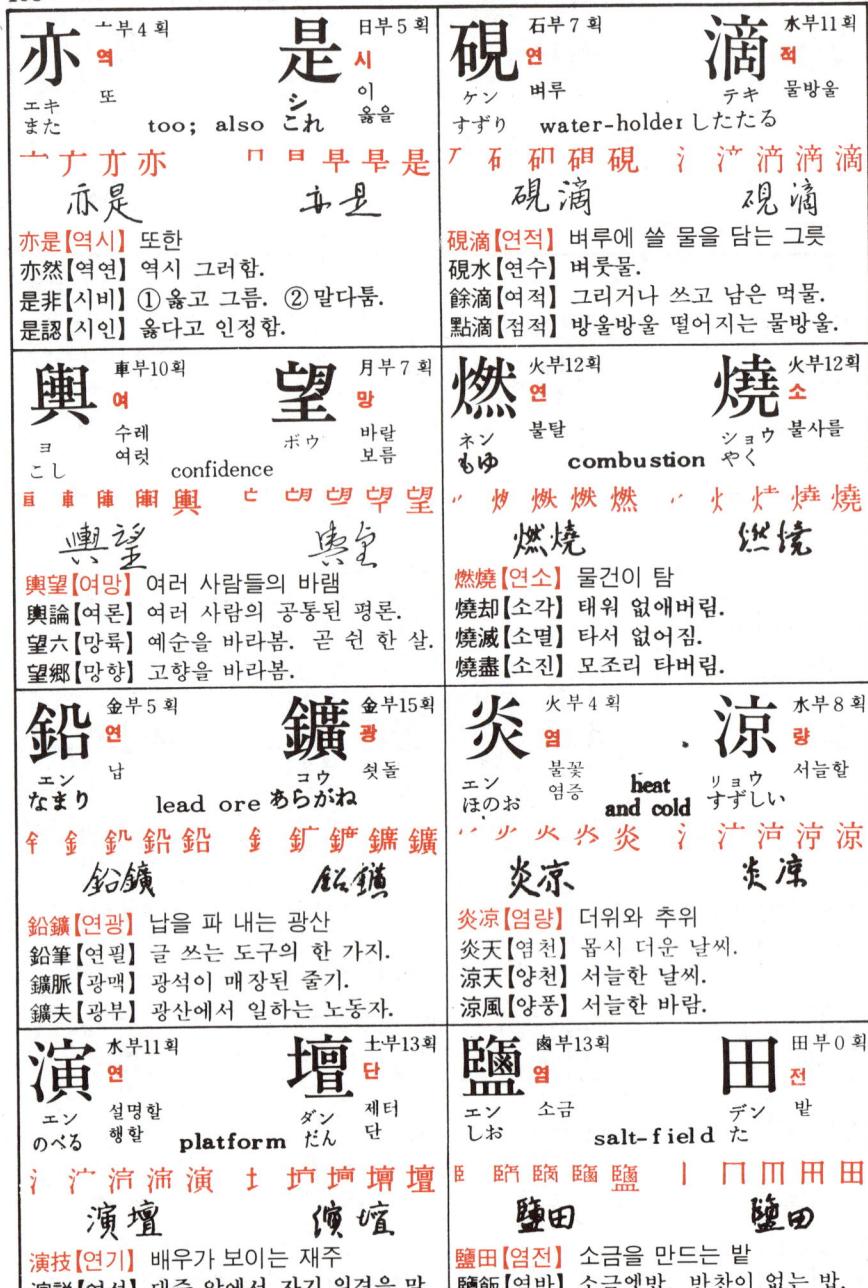

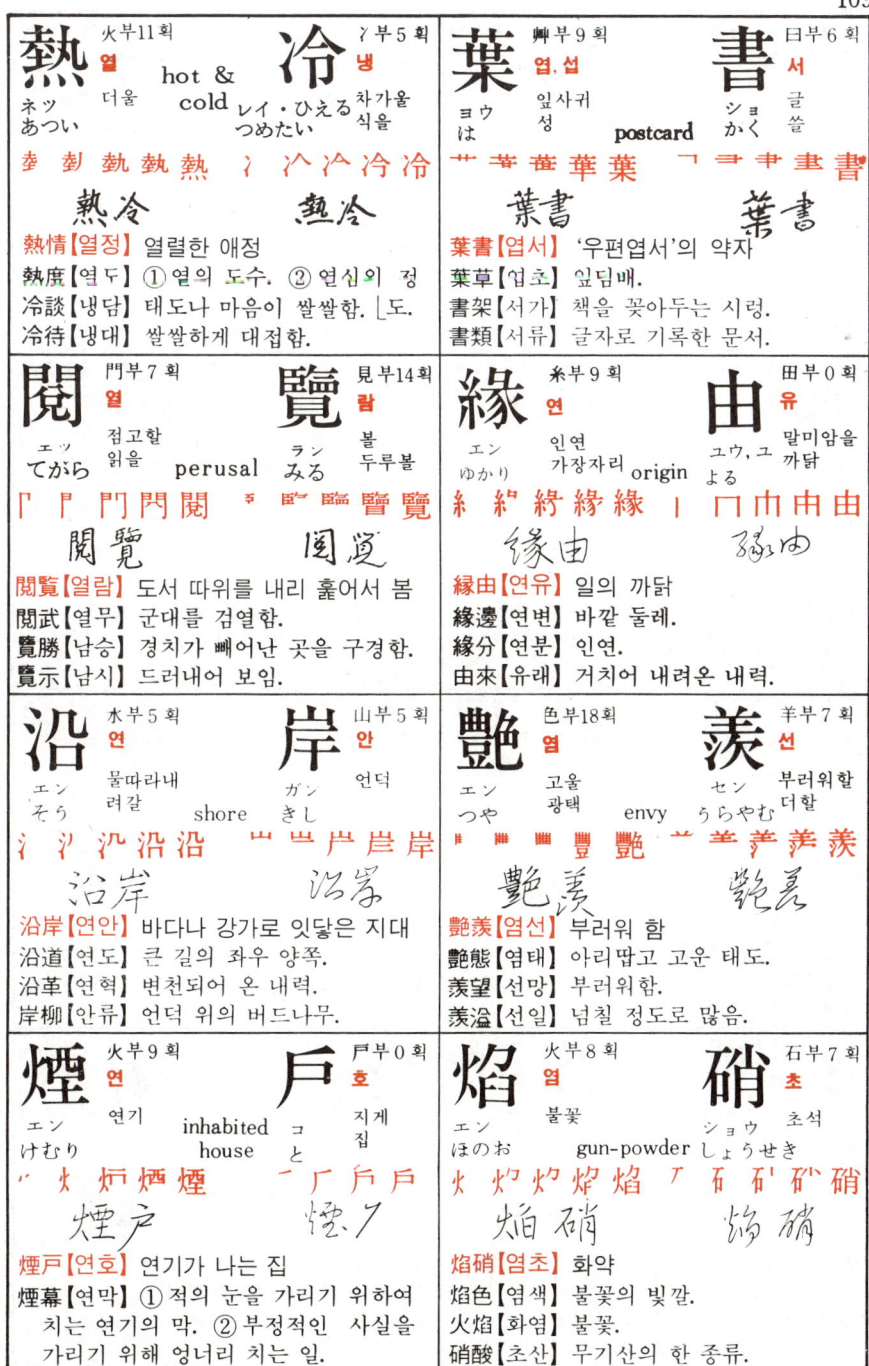

永 水부1획 エイ ながし 영 길 오랠 permanent residence	住 人부5획 ジュウ すむ 주 살	榮 木부10획 エイ さかえる 영 영화 honour	譽 言부14획 ヨ ほまれ 예 기릴
丶亍亓永永 亻广什仁住住		丷 灬 炒 燃 榮 Ε 晌 晌 興 譽	
永住 　　　永住		榮譽　　　榮譽	
永住【영주】오래도록 머물러 삶 永眠【영면】영원한 잠. 죽음. 住居【주거】①거주. ②사는 집. 住所【주소】거주하는 곳.		榮譽【영예】영광스러운 명예 榮光【영광】빛나는 영예. 榮轉【영전】좋은 자리로 옮김. 譽聞【예문】좋은 평판.	

英 艸부5획 エイ はな 영 꽃부리 뛰어날 hero	雄 隹부4획 ユウ おす 웅 수컷 뛰어날	詠 言부5획 エイ うたふ 영 읊을 sing & hum over	誦 言부7획 ショウ となえる 송 읊을 읽을
艹 芇 苩 荳 英 ナ 龙 対 対 雄 雄		言 訂 訂 訳 詠 言 訂 訊 誦 誦	
英雄　　　英雄		詠誦　　　詠誦	
英雄【영웅】재주와 용맹이 뛰어난 사람 英斷【영단】명철하고 용기 있는 결단. 雄辯【웅변】거침 없이 잘 하는 말. 雄志【웅지】웅대한 뜻.		詠誦【영송】시가를 소리내어 읊음 詠歎【영탄】소리를 길게 내어 읊음. 誦說【송설】읽음과 설명함. 誦讀【송독】소리내어 읽음.	

迎 辶부4획 エイ むかえる 영 맞을 reception	接 扌부8획 セツ あふ 접 댈 맞음	映 日부5획 エイ うつる 영 비칠 moving picture	畫 田부7획 ガ かく 획·화 그을 그림
匚 卬 卬 卬 迎 扌 扩 抙 接 接		日 旫 眤 映 映 ⺻ 肀 書 書 畫	
迎接　　　迎接		映畫　　　映畫	
迎接【영접】맞아 들임 接賓【접빈】손님을 접대함. 接近【접근】가까이 다가붙음. 接觸【접촉】맞부딪쳐 닿음.		映畫【영화】활동사진 映窓【영창】채광, 환기를 위한 미닫이. 畫家【화가】그림을 전문으로 그리는 사람.	

影 彡부12획 エイ かげ 영 그림자 형상 shadow & harmony	韻 音부10획 イン ひびき 운 운 운치	藝 艸부15획 ゲイ わざ 예 재주 art	術 行부8획 ジュツ わざ 술 기술 재주
日 星 景 景 影 立 音 音 韻 韻		艹 荻 荻 藝 藝 彳 什 休 術 術	
影韻　　　影韻		藝術　　　藝術	
影像【영상】그림자로 나타난 형상. 족자 에 그린 초상 韻律【운율】시의 음악적 음조. 韻致【운치】고상하고 우아한 풍치.		藝術【예술】미를 나타내는 재주 技藝【기예】기술에 관한 재주. 文藝【문예】①문학과 예술. ②예술 문학.	

榮枯盛衰 (영고성쇠) 번영하고 쇠퇴함이 뒤바뀌는 형상.
禮不可廢 (예불가폐) 어느 때 어느 장소에서나 예의를 지키다.

銳 에 / 날카로울 / エイ / するどい / keenness	敏 민 / 민첩할 / 예민할 / ビン / つつしむ	預 에 / 미리 / 즐길 / ヨ / あづく / deposit	蓄 축 / 쌓을 / 둘 / チク / たくはふ
牟 金 鈘 鈉 銳 銳敏	仁 与 每 敏 敏 銳敏	了 予 矛 預 預 預蓄	艹 萧 荠 蓄 預蓄

銳敏【예민】 날카롭고 민첩함.
銳鈍【예둔】 날카로움과 둔함.
敏感【민감】 느낌이 예민함.
敏活【민활】 민첩하고 활발함.

預金【예금】 금전을 임치하는 일
預置【예치】 맡겨 둠.
蓄怨【축원】 쌓인 원한.
蓄財【축재】 돈이나 재물을 모아 쌓음.

豫 예 / 미리 / ヨ / かねて / prevention	防 방 / 막을 / ボウ / ふせぐ	叡 에 / 밝을 / 슬기로울 / エイ / さとし / wisdom	略 략 / 간략할 / 꾀 / リャク / はぶく
予 矛 豫 豫 豫 豫防	乛 阝 阝 阡 防 防 豫防	卜 亠 奔 睿 叡 叡略	川 田 旷 畛 略 叡略

豫防【예방】 병을 미리 방지함.
豫選【예선】 예비적으로 골라 뽑음.
防共【방공】 공산주의가 들어오지 못하게 막음.

叡略【예략】 뛰어난 꾀
叡敏【예민】 슬기가 뛰어나고 민첩함.
略歷【약력】 대강의 이력.
略式【약식】 순서를 일부 생략한 방식.

傲 오 / 거만할 / ゴウ / おごる	慢 만 / 거만할 / 게으를 / マン / おこたる / pride	嬰 영 / 갓난아이 / 닿을 / エイ / みどりご / baby	孩 해 / 어린아이 / 웃음 / ガイ / おさなご
亻 伫 侉 傲 傲 傲慢	丷 忄 怛 慢 慢 傲慢	貝 賏 嬰 嬰 子 嬰孩	子 孒 孑 孩 孩 孩 嬰孩

傲慢【오만】 태도가 거만함.
傲視【오시】 교만하게 남을 깔봄.
慢性【만성】 ①병이 급하지도 않고 속히 낫지도 않는 성질. ②버릇처럼 됨.

嬰孩【영해】 어린아이
嬰城【영성】 농성하여 굳게 지킴.
孩笑【해소】 어린아이의 웃음.
孩子【해자】 젖먹이. 두세 살 된 아이.

梧 오 / 오동나무 / ゴ / あおぎり	桐 동 / 오동나무 / トウ / きり / paulownia	寤 오 / 깰 / 깨달을 / ゴ / さめる / sleeping and awaking	寐 매 / 잠잘 / ビ / ねる
木 杧 枦 梧 梧 梧桐	木 桐 桐 桐 桐 梧桐	宀 宀 穽 寤 寤 寤寐	宀 宀 宀 寐 寐 寤寐

梧桐【오동】 오동나무
梧月【오월】 '음력 7월'의 이칭.
桐孫【동손】 오동나무의 작은 가지.
桐油【동유】 오동의 씨에서 짜낸 기름.

寤寐【오매】 잠을 깨는 일과 자는 일
寤夢【오몽】 낮에 본 것을 밤에 꾸는 꿈.
寐息【매식】 코를 곪.
寐語【매어】 잠꼬대.

寤寐不忘【오매불망】 자나깨나 잊지 않다.
烏飛梨落【오비이락】 까마귀 날자 배 떨어진다.

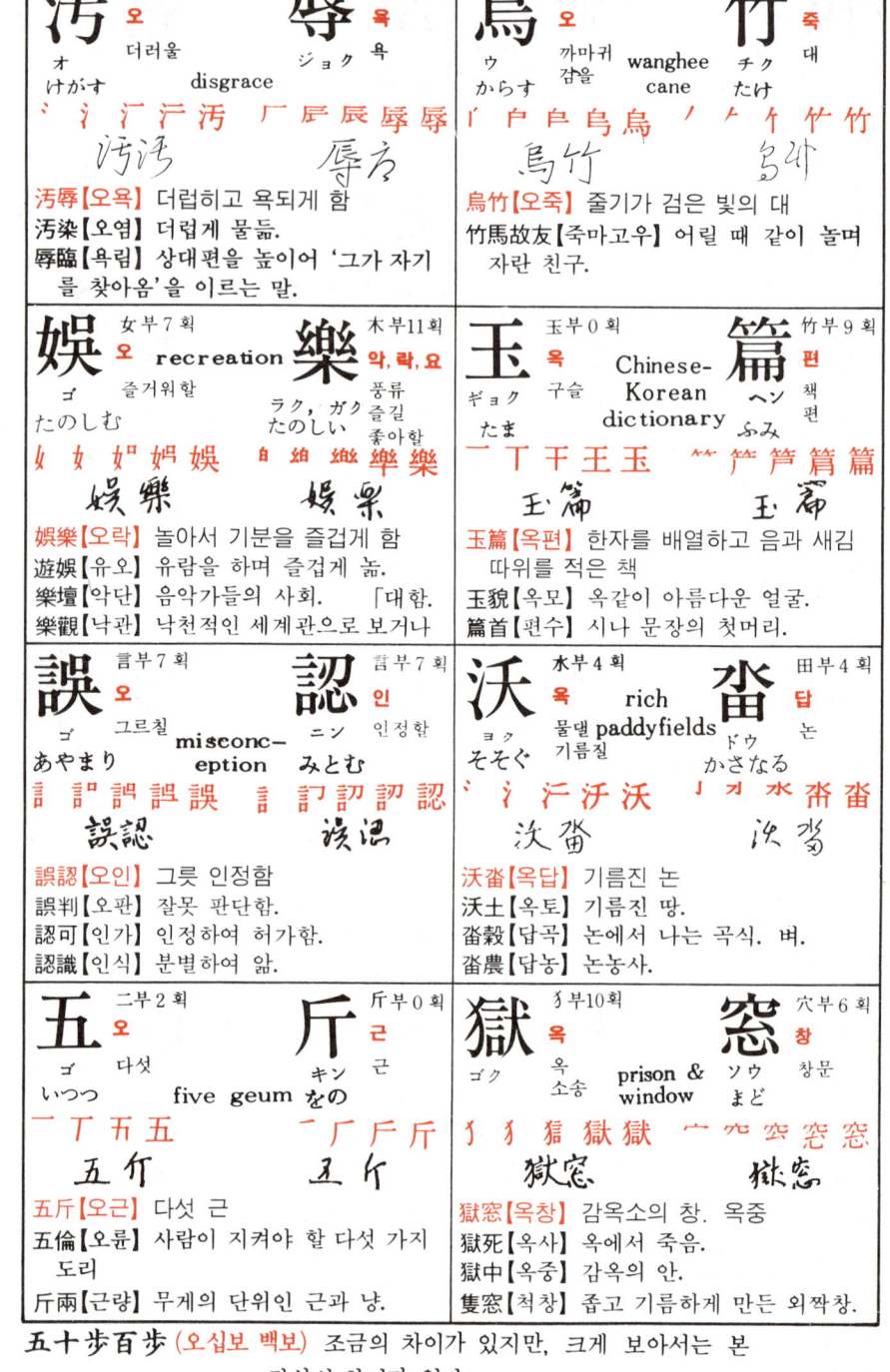

汚 (オ, 더러울, けがす) — 水부 3획
disgrace

汚辱【오욕】 더럽히고 욕되게 함
汚染【오염】 더럽게 물듦.

辱 (ジョク, 욕, 욕) — 辰부 3획

辱臨【욕림】 상대편을 높이어 '그가 자기를 찾아옴'을 이르는 말.

烏 (ウ, 까마귀, からす) — 火부 6획
wanghee cane

烏竹【오죽】 줄기가 검은 빛의 대

竹 (チク, 대, たけ) — 竹부 0획

竹馬故友【죽마고우】 어릴 때 같이 놀며 자란 친구.

娛 (ゴ, 즐거워할, たのしむ) — 女부 7획
recreation

娛樂【오락】 놀아서 기분을 즐겁게 함
遊娛【유오】 유람을 하며 즐겁게 놂.

樂 (ラク,ガク, 풍류·즐길·좋아할, たのしい) — 木부 11획

樂壇【악단】 음악가들의 사회. 「대함.
樂觀【낙관】 낙천적인 세계관으로 보거나

玉 (ギョク, 구슬, たま) — 玉부 0획
Chinese-Korean dictionary

玉篇【옥편】 한자를 배열하고 음과 새김 따위를 적은 책
玉貌【옥모】 옥같이 아름다운 얼굴.
篇首【편수】 시나 문장의 첫머리.

篇 (ヘン, 책, ふみ) — 竹부 9획

誤 (ゴ, 그르칠, あやまり) — 言부 7획
misconception

誤認【오인】 그릇 인정함
誤判【오판】 잘못 판단함.
認可【인가】 인정하여 허가함.
認識【인식】 분별하여 앎.

認 (ニン, 인정할, みとむ) — 言부 7획

沃 (ヨク, 물댈·기름질, そそぐ) — 水부 4획
rich paddyfields

沃畓【옥답】 기름진 논
沃土【옥토】 기름진 땅.
畓穀【답곡】 논에서 나는 곡식. 벼.
畓農【답농】 논농사.

畓 (ドウ, 논, かさなる) — 田부 4획

五 (ゴ, 다섯, いつつ) — 二부 2획
five geum

五斤【오근】 다섯 근
五倫【오륜】 사람이 지켜야 할 다섯 가지 도리.
斤兩【근량】 무게의 단위인 근과 냥.

斤 (キン, 근, をの) — 斤부 0획

獄 (ゴク, 옥·소송) — 犬부 10획
prison & window

獄窓【옥창】 감옥소의 창. 옥중
獄死【옥사】 옥에서 죽음.
獄中【옥중】 감옥의 안.
隻窓【척창】 좁고 기름하게 만든 외짝창.

窓 (ソウ, 창문, まど) — 穴부 6획

五十步百步 (오십보 백보) 조금의 차이가 있지만, 크게 보아서는 본질상의 차이가 없다.

蘊 온 (艸부 16획)
ウン、オン / つむ / 쌓을 모일
profundity

奧 오 (大부 10획)
オウ / おく / 아랫목 그윽할

蘊奧【온오】 학문이나 지식이 깊음
蘊抱【온포】 머릿속에 새주를 품음.
奧地【오지】 해안이나 도시에서 멀리 떨어진 내부의 깊숙한 땅.

臥 와 (臣부 2획)
ガ / ふす / 누울
lying on a bed of illness

病 병 (疒부 5획)
ビョウ / やまい / 병앓을

臥病【와병】 질병에 걸림
臥龍【와룡】 누워 있는 용.
病弱【병약】 병에 시달려 몸이 약함.
病菌【병균】 병을 일으키는 균.

溫 온 (水부 10획)
オン / あたたかい / 따뜻할
thermal

泉 천 (水부 5획)
セン / いずみ / 샘

溫泉【온천】 더운 물이 솟아나는 샘
溫情【온정】 따뜻한 인정.
泉石【천석】 물과 돌로 이루어진 경치.
源泉【원천】 물이 솟아나는 근원.

完 완 (宀부 4획)
クワン / まかせる / 완전할
successful execution

遂 수 (辶부 9획)
スイ / とげる / 드디어 이룰

完遂【완수】 목전
完全【완전】 부족이나 결함이 없이 옹곰.
遂意【수의】 뜻을 이룸.
遂誠【수성】 정성을 다함.

瓦 와 (瓦부 0획)
ガ / かわら / 기와
collapse

解 해 (角부 6획)
カイ / とく / 풀 깨달을

瓦解【와해】 기와가 깨어지듯이 사물이 깨어져 산산이 흩어짐
解析【해석】 상세히 풀어서 이론적으로 연구함.

緩 완 (糸부 9획)
カン / ゆるし / 느릴
buffer

衝 충 (行부 9획)
ショウ / みちすぢ / 찌를 사북

緩衝【완충】 급한 충돌을 완화시킴
緩和【완화】 느슨하게 함.
衝動【충동】 마음에 자극을 줌.
衝天【충천】 기세가 하늘을 찌름.

翁 옹 (羽부 4획)
オウ / / 늙은이 아버지
parents-in-law

姑 고 (女부 5획)
コ / しゅうとめ / 시어미

翁姑【옹고】 시아버지와 시어머니
漁翁【어옹】 고기잡이 늙은이.
姑母【고모】 아버지의 누이.
姑婦【고부】 시어머니와 며느리.

擁 옹 (扌부 13획)
ヨウ / いだく / 안을 가릴
escort

衛 위 (行부 10획)
エイ / まもる / 막을 방비

擁衛【옹위】 부축하여 좌우로 호위함
擁立【옹립】 옹위하여 임금의 자리에 서게 함.
衛送【위송】 호송함.

沃野千里 (옥야천리) 기름지고 넓은 들.
溫故知新 (온고지신) 옛 것을 연구하여 새로운 것을 알다.

訛謬【와류】 거짓과 그릇됨
訛言【와언】 사실과 다르게 전파된 말.
謬傳【유전】 ① 잘못 전하여진 소문.
② 잘못 들음.

倭寇【왜구】 약탈을 하는 일본 사람들
倭人【왜인】 일본 사람을 얕잡아 이르는
倭政【왜정】 왜적의 정치.   말.
寇敵【구적】 국토를 침범하는 도둑.

玩弄【완롱】 장난감으로 여김
玩具【완구】 장난감.
巷談【항담】 항간에 떠도는 말.
巷說【항설】 항간에 떠도는 풍설.

猥褻【외설】 남녀의 색정이 난잡함
猥濫【외람】 분수에 넘치는 일을 하여 죄
송함.
褻慢【설만】 행동이 방자하고 무례함.

外邦【외방】 외국, 타국
外待【외대】 푸대접함.
伐木【벌목】 나무를 벰.
伐草【벌초】 무덤의 풀을 깎음.

遙昔【요석】 먼 옛날
遙望【요망】 먼 데를 바라봄.
昔日【석일】 ① 옛날. ② 이전 날.
昔者【석자】 ① 이전. ② 어제.

畏懼【외구】 무섭고 두려움
畏敬【외경】 두려워하며 공경함.
懼內【구내】 아내를 두려워하는 일.
危懼【위구】 두려워함.

凹凸【요철】 오목함과 볼록함
凹鏡【요경】 반사면 가운데가 오목하게
들어간 거울.
凸角【철각】 두 직각보다 작은 각.

完璧 (완벽) 흠이 없는 구슬. 결점이 없다.
外貧內富 (외빈내부) 가난한 차림이나 속은 부자.

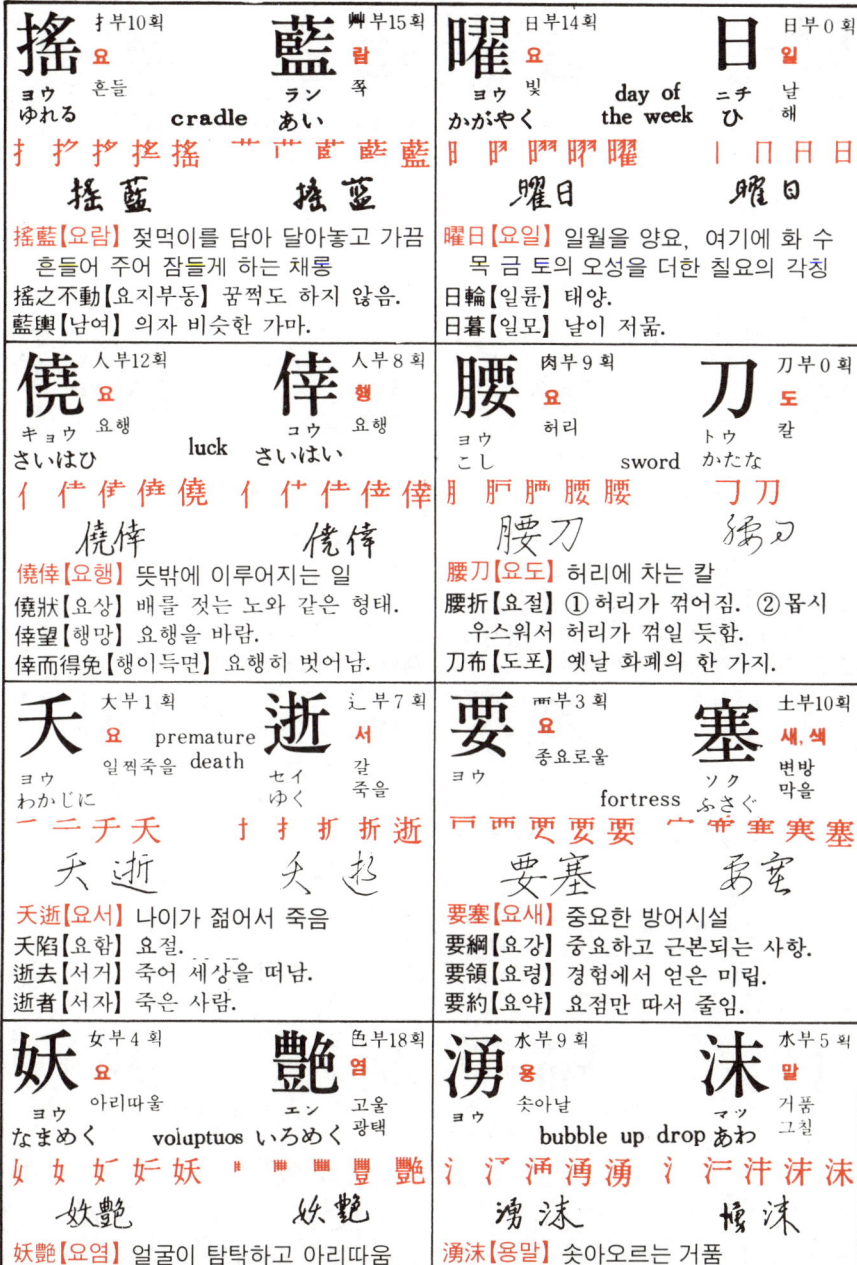

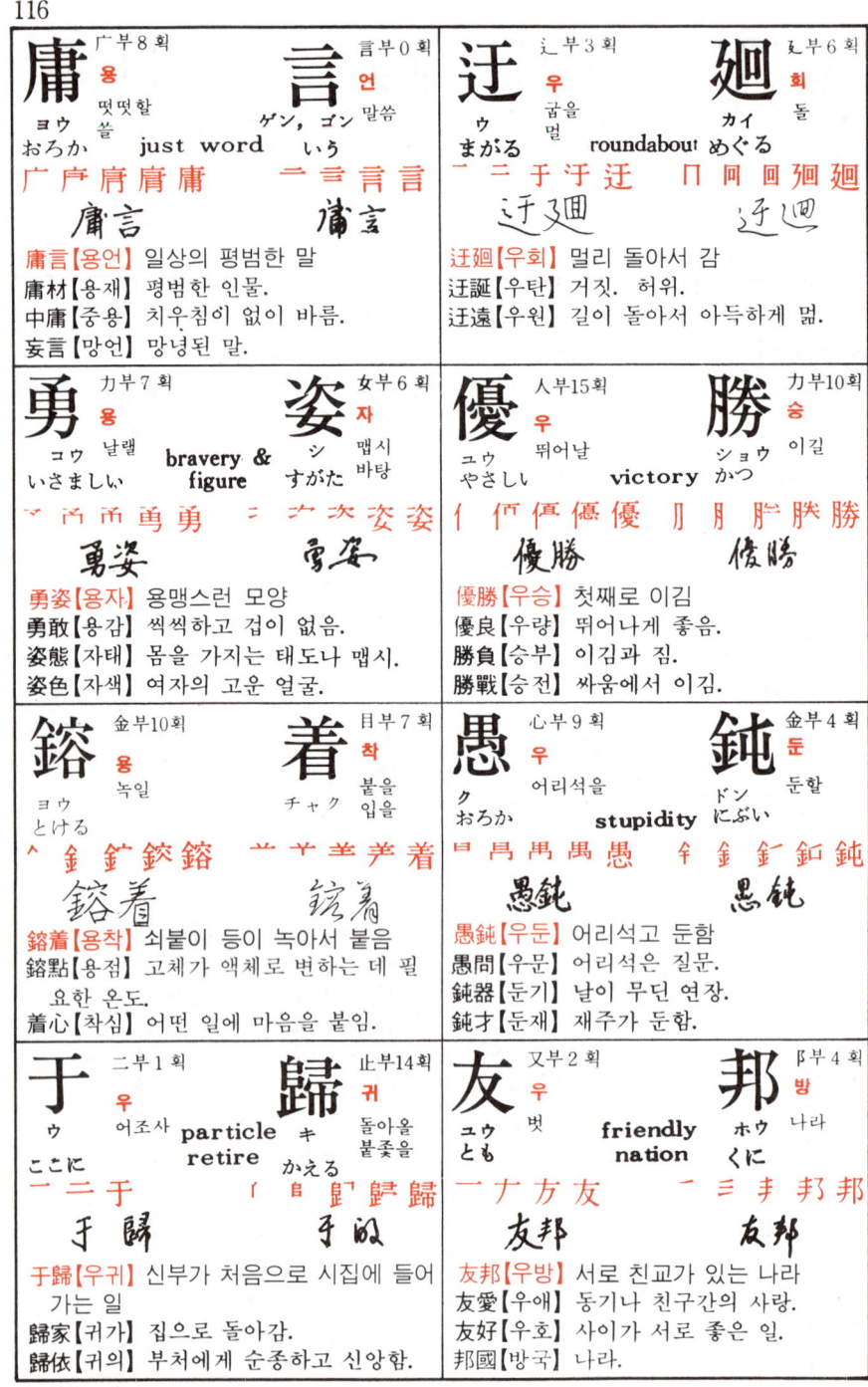

雨露風霜 (우로풍상) 온갖 경험.
牛溲馬渤 (우수마발) 소 오줌과 말의 똥. 대수롭지 않은 물건.

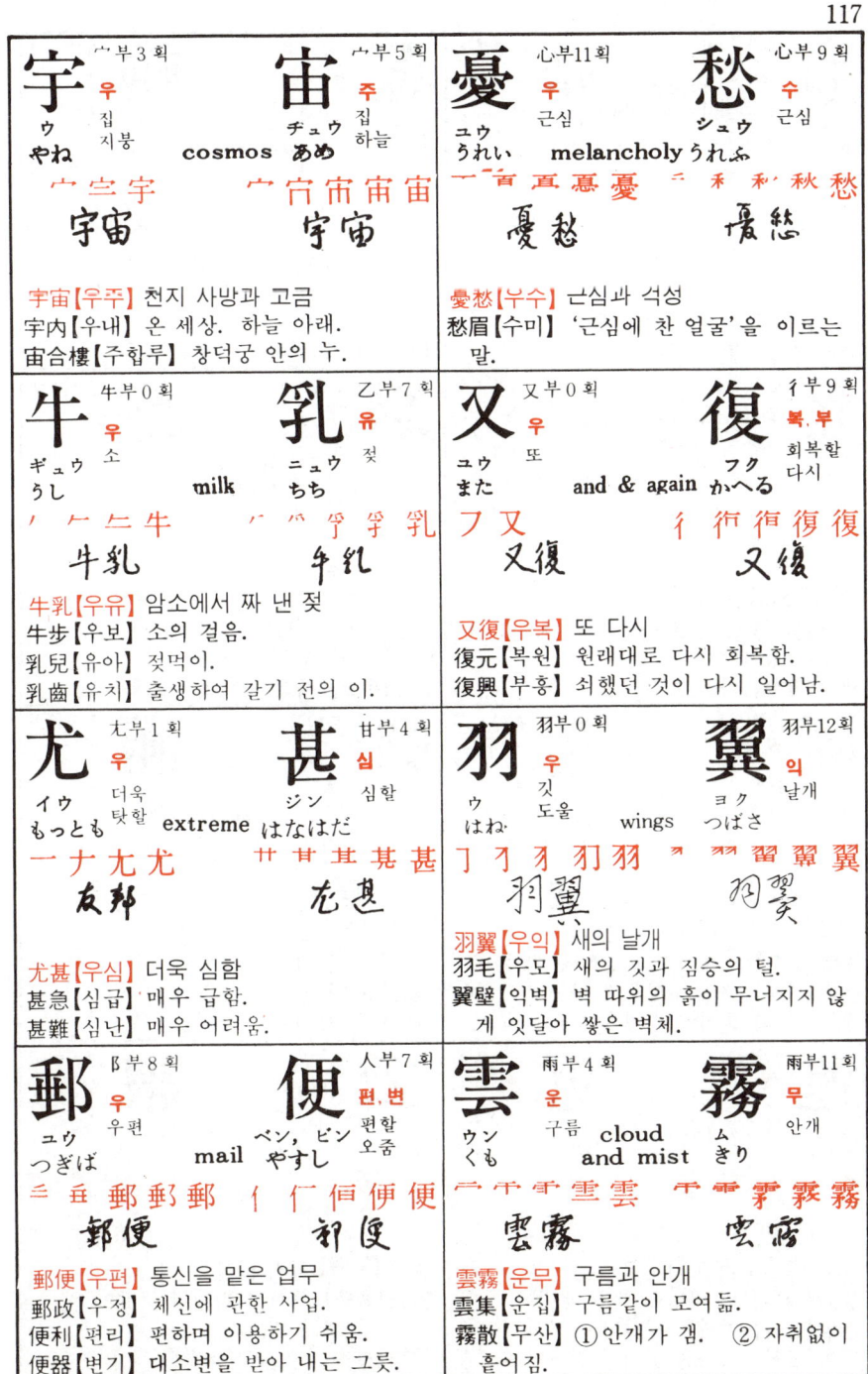

宇宙【우주】 천지 사방과 고금
宇内【우내】 온 세상. 하늘 아래.
宙合樓【주합루】 창덕궁 안의 누.

憂愁【우수】 근심과 걱정
愁眉【수미】 '근심에 찬 얼굴'을 이르는 말.

牛乳【우유】 암소에서 짜 낸 젖
牛步【우보】 소의 걸음.
乳兒【유아】 젖먹이.
乳齒【유치】 출생하여 갈기 전의 이.

又復【우복】 또 다시
復元【복원】 원래대로 다시 회복함.
復興【부흥】 쇠했던 것이 다시 일어남.

尤甚【우심】 더욱 심함
甚急【심급】 매우 급함.
甚難【심난】 매우 어려움.

羽翼【우익】 새의 날개
羽毛【우모】 새의 깃과 짐승의 털.
翼壁【익벽】 벽 따위의 흙이 무너지지 않게 잇달아 쌓은 벽체.

郵便【우편】 통신을 맡은 업무
郵政【우정】 체신에 관한 사업.
便利【편리】 편하며 이용하기 쉬움.
便器【변기】 대소변을 받아 내는 그릇.

雲霧【운무】 구름과 안개
雲集【운집】 구름같이 모여듦.
霧散【무산】 ①안개가 갬. ②자취없이 흩어짐.

牛耳讀經 (우이독경) 쇠 귀에 경 읽기. 헛된 일.
愚者一得 (우자일득) 어리석은 사람도 때에 따라 좋은 생각을 낸다.

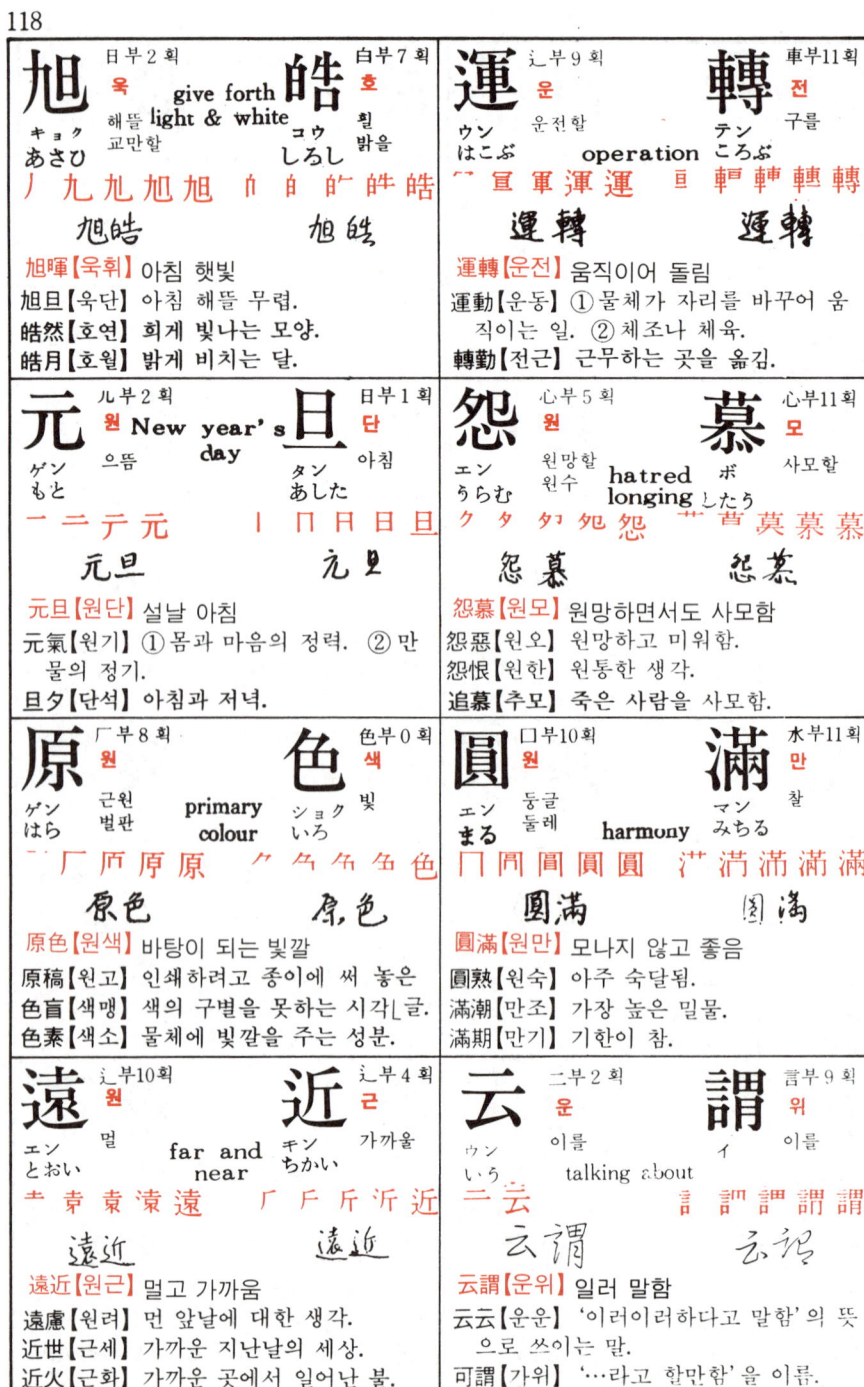

苑 원 艹부5획 동산 エン その garden	囿 유 口부6획 동산 얽매일 ユウ その	危 위 卩부4획 위태할 キ あやうい danger	險 험 阝부13획 험할 음흉할 ケン けわしい
艹 艼 艻 芍 苑 苑囿	冂 冂 冂 囿 囿 苑囿	⺈ ⺈ 产 产 危 危險	阝 阝 阝 險 險 危險
圓苑【원유】대궐 안에 있는 동산 囿苑【유원】새나 짐승을 기르는 동산. 囿人【유인】화초, 나무를 가꾸는 사람.		危險【위험】위태함 危徑【위경】험하고 위태로운 지름길. 險峻【험준】험하고 높음. 險路【험로】험한 길. 나쁜 길.	
鴛 원 鳥부5획 원앙 エン をし mandarin duck	鴦 앙 鳥부5획 원앙 オウ をしどり	源 원 水부10획 근원 ゲン みなもと source	泉 천 水부5획 샘 セン いずみ
夕 夘 夗 夗鴛 鴛鴦	一 央 共 鴌 鴦 鴛鴦	氵 氵 沪 汇 源 源 源泉	冖 白 皁 昇 泉 源泉
鴛鴦【원앙】오리과에 딸린 새의 한 가지 鴛綺【원기】아름다운 직물. 鴛鴦衾【원앙금】원앙을 수놓은 이불. 鴛鴦藤【원앙등】겨우살이 덩굴.		源泉【원천】물이 흘러 나오는 근원 源遠【원원】근원이 멂. 泉石【천석】샘과 돌. 산수의 경치. 泉布【천포】돈.	
猿 원 犭부10획 원숭이 エン さる	聲 성 耳부11획 소리 セイ こえ	萎 위 艹부8획 시들 앓을 be dejected イ なえる	靡 미 非부11획 쓰러질 멸망할 ビ なびく
犭 犭 狆 狆 猿 猿声	声 声 殸 聲 聲 猿聲	艹 艹 茇 菱 萎 萎靡	广 庐 庶 靡 靡 萎靡
猿劇【원극】원숭이가 하는 연극 猿皮【원피】원숭이의 가죽. 聲調【성조】목소리의 가락.		萎靡【위미】활기가 없어짐. 시듦 萎縮【위축】어떤 힘에 눌려 좁아들고 펴지지 못함. 靡傾【미경】쏠려 기울어짐.	
爲 위 爪부8획 하 イ なす doing for one's parents	親 친 見부9획 친할 어버이 シン したしい	胃 위 肉부5획 밥통 イ stomach and bowels	腸 장 肉부9획 창자 チョウ はらわた
爫 爫 爲 爲 爲 爲親	立 辛 亲 親 親 爲親	冂 田 田 胃 胃 胃腸	月 肥 肥 腸 腸 胃腸
爲親【위친】부모를 위함 爲國【위국】나라를 위함. 親密【친밀】지내는 사이가 가깝고 친함. 親疏【친소】친함과 버성김.		胃腸【위장】밥통과 창자 胃壁【위벽】위의 내부. 腸腺【장선】창자 속의 분비물을 만드는 선.	

危機一髮 (위기일발) 절박한 순간.
爲善最樂 (위선최락) 선을 행함이 가장 큰 즐거움이다.

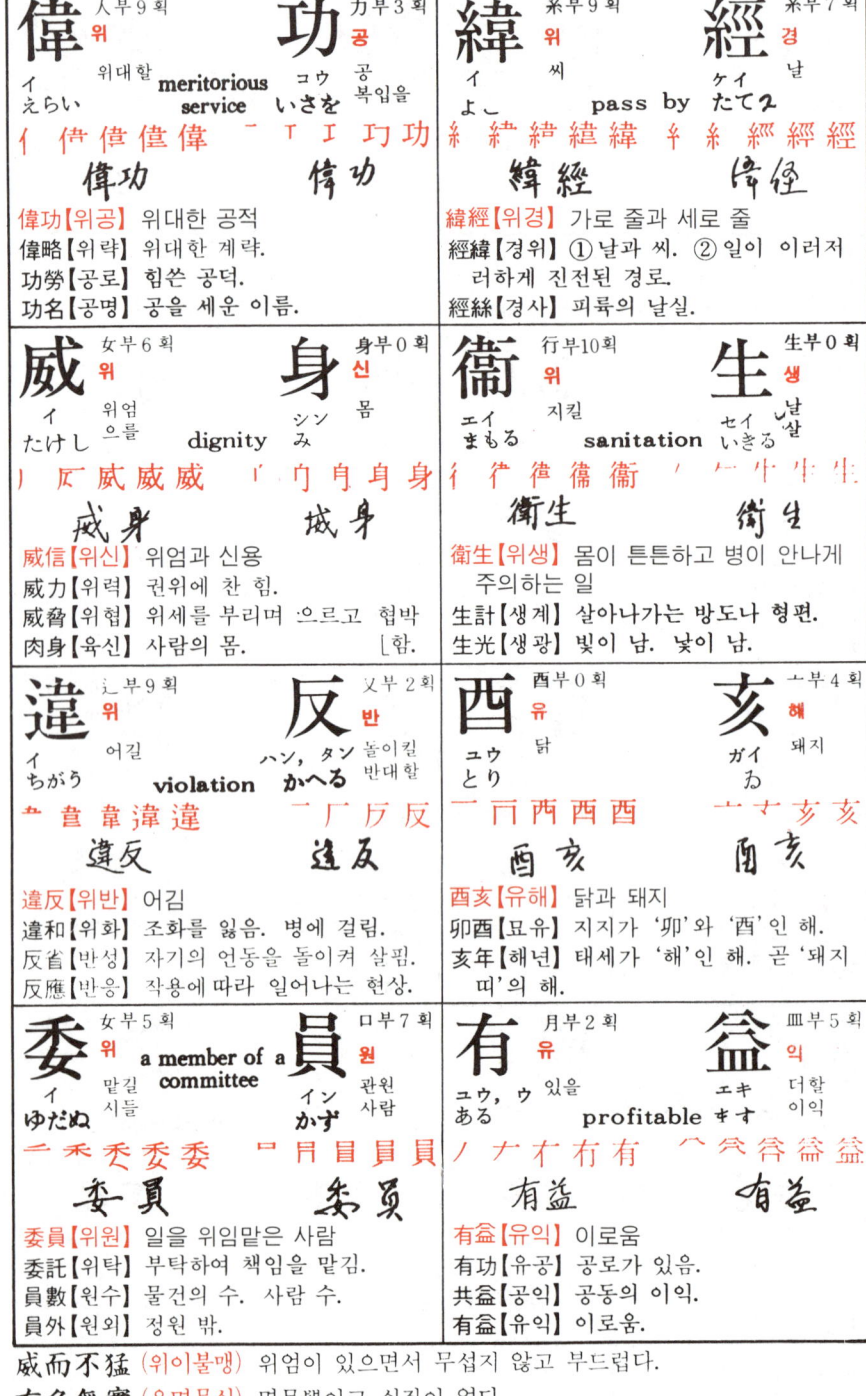

威而不猛 (위이불맹) 위엄이 있으면서 무섭지 않고 부드럽다.
有名無實 (유명무실) 명목뿐이고 실질이 없다.

慰 心부11획 위 로 イ 위로할 なぐさむ comfort 尸尸尿尉慰 慰勞 慰勞【위로】 수고함을 치사함 慰問【위문】 위로하기 위하여 인사함. **勞** 力부10획 로 ロウ 수고로울 노곤할 つかる ⺍ ⺍ 𣥂 𤇾 勞 慰勞 勞賃【노임】 품삯. 勞動【노동】 일을 함.	**猶** 犭부9획 유 ユウ 오히려 なほ delay ノ 犭 犭 狁 猶 猶豫 猶豫【유예】 일이나 날짜를 미루어 감 **豫** 豕부9획 예 ヨ 미리 あらかじ 予 孑 豫 豫 豫 猶豫 豫見【예견】 미리 내다봄. 豫防【예방】 미리 막음. 豫選【예선】 예비적으로 골라 뽑음.
唯 口부8획 유 ユイ 오직 ひとり only one 口 吖 吖 咁 唯 唯一 唯一【유일】 오직 하나 唯物論【유물론】 우주 만유의 궁극적 실재를 물질로 보는 설. **一** 一부0획 일 イチ,イツ 한 ひとつ 一 唯一 一當百【일당백】 하나가 백을 당해냄.	**幽** 幺부6획 유 ユウ 그윽할 かくる quiet & thick ㅣ 幺 幺 幽 幽 幽奧 幽谷【유곡】 깊은 골짜기 幽靈【유령】 죽은 사람의 영혼. **奧** 大부10획 오 オウ 아랫목 그윽할 おく 冂 冋 甪 奧 奧 幽奧 奧地【오지】 해안이나 도시에서 멀리 떨어진 내부의 깊숙한 땅.
遺 辶부12획 유 イ,ユイ 잃을 끼칠 すつ leave behind ⺧ 貴 貴 遺 遺 遺弊 遺弊【유폐】 옛날부터 남아 있는 피해 遺産【유산】 죽은 사람이 남긴 재산. **弊** 廾부12획 폐 ヘイ 폐단 곤할 やぶる 冂 舳 敝 敝 弊 遺弊 弊習【폐습】 나쁜 버릇. 弊害【폐해】 좋지 못한 일.	**惟** 心부8획 유 イ 생각할 오직 これ ノ ⺖ ⺖ 忙 惟 惟獨 惟獨【유독】 오직 홀로 思惟【사유】 생각. 생각함. **獨** 犭부13획 독 ドク 홀로 ひとり isolation ノ 犭 犭 獨 獨 惟獨 獨居【독거】 홀로 삶. 홀로 있음. 獨裁【독재】 단독으로 사물을 처리함.
幼 幺부2획 유 ヨウ 어릴 おさない very young & branch ⺍ 幺 幻 幼 幼枝 幼枝【유지】 어린 나뭇가지 幼稚【유치】 나이나 수준이 어림. 幼兒【유아】 어린 아이. **枝** 木부4획 지 シ 가지 육손이 えだ 折枝【절지】 가지를 꺾음. 十 木 杧 杉 枝 幼枝	**遊** 辶부9획 유 ユウ 놀 あそぶ enjoying sightseeing ⺧ 斿 斿 遊 遊 遊娛 遊娛【유오】 유람을 하며 즐겁게 놂 遊牧【유목】 돌아다니면서 가축을 침. 遊學【유학】 외국이나 타향에 가서 공부함. **娛** 女부7획 오 즐거워할 ⺧ 女 妌 娛 娛 遊娛 娛樂【오락】 즐겁게 노는 놀이.

唯我獨尊〈유아독존〉 이 세상에 나보다 더 높은 것이 없다.
流言蜚語〈유언비어〉 근거없이 떠도는 말.

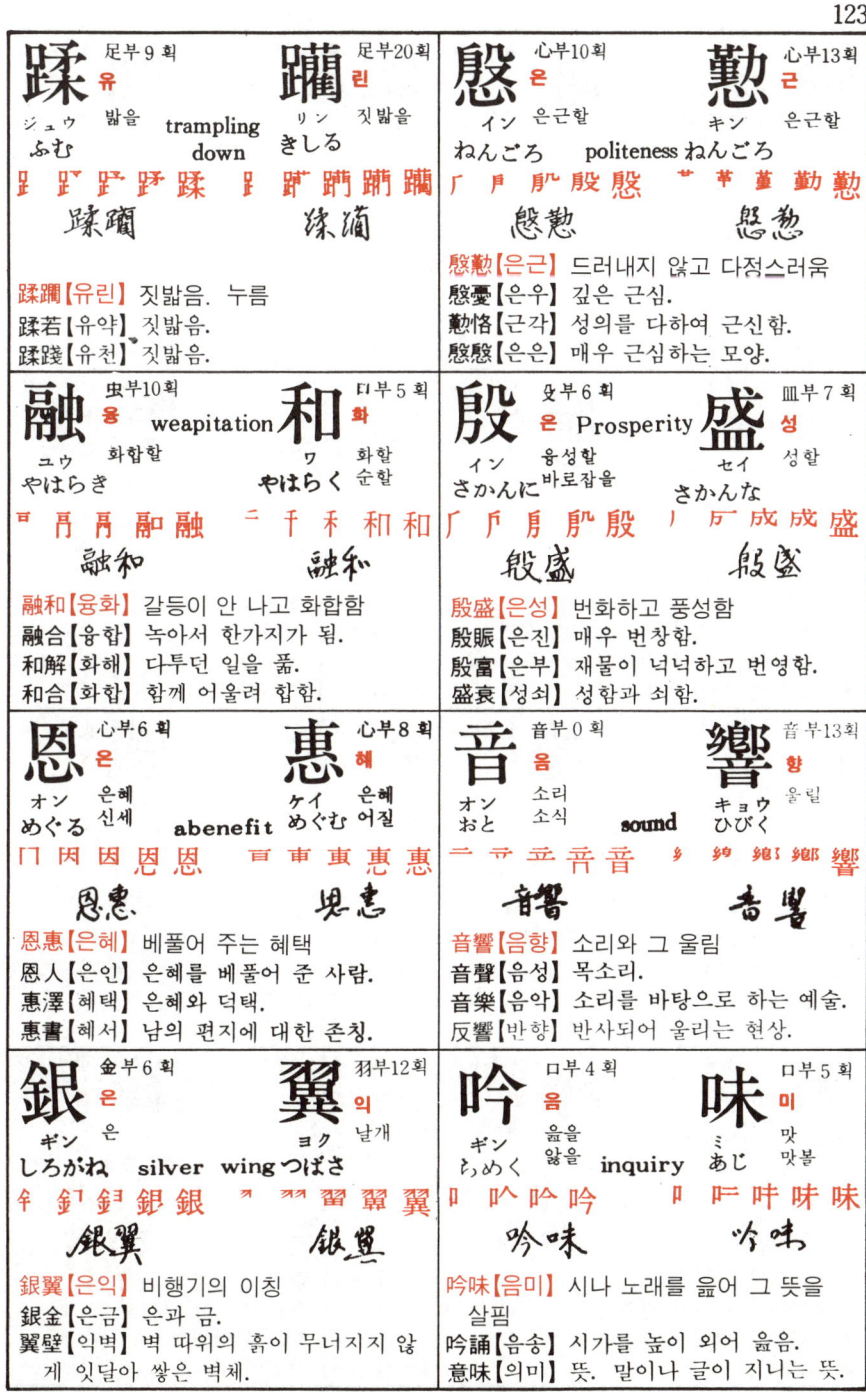

恩反爲仇 (은반위구) 은혜가 도리어 원수가 되다.
隱忍自重 (은인자중) 마음속으로 참으며 조심하다.

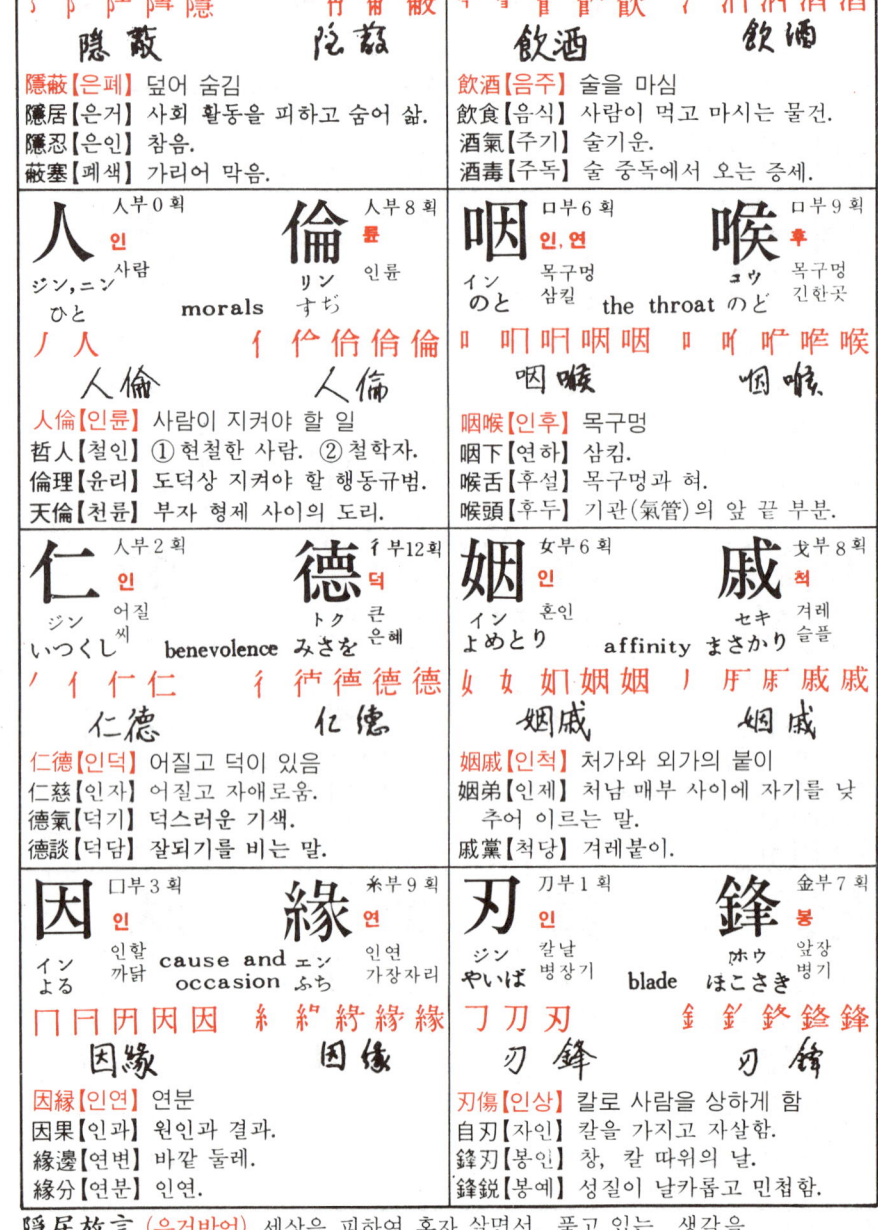

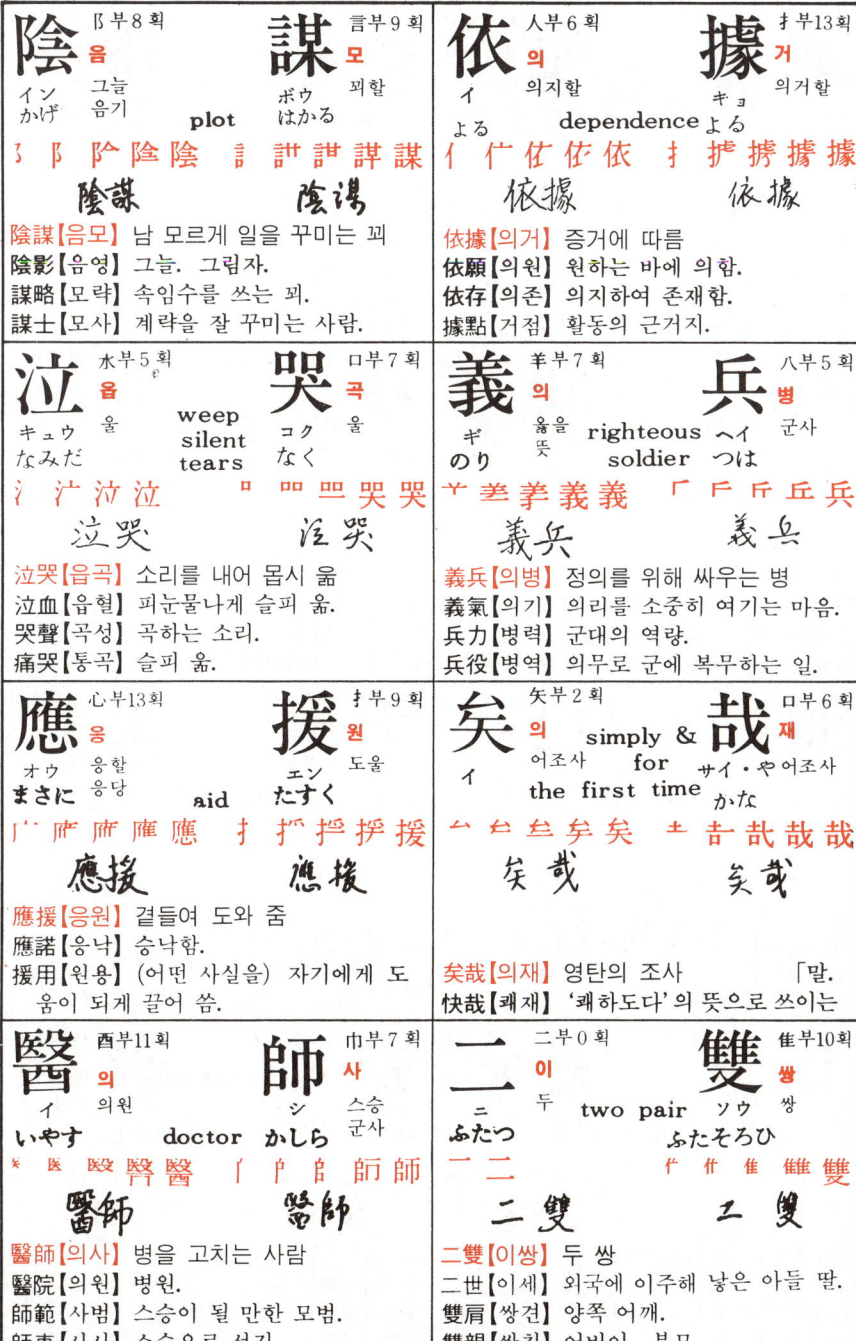

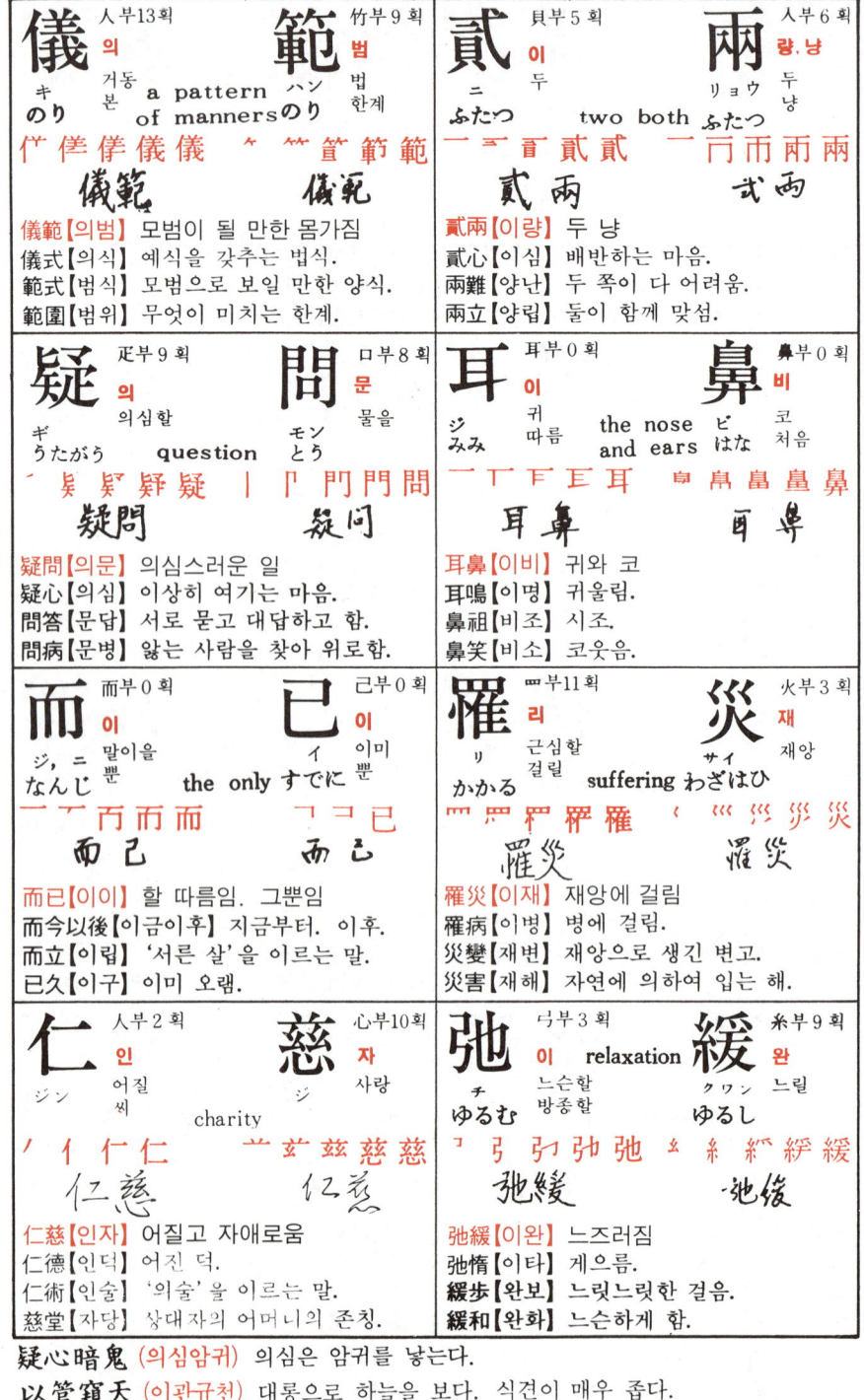

儀 【의】 거동, 본 — a pattern of manners (人부 13획)
範 【범】 법, 한계 (竹부 9획)
貳 【이】 두 — two (貝부 5획)
兩 【량, 냥】 두, 냥 — both (人부 6획)

儀範【의범】 모범이 될 만한 몸가짐
儀式【의식】 예식을 갖추는 법식.
範式【범식】 모범으로 보일 만한 양식.
範圍【범위】 무엇이 미치는 한계.

貳兩【이량】 두 냥
貳心【이심】 배반하는 마음.
兩難【양난】 두 쪽이 다 어려움.
兩立【양립】 둘이 함께 맞섬.

疑 【의】 의심할 — question (疋부 9획)
問 【문】 물을 (口부 8획)
耳 【이】 귀 따름 (耳부 0획)
鼻 【비】 코 처음 — the nose and ears (鼻부 0획)

疑問【의문】 의심스러운 일
疑心【의심】 이상히 여기는 마음.
問答【문답】 서로 묻고 대답하고 함.
問病【문병】 앓는 사람을 찾아 위로함.

耳鼻【이비】 귀와 코
耳鳴【이명】 귀울림.
鼻祖【비조】 시조.
鼻笑【비소】 코웃음.

而 【이】 말이을 뿐 — the only (而부 0획)
已 【이】 이미 뿐 (己부 0획)
罹 【리】 근심할 걸릴 — suffering (网부 11획)
災 【재】 재앙 (火부 3획)

而已【이이】 할 따름임. 그뿐임.
而今以後【이금이후】 지금부터. 이후.
而立【이립】 '서른 살'을 이르는 말.
已久【이구】 이미 오램.

罹災【이재】 재앙에 걸림
罹病【이병】 병에 걸림.
災變【재변】 재앙으로 생긴 변고.
災害【재해】 자연에 의하여 입는 해.

仁 【인】 어질 씨 — charity (人부 2획)
慈 【자】 사랑 (心부 10획)
弛 【이】 느슨할 방종할 — relaxation (弓부 3획)
緩 【완】 느릴 느릴 (糸부 9획)

仁慈【인자】 어질고 자애로움
仁德【인덕】 어진 덕.
仁術【인술】 '의술'을 이르는 말.
慈堂【자당】 상대자의 어머니의 존칭.

弛緩【이완】 느즈러짐.
弛惰【이타】 게으름.
緩步【완보】 느릿느릿한 걸음.
緩和【완화】 느슨하게 함.

疑心暗鬼 (의심암귀) 의심은 암귀를 낳는다.
以管窺天 (이관규천) 대롱으로 하늘을 보다. 식견이 매우 좁다.

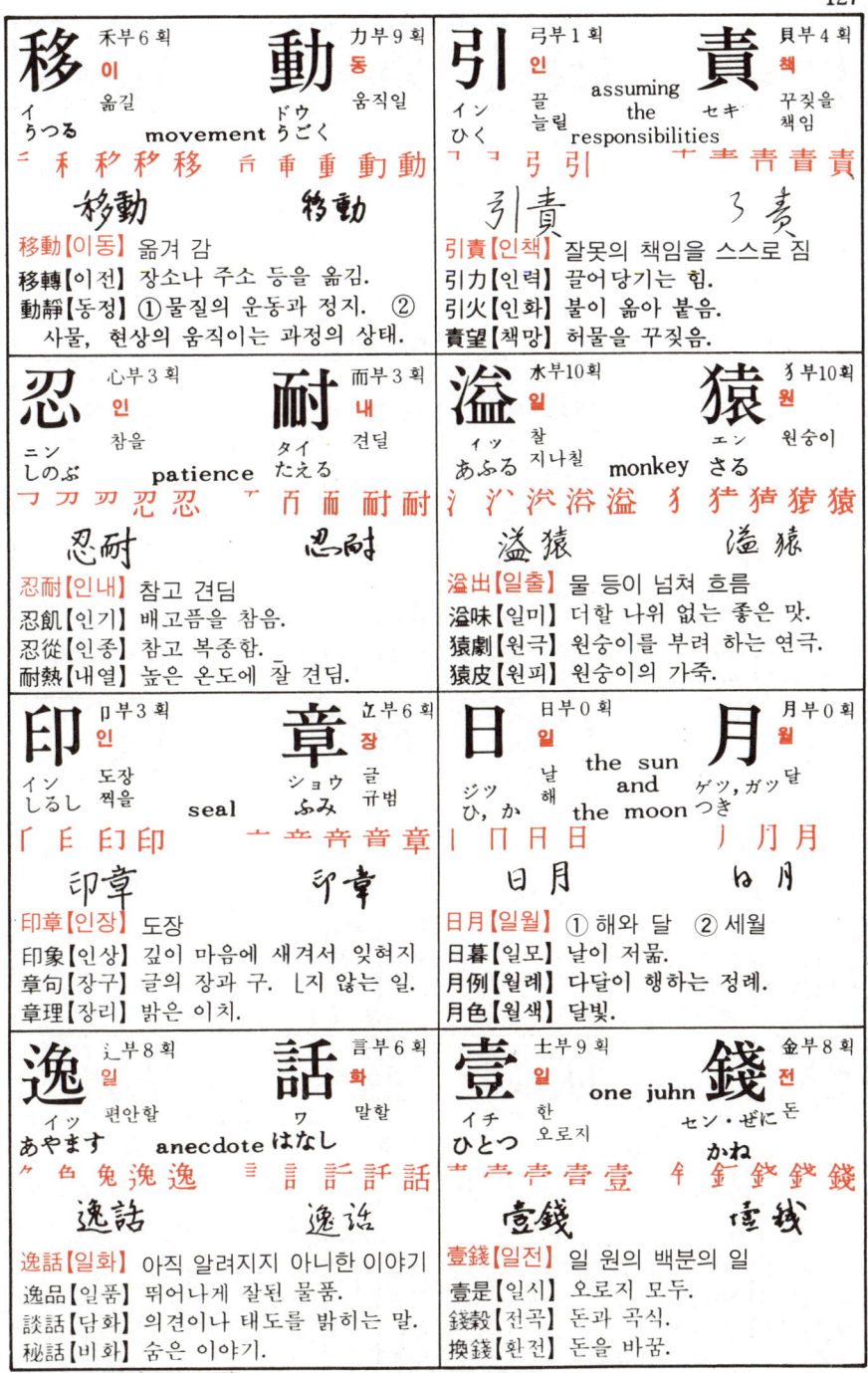

以火救火 (이화구화) 구해 주려다가 도리어 폐해를 더하다.
人面獸心 (인면수심) 겉모양은 사람이나 속마음은 짐승과 같다.

| 雌 자 암컷 めす male and female | 雄 웅 수컷 뛰어날 ユウ おす | 諮 자 물을 シ はかる inquiry | 詢 순 물을 ジュン はかる |

止 止 丱 此 雌 ナ 広 扩 扩 雄
雌雄　　　　　　雌雄

言 言 訐 諮 諮 言 訓 訊 詢 詢
諮詢　　　　　　諮詢

雌雄【자웅】 암컷과 수컷.
雌花【자화】 암술만 있는 꽃.
雄大【웅대】 씩씩하고 큼.
雄辯【웅변】 거침 없이 잘 하는 말.

諮詢【자순】 아랫사람에게 물어 의논함.
諮問【자문】 남의 의견을 물음.
詢門【순문】 하순.
詢察【순찰】 물어 살핌.

| 刺 자, 척 찌를 シ さす | 殺 살, 쇄 죽일 감할 サツ ころす assassination | 爵 작 벼슬 シャク かむ government post & give | 賜 사 줄 シ たまふ |

一 市 束 刺 刺 ㄨ 㐅 杀 杀 殺
刺殺　　　　　　刺殺

爫 严 匜 爵 爵 ║ 貝 貝 賜 賜
爵賜　　　　　　爵賜

刺殺【척살】 찔러서 죽임.
刺客【자객】 몰래 사람을 찔러 죽이는 사람.
殺菌【살균】 균을 죽임.

爵品【작품】 벼슬의 품계.
爵號【작호】 작위의 이름.
賜藥【사약】 사약을 주어 자살하게 함.
賜田【사전】 임금이 내려 준 밭.

| 昨 작 어제 サク きのふ | 今 금 이제 コン いま recently | 字 자 글자 ジ | 劃 획 그을 획 カク stroke |

║ 日 旷 昨 昨 ノ 人 今 今
昨今　　　　　　昨今

宀 宁 字 ㄱ 聿 書 畫 劃
字劃　　　　　　字劃

昨今【작금】 어제와 오늘.
昨春【작춘】 지난 해 봄.
今般【금반】 이번.
今後【금후】 지금부터 뒤.

字劃【자획】 글자의 획.
字解【자해】 글자에 대한 풀이.
劃期的【획기적】 새로운 시기를 열어 놓을 만큼 특이한 것.

| 殘 잔 남을 모질 ザン のこる survival | 存 존 있을 ソン, ゾン あり | 暫 잠 잠깐 ザン しばらく moment | 時 시 때 ジ とき |

歹 殁 殘 殘 殘 一 ナ 才 存 存
殘存　　　　　　殘存

亘 車 斬 斬 暫 ║ 日 旷 時 時
暫時　　　　　　暫時

殘存【잔존】 남아 있음.
殘忍【잔인】 악착스럽고 모짊.
存立【존립】 존재하여 자립함.
存問【존문】 안부를 물음.

暫時【잠시】 잠깐.
時事【시사】 그 시기에 제기되는 정세.
時運【시운】 시대나 때의 운수.

自畫自讚 (자화자찬) 자기가 한 일을 스스로 자랑하다.
作心三日 (작심삼일) 결심이 사흘을 못 가다.

潜 (水부12획) 잠 センひそむ 잠길·숨길 concealment	伏 (人부4획) 복 フクふせる 엎드릴	蠶 (虫부18획) 잠 サンかいこ 누에 silkworm rearing	室 (宀부6획) 실 シツむろ 집·방·아내
氵氵氵潜潜 潜伏	亻亻什伏伏 潜伏	天蚕蚕蠶蠶 蠶室	宀宀宍穸室室 蚕室
潜伏【잠복】몰래 숨어 있음 潜跡【잠적】종적을 숨김. 伏兵【복병】잠복한 병사. 伏線【복선】뒷 빌미가 되는 암시.		蠶室【잠실】누에 치는 방 蠶農【잠농】누에농사. 蠶食【잠식】갉아먹어 들어감. 室外【실외】방 밖.	
雜 (隹부10획) 잡 ザツ 섞일	誌 (言부7획) 지 シしるす 기록 magazine	長 (長부0획) 장 チョウながい 길·어른	短 (矢부7획) 단 タンみじかい 짧을 length
亠쓰杂新雜雜 雜誌	言計誌誌誌 雜誌	丨𠂉토토長 長短	丿上矢矢矢短短 長短
雜誌【잡지】정기적으로 발행하는 출판물 雜貨【잡화】여러 가지 상품. 誌面【지면】잡지에서 글의 내용이 실리 는 종이의 면.		長短【장단】깊과 짧음 長久【장구】매우 길고 오램. 短見【단견】짧은 식견이나 소견. 短命【단명】목숨이 짧음.	
箴 (竹부9획) 잠 シンいましめ 경계할·바늘	言 (言부0획) 언 ゲン,ゴンいう 말씀	將 (寸부8획) 장 ショウまさに 장수·장차 officer	校 (木부6획) 교 コウかせ 학교·교정볼
𥫗𥫗𥫗箴箴 箴言	亠二言言言 箴言	丨丬丬將將將 將校	十木杧杧校校 將校
箴言【잠언】경계가 되는 짧은 말 箴誡【잠계】경계. 또는 경계함. 妄言【망언】망녕된 말.		將材【장재】장수가 될만한 인물 將來【장래】앞날. 校服【교복】학교의 정복. 校正【교정】틀린 글자를 고치는 일.	
粧 (米부6획) 장 ショウよそほひ 단장할 decoration	飾 (食부5획) 식 ショクかざる 꾸밀	壯 (士부4획) 장 ソウさかんなり 씩씩할 ambitious course	途 (辶부7획) 도 トみち 길
亠丷米米粒粧 粧飾	今食食食飾飾 粧飾	丨丬丬壯壯 壯途	人仝余余途 壯途
粧飾【장식】외양을 꾸밈 粧鏡【장경】경대. 粧刀【장도】평복에 차는 작은 칼. 飾非【식비】나쁜 것을 그럴 듯하게 꾸밈.		壯途【장도】씩씩한 출발 壯觀【장관】굉장하여 볼 만한 광경. 壯圖【장도】장한 뜻을 품은 계획. 途上【도상】①노상. ②일하고 있는 중.	

掌中寶玉 (장중보옥) 손바닥 안의 보물.

長鋏歸來乎 (장협귀래호) 장검아, 돌아가지 않으려는가.

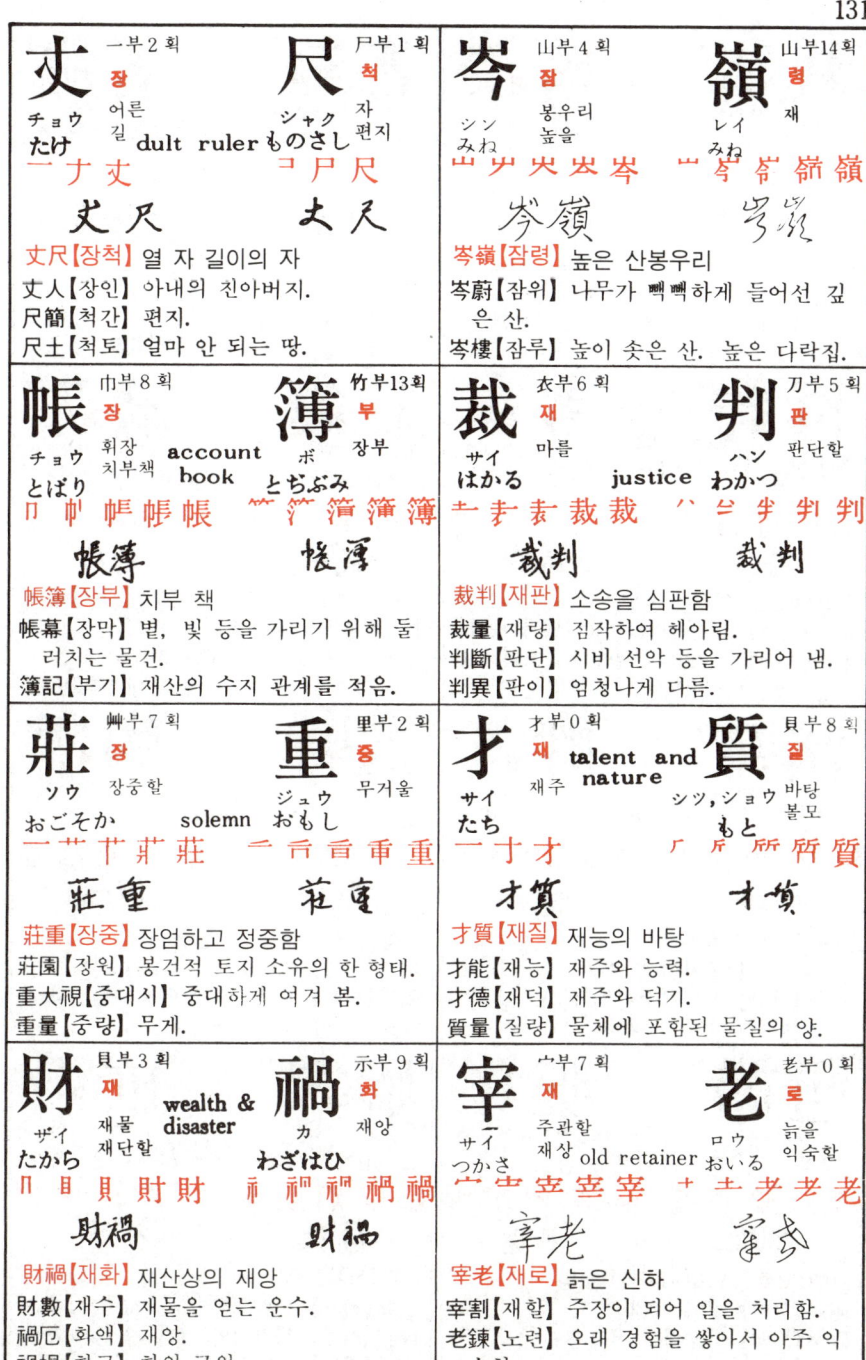

栽 (재) 木부 6획 — 심을, サイ — cultivation
一十未栽栽栽
栽培【재배】 초목을 심고 북돋아 가꿈.
培養【배양】 ① (식물이나 세균 등을) 가꾸어 기름. ② (사람의 사상, 인격 등을) 발전하도록 기름.

培 (배) 土부 8획 — 북돋울, バイ, つちかう
土坎培培培

著 (저, 착) 艸부 9획 — 나타날, 붙을, チョ, あらわす — writer
艹芏芝荖著著
著者【저자】 글을 지은이.
著作【저작】 논문이나 책 등을 씀.
間者【간자】 간첩 노릇을 하는 자.
長者【장자】 ① 큰 부자. ② 어른.

者 (자) 耂부 5획 — 놈, シャ, もの — 어조사
土耂耂者者

再 (재) 冂부 4획 — 두, サイ, ふたたび — reconsideration
一冂币再再
再考【재고】 다시 생각함.
再生【재생】 죽게 되었다가 다시 살아남.
考證【고증】 유물이나 문헌을 상고하고 증거를 대어 설명함.

考 (고) 耂부 2획 — 상고할, 헤아릴, コウ, かんがえる
土耂耂考

貯 (저) 貝부 5획 — 쌓을, チョ, たくはふ — storage
冂目貝貯貯
貯藏【저장】 물건을 모아 간수함.
貯金【저금】 돈을 모음.
藏書【장서】 책을 간직하여 둠.
收藏【수장】 거두어 들여 깊이 간직함.

藏 (장) 艸부 14획 — 감출, 곳집, ゾウ, をさむ
艹茊菥藏藏

渚 (저) 水부 9획 — 물가, ショ, なぎさ — waterside
氵汁沽渚渚
渚畔【저반】 물가.
渚煙【저연】 물가에 낀 안개.
畔喭【반안】 예의범절이 없는 모양.「움.
畔援【반원】 저쪽을 배반하고 이쪽을 도

畔 (반) 田부 5획 — 밭두둑, 물가, ハン, あぜ, ほとり
冂田町畔畔

抵 (저) 扌부 5획 — 막을, 거슬릴, テイ, ふる — conflict with
扌扌扩抵抵
抵觸【저촉】 부딪침. 충돌함.
抵抗【저항】 대항함.
觸怒【촉노】 웃어른의 노여움을 삼.
觸目【촉목】 눈에 뜨임.

觸 (촉) 角부 13획 — 닿을, ショク, ふれる
角觕觡觸觸

咀 (저) 口부 5획 — 씹을, 방자할, ソ, かむ
冂叮叨咀咀
咀呪【저주】 남이 못되기를 빎.
咀啖【저담】 씹어 먹음.
呪罵【주매】 저주하고 꾸짖음.
呪文【주문】 저주하는 글.

呪 (주) 口부 5획 — 방자할, 빌, ジュ, シュ, のるひ — curse
冂叼叨呪呪

嫡 (적) 女부 11획 — 아내, 맏아들, テキ, よつぎ
女妡娇嫡嫡
嫡庶【적서】 적자와 서자.「아내.
嫡妻【적처】 정식으로 예를 갖추어 맞은
庶務【서무】 일반적인 여러 가지 사무.
庶民【서민】 일반 평민.

庶 (서) 广부 8획 — 여러, 거의, ショ, たみくさ
广庐庐庶庶

賊反荷杖 (적반하장) 도둑이 도리어 매를 들다.
積小成大 (적소성대) 작은 것을 모아서 큰 것을 이루다.

摘 扌부11획
テキ / つむ / 딸 들출 / picking the bud
摘芽【적아】싹을 따버림
摘發【적발】부정을 들추어 냄.
摘要【적요】요점을 따서 적음.
芽椄【아접】눈을 따서 접붙임.

芽 艹부4획
ガ / め / 싹 / 아

敵 攴부11획
テキ / 원수 / invasion of the enemy
敵侵【적침】적의 침입
敵對【적대】적으로 하여 대함.
敵手【적수】자기와 힘이 비슷한 상대자.
侵攻【침공】침범하여 쳐들어감.

侵 人부7획
シン / おかす / 침노할 / 침

鈿 金부5획
テン / かんざし / 비녀 나전 세공 / 전
鈿螺【전라】나전 세공
鈿帶【전대】금을 박아 장식한 띠.
螺絲【나사】나사못.
金鈿【금전】금비녀.

螺 虫부11획
ラ / にな / 소라 고동 / 라

展 尸부7획
テン / 펼 벌릴 / 전
展覽【전람】진열해 놓고 여럿에게 보임
展望【전망】멀리 바라봄. 또는 그 경치.
展示【전시】벌이어 차려 놓고 보임.

覽 見부14획
ラン / 볼 / exhibition / 람

的 白부3획
テキ / まと / 적실할 과녁 / exactness / 적
的確【적확】확실함
的中【적중】딱 들어맞음.
確固【확고】확실하고 굳음.
確認【확인】확실하게 인정함.

確 石부10획
カク / たしか / 확실할 / 확

全 入부4획
ゼン / まったく / 온전할 / complete recovery / 전
全快【전쾌】병이 다 나음
全盛【전성】한창 성함.
快刀【쾌도】잘 드는 칼.
快樂【쾌락】유쾌하고 즐거움.

快 心부4획
カイ / こころよい / 쾌할 / 쾌

赤 赤부0획
セキ / あか / 붉을 빌 / red flag / 적
赤松【적송】소나무의 일종
赤心【적심】참되고 정성스러운 마음.
松明【송명】관솔불.
松竹【송죽】소나무와 대나무.

松 木부4획
ショウ / まつ / 솔 / 송

前 刀부7획
ゼン / まえ / 앞 / sequence / 전
前後【전후】앞과 뒤
前轍【전철】이미 실패한 바 있는 길.
後患【후환】어떤 일로, 뒤에 생기는 근심.

後 彳부6획
ゴ, コウ / うしろ / 뒤 / 후

赤手空拳 (적수공권) 맨손 맨주먹.
積土成山 (적토성산) 적은 흙도 쌓이고 쌓이면 산이 된다.

134

電 전 雨부 5획 / デン / 번개 / いなひかり / electric
波 파 水부 5획 / ハ / 물결 / なみ / wave

一 戸 帀 乕 雷 雷 電
氵 氵 汀 沪 波

電波【전파】 전기의 파동.
電撃【전격】 번개처럼 급히 공격함.
波及【파급】 여파나 영향이 전해져 미침.
波浪【파랑】 물결.

顛 전 頁부 10획 / テン / 머리 / たふす / 꼭대기 / upset
覆 복 襾부 12획 / フク / 엎어질 / くつがへる / 넘어뜨릴

亠 亶 顚 顚 顚
覀 覂 覆 覆

顛覆【전복】 뒤집힘.
顛墜【전추】 추락함.
顛末【전말】 일의 처음부터 마지막까지의 경과.
覆面【복면】 얼굴을 보이지 않게 가림.

傳 전 人부 11획 / デン / 전할 / つたえる / 전기 / contagion
染 염 水부 5획 / セン / 물들 / そめる

亻 俌 俥 傳 傳
氵 氿 汎 染 染

傳染【전염】 병이 옮는 것.
傳統【전통】 계통적으로 전함.
染色【염색】 물을 들임.
染俗【염속】 속세에 물듦.

餞 전 食부 8획 / セン / 보낼 / はなむけ / 전송할 / parting cup
杯 배 木부 4획 / ハイ / 잔 / さかずき / 대접

食 飠 飩 餞 餞
十 木 朾 杯 杯

餞杯【전배】 송별의 술잔.
餞送【전송】 잔치를 베풀거나 선물을 주고 송별함.
杯酒【배주】 술잔에 따른 술.

專 전 寸부 8획 / セン / 오로지 / もっぱら / exclusively attached to
屬 속 尸부 18획 / ゾク / 붙을 / つく / 무리

一 亘 重 專 專
厂 尸 屬 屬 屬

專屬【전속】 한 곳에만 딸림.
專力【전력】 힘을 모아 노력함.
屬國【속국】 다른 나라에 종속된 나라.
等屬【등속】 무리.

典 전 八부 6획 / テン / 법 / のり / 책
雅 아 隹부 4획 / ガ / 아담할 / みやびやか / elegance

冂 曲 曲 典 典
厂 牙 邪 邪 雅

典雅【전아】 법도에 맞아 아담함.
典據【전거】 근거로 삼는 문헌상의 출처.
典當【전당】 담보로 어떤 물건을 맡기는 일.
雅量【아량】 너그럽고 깊은 도량.

絶 절 糸부 6획 / ゼツ / 끊을 / たつ / 뛰어날
頂 정 頁부 2획 / チョウ / 정수리 / いただき / top

糸 紹 紹 絶 絶
丁 厂 顶 頂 頂

絶頂【절정】 맨 꼭대기.
絶景【절경】 아주 훌륭한 경치.
頂門【정문】 정수리.
頂上【정상】 꼭대기.

漸 점 水부 11획 / ゼン / 점점 / gradually
次 차 欠부 2획 / シ・ジ / 버금 / つぎ

氵 泪 沛 漸 漸
冫 冫 次 次 次

漸次【점차】 점점. 점차.
漸染【점염】 차차 번져서 물듦.
漸移【점이】 점차로 옮아 감.
次期【차기】 다음 시기.

電光石火 (전광석화) 매우 빠르다.
戰戰兢兢 (전전긍긍) 두려워 겁내는 모양.

折 절 扌부4획 꺾을 타협할 compro-mise セツ おる	衝 충 行부9획 찌를 사북 ショウ みちすぢ	偵 정 人부9획 염탐할 염탐꾼 テイ うかがう	諜 첩 言부9획 염탐할 spy チョウ かんちょう
十才扩扩折 折衝	彳行律衝衝 折衝	亻伫侦值偵 偵諜	言訁訊諜諜 偵諜
折衝【절충】 외교상의 담판 折枝【절지】 가지를 꺾음. 衝動【충동】 마음에 자극을 줌. 衝天【충천】 기세가 하늘을 찌름.		偵諜【정첩】 정탐하는 사람 偵察【정찰】 적의 형세를 놀래 살핌. 諜報【첩보】 사정을 염탐하여 알림. 諜者【첩자】 간첩.	

占 점 卜부3획 점 차지할 センうらなひ	領 령 頁부5획 옷깃 거느릴 リョウ うなじ accupation	碇 정 石부8획 닻 닻내릴 テイいかり anchorage	舶 박 舟부5획 큰배 ハク おほぶね
丨卜ト占占 占領	𠆢今領領領 占領	厂石矿碎碇 碇舶	丿舟舯舶舶 碇舶
占領【점령】 빼앗아 차지함 占有【점유】 차지하여 자기의 소유로 함. 領受【영수】 돈이나 물품을 받아들임. 領土【영토】 한 나라의 통치권 지역.		碇泊【정박】 닻을 주고 배가 머무름. 碇宿【정숙】 배가 닻을 내리고 머무름. 舶載【박재】 큰 배에 실음. 船舶【선박】 배의 총칭.	

鼎 정 鼎부0획 솥 テイ かなへ pot and	俎 조 人부7획 도마 ソ まないた chopping board	正 정 止부1획 바를 honesty セイ,ショウ ただしい	直 직 目부3획 곧을 チョク,ジキ なおす
目貝𤰞鼎鼎 鼎俎	𠆢次刞俎俎 鼎俎	一丁下正正 正直	一十市直直 正直
鼎俎【정조】 솥과 도마 「립함. 鼎立【정립】 솥발과 같이 삼자가 서로 대 俎上肉【조상육】 도마 위의 고기. 운명이 다해 죽음을 면치 못할 사람을 말함.		正直【정직】 마음이 바르고 곧음 正道【정도】 바른 길. 直言【직언】 옳고 그른 것에 대하여 기탄 없이 바로 하는 말.	

停 정 人부9획 머무를 テイ とどまる suspension	戰 전 戈부12획 싸움 セン たたかふ	政 정 支부5획 정사 セイ,ショウ まつりごと govern-ment	府 부 广부5획 고을 관청 フ みやこ
亻伫停停停 停戰	門単單戰戰 停戰	一下正政政 政府	广广府府府 政府
停電【정전】 싸우는 일을 중지함 停止【정지】 멎거나 그치거나 함. 戰時【전시】 전쟁하고 있을 때. 戰爭【전쟁】 국가간의 무장력 투쟁.		政府【정부】 나라를 다스리는 행정 기관 革政【혁정】 정치를 개혁함. 府使【부사】 '府'의 으뜸벼슬. 府兵【부병】 궁성, 조정을 지키는 병사.	

折枝之易 (절지지이) 나무의 가지를 꺾는 것 같이 쉬운 일.
切磋琢磨 (절차탁마) 학문과 덕행을 수행하다.

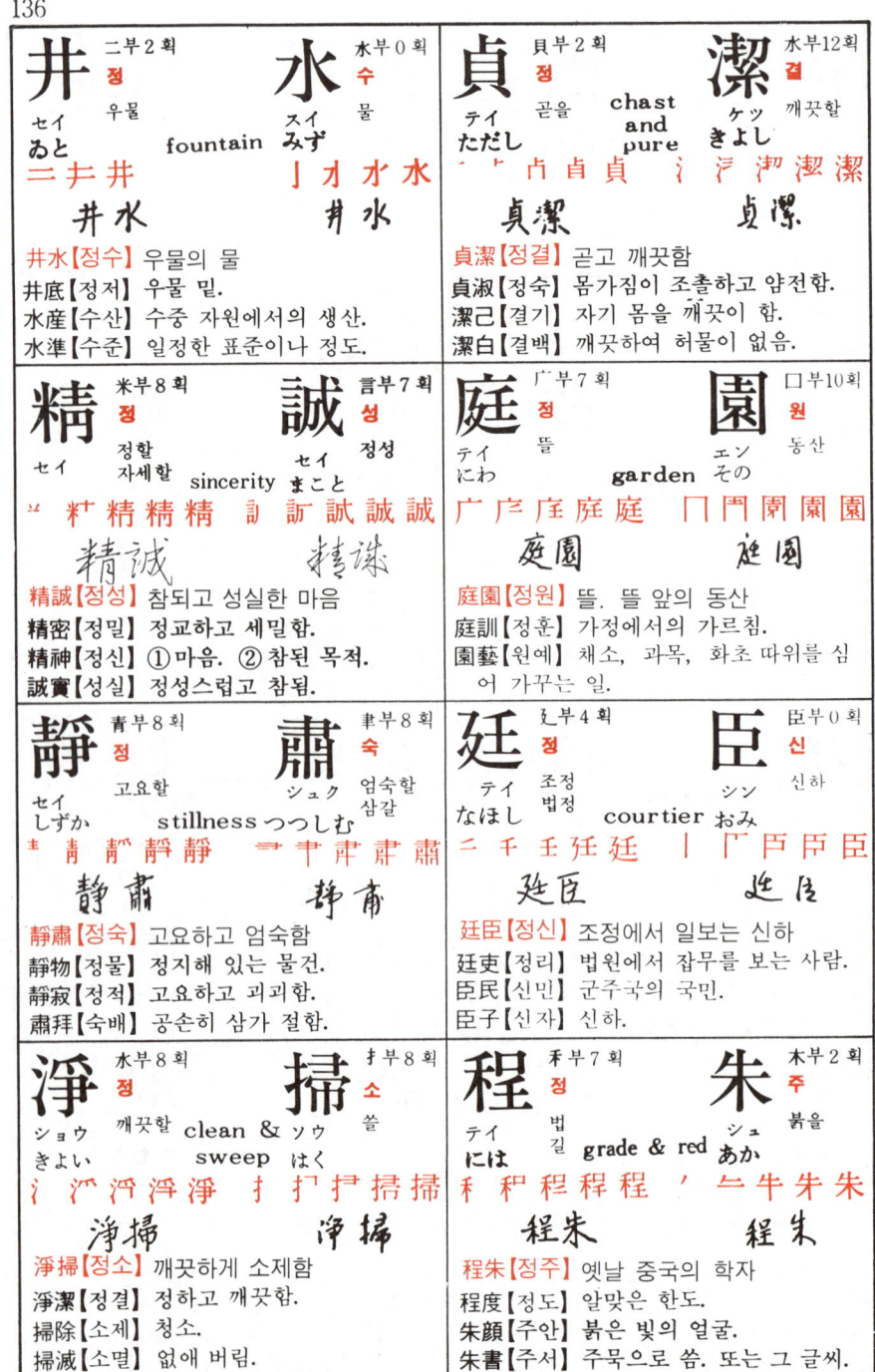

征服 / 製絃

征 イ부5획 정 칠 セイ ゆく conquest
彳 行 仟 征 征 征服

服 月부4획 복 옷 복종할 フク くたる
月 月 朋 朋 服 征服

製 衣부8획 제 지을 セイ したつ make & string of a instrument
育 制 製 製 製絃

絃 糸부5획 현 악기줄 현악기 ゲン いと
糸 糸 紅 紅 絃 製絃

征服【정복】쳐서 항복 받음
征伐【정벌】무력으로 침.
服用【복용】(약을) 먹음.
服從【복종】명령에 따라 좇음.

製品【제품】재료를 써 만들어낸 물품
製圖【제도】도면이나 도안 따위를 그려 만듦.
製本【제본】책을 매어 꾸밈.
絃樂【현악】현악기로 연주하는 음악.

整然 / 提供

整 攵부12획 정 가지런할 セイ ととのえる systematic
束 束 敕 整 整 整然

然 火부8획 연 그럴 ゼン しかり
ク タ 肰 肰 然 整然

提 扌부9획 제 끌 내놓을 テイ さげる offer
扌 扩 担 捍 提 提供

供 人부6획 공 이바지 キョウ そなふ
亻 仁 仕 供 供 提供

整然【정연】질서 있고 바름
整齊【정제】한결같이 가지런함.
然則【연즉】그러한즉.
然後【연후】그러한 뒤.

提供【제공】바치어 이바지함
提携【제휴】서로 붙들어 도움.
供給【공급】수요에 응하여 물품을 댐.
供用【공용】쓰기 위하여 준비하여 둠.

堤防 / 制壓

堤 土부9획 제 방죽 テイ つつみ ank
土 坦 坦 埠 堤 堤防

防 阝부4획 방 막을 ボウ ふせぐ
ろ 阝 阡 防 防 堤防

制 刀부6획 제 억제할 법도 セイ つくる oppression
ケ 二 冇 制 制壓

壓 土부14획 압 누를 アツ おす
厂 厂 厎 厭 壓 制壓

堤防【제방】물가에 쌓은 둑
防共【방공】공산주의가 들어오지 못하게 막음.

制壓【제압】억지로 억누름
制御【제어】휘어잡아 복종시킴.
壓倒【압도】아주 우세하여 남을 누름.
壓力【압력】누르는 힘.

齊唱 / 釣竿

齊 齊부0획 제 가지런할 セイ ひとし unison
亠 亣 旅 齊 齊 齊唱

唱 口부8획 창 노래부를 ショウ となふ
口 吅 吅 唱 唱 齊唱

釣 金부3획 조 낚시 チョウ つり・つる angle & fishing-rod
𠂉 𠂉 金 釣 釣 釣竿

竿 竹부3획 간 장대 햇대 カン さを・やがら
𥫗 竹 竿 竿 竿 釣竿

齊唱【제창】일제히 부름
齊家【제가】집안을 잘 다스림.
一齊【일제】한결같이 다 동시에.
唱劇【창극】판소리 형식으로 꾸민 가극.

釣竿【조간】낚싯대
釣臺【조대】낚시질하는 대. 낚시터.
釣戶【조호】낚시질을 업으로 하는 사람.
竿頭【간두】대단히 위태로운 지경.

濟世之才【제세지재】세상을 구제하고 다스릴 만한 재주.
諸子百家【제자백가】중국 춘추시대의 여러 학자.

諸 言부9획 제 ショ 모든 もろもろ various	般 舟부4획 반 ハン 옮길 めぐる 일반	詔 言부5획 조 ショウ 조서 imperial おしふ 가르칠 みことのり	勅 力부7획 칙 チョク 조서 삼갈
言 訁 許 諸 諸 諸般	力 月 舟 舠 般 諸般	言 言 訂 訶 詔 詔勅	日 申 束 剌 勅 詔勅

諸般【제반】 모든 것
諸君【제군】 여러분.
般桓【반환】 머뭇거리며 그 자리를 떠나지 아니함.

詔勅【조칙】 선지를 일반에게 알릴 목적으로 적은 문서
勅使【칙사】 천자의 명령을 받은 사신.
勅令【칙령】 임금의 명령.

漕 水부11획 조 ソウ 배저을 こぐ 뱃길 rowing	艇 舟부7획 정 テイ 거룻배 ふね	阻 阝부5획 조 ソ 막을 はばむ 험할 precipitous	峭 山부7획 초 ショウ 가파를 きびしい 엄할
氵 汀 洴 漕 漕 漕艇	月 舟 舠 艇 艇 漕艇	𠂤 阝 阴 阳 阻 阻峭	ㅣ 山 屮 岇 峭 阻峭

漕艇【조정】 보트를 저음.
漕運【조운】 배로 화물을 운반함.
艇子【정자】 뱃사공.
小艇【소정】 작은 배.

阻峭【조초】 험준함. 또는 그러한 곳
阻固【조고】 견고한 방어 시설.
峭刻【초각】 준엄하고 각박함.
峭直【초직】 성품이 준엄하고 강직함.

彫 彡부8획 조 チョウ 새길 ほる	塑 土부10획 소 ソ 흙이겨만들 つちざいく 토우	調 言부8획 조 チョウ 고를 investig- しらべる ation	査 木부5획 사 サ 조사할 しらぶ
刀 用 周 周 彫 彫塑	亠 屰 朔 朔 塑 彫塑	言 訂 訂 調 調 調査	十 木 杏 杳 査 調査

彫塑【조소】 조각과 소상.
彫刻【조각】 글씨나 그림을 돌이나 나무 등에 새겨서 입체적인 물상을 만듦.
塑工【소공】 흙으로 물건을 만드는 사람.

調査【조사】 자세히 살펴 알아봄
調節【조절】 정도에 맞게 고르게 함.
査實【사실】 사실을 조사함.
査定【사정】 심사하여 결정함.

早 日부2획 조 ソウ 일찍 early はやし maturity	熟 火부11획 숙 ジュク 익을 みのる 익숙할	朝 月부8획 조 チョウ 아침 morning あさ and evening	夕 夕부0획 석 セキ 저녁 ゆう
冂 日 旦 早 早熟	享 孰 孰 孰 熟 早熟	十 吉 卓 朝 朝 朝夕	ノ ク 夕 朝夕

早熟【조숙】 일에 일찍 익힘
早晩【조만】 이름과 늦음.
熟達【숙달】 익숙하여 훤함.
熟眠【숙면】 깊이 잠이 듦.

朝夕【조석】 아침 저녁
朝暮【조모】 아침과 저녁.
夕陽【석양】 저녁 해.
夕照【석조】 저녁놀.

糟糠之妻 (조강지처) 구차하고 천한 때에 함께 고생한 아내.
朝東暮西 (조동모서) 정한 곳 없이 이리저리 옮아다니다.

造 辶부7획 조 지을 ゾウ つくる afforestation	林 木부4획 립 수풀 リン はやし	弔 弓부1획 조 조상할 チョウ とむらう a funeral	詞 言부5획 사 말 シ ことば adress
一 宀 告 告 造 造林	一 十 オ 木 林 造林	ヿ ユ 弓 弔 弔詞	一 言 訁 訂 訂 詞 弔詞

造林【조림】 숲을 만듦.
造形【조형】 형태, 형상을 만듦.
林泉【임천】 산과 들의 아름다운 경치.
林野【임야】 산림과 벌판.

弔詞【조사】 조상하는 글.
詞客【사객】 시나 글을 짓는 사람.
詞兄【사형】 문인, 학자끼리 서로 상대방
　　　　　을 높여 이르는 말.

祖 示부5획 조 할아비 ソ おぢ fatherland	國 口부8획 국 나라 コク くに	組 糸부5획 조 짤 ソ くむ organization	織 糸부12획 직 짤 ショク, シキ おる
丁 亓 祀 祖 祖 祖國	冂 囗 國 國 國 祖國	纟 糸 紀 組 組織	糸 紵 絲 織 織 組織

祖國【조국】 조상적부터 사는 나라.
祖行【조항】 할아버지 뻘의 항렬.
國境【국경】 나라와 나라와의 영토의 경계.
國難【국난】 나라의 위태로운 상태.

組織【조직】 얽어서 만듦.
組合【조합】 합하여 한 덩이로 짬.
織物【직물】 옷감, 피륙의 총칭.
織造【직조】 피륙을 기계로 짬.

操 扌부13획 조 잡을 ソウ みさお shandling; control	縱 糸부11획 종 늘어질 ジュウ たて 놓아줄	嘲 口부12획 조 희롱할 チョウ あざける jeer	罵 罒부10획 매 욕할 バ ののしる 욕
扌 扩 押 操 操 操縱	糸 紒 絆 絆 縱 操縱	口 叽 啃 啯 嘲 嘲罵	罒 严 罟 罵 罵 嘲罵

操縱【조종】 뜻대로 다루어 부림.
操身【조신】 행동을 삼감.
志操【지조】 의지와 절조.

嘲罵【조매】 비웃어서 꾸짖음.
嘲評【조평】 비웃으며 비평함.
罵倒【매도】 몹시 꾸짖음. 「함.
罵坐【매좌】 같은 좌석에 있는 사람을 욕

條 木부7획 조 가지 ジョウ えだ 가닥	件 人부4획 건 사건 ケン わかつ condition	拙 扌부5획 졸 졸할 セツ つたなし clumsiness	劣 力부4획 렬 용렬할 レツ おとる
亻 伀 攸 條 條 條件	亻 亻 仁 件 件 條件	扌 扌 扗 扗 拙 拙劣	丨 小 少 劣 劣 拙劣

條件【조건】 어떻게 규정한 항목.
條例【조례】 조목조목의 법령.
條約【조약】 국제적인 합의.
件名【건명】 일이나 물건의 이름.

拙劣【졸렬】 옹졸하고 비열함.
拙速【졸속】 서투른 대로 빠름.
劣等【열등】 보통보다 떨어져 못함.
低劣【저열】 급이 낮고 지질함.

朝薺暮鹽 (조제모염) 아침에는 냉이를 먹고 저녁에는 소금을 씹다.
鳥足之血 (조족지혈) 새 발의 피.

尊 寸부9획 ソン とうとい 높을 공경할 **respect**	敬 女부9획 ケイ うやまう 공경할	腫 肉부9획 ショウ はれもの 부스럼 부르틀 **swell & dirty**	醜 酉부10획 シュウ みにくい 더러울 부끄러울
八合合尊尊 尊敬	艹 芍 苟 敬 敬 敬	月 腫 腫 腫 腫 腫醜	酉 酉 醜 醜 醜醜
尊敬【존경】 높이어 공경함. 尊待【존대】 존경하여 대접하거나 대함. 敬老【경로】 노인을 공경함. 敬聽【경청】 삼가 들음.		腫氣【종기】 큰 부스럼 腫膾【종회】 초췌한 모양. 醜聞【추문】 추잡한 소문. 醜雜【추잡】 지저분하고 잡스러움.	
族 方부7획 ゾク 겨레	譜 言부12획 フ 계보 악보 **pedigree**	綜 糸부8획 ソウ すぶ 모을 바디 **synthesis**	合 口부3획 ゴウ あふ 합할 흡
亠方 扩 斿 族 言 計 許 諧 譜 族譜 族譜		幺糸 紆 綜 綜 綜合 綜合	人 스合合
族譜【족보】 집안의 혈통관계를 적은 책 族親【족친】 유복친 이외의 한 집안. 譜表【보표】 음악을 악보로 표시하기 위한 5선 체계.		綜合【종합】 이것 저것을 한데 모아 합함. 合格【합격】 자격에 맞아 통과함. 合議【합의】 한 자리에 모여 토의함. 合資【합자】 자본을 아울러 냄.	
縱 糸부11획 ジュウ たて 세로 **length and breadth**	橫 木부12획 オウ よこ 가로 사나울	從 彳부8획 ジュウ したがう 좇을 **composure**	容 宀부7획 ヨウ いるすがた 얼굴 담을
幺 糸 絆 緃 縱 縱橫	木 栏 楛 橫 橫 縱橫	彳 彷 徉 徉 從 從容	宀 灾 灾 容 容 從容
縱橫【종횡】 가로와 세로. 放縱【방종】 제멋대로 행동함. 操縱【조종】 마음대로 부리어 복종시킴. 專橫【전횡】 권력으로 제 마음대로 함.		從容【종용】 침착하고 고요함 從軍【종군】 군대를 따라 전장에 나감. 容身【용신】 겨우 몸을 담음. 「태. 容態【용태】 ① 용모와 태도. ② 병의 상	
種 禾부9획 シュ たね 씨 종류 **seedlings**	苗 艸부5획 ビョウ なえ 싹	坐 土부4획 ザ すわる 앉을 **sit posture**	態 心부10획 タイ さま 태도
千禾 稀 種 種 種苗	艹 艻 芇 苗 種苗	人从 坐坐 坐態	自 能 能 態 坐態
種苗【종묘】 싹을 심어서 기름 種種【종종】 ①물건의 가지가지. ②가끔. 苗木【묘목】 이식하기 전의 어린 나무 苗床【묘상】 모종을 가꾸는 자리. 못자리.		坐態【좌태】 앉아 있는 태도 坐視【좌시】 참견 않고 앉아서 보기만 함. 態度【태도】 ①몸을 가지는 모양이나 맵시. ②대상을 대하는 마음가짐.	

坐井觀天 (좌정관천) 우물 속에 앉아 하늘을 보다.
左之右之 (좌지우지) 마음대로 하다.

鐘 金부12획 ショウ かね 종 쇠북 belfry	閣 門부6획 カク たかと 각 누각 내각	左 工부2획 サ ひだり 좌 왼 증거 right and left	右 口부2획 ユウ,ウ みぎ 우 오른쪽
金 釒釒鐘鐘鐘 鍾閣	丨門門閁閣 鍾閣	一ナナ左左 左右	ノナオ右右 右右

鍾閣【종각】종을 매단 집.
鐘銘【종명】종의 명.
閣道【각도】① 복도. ② 잔도(棧道)
閣議【각의】내각의 회의.

左右【좌우】왼쪽과 오른쪽.
左翼【좌익】① 왼쪽 날개. ② 공산당.
左衝右突【좌충우돌】이리저리로 찌르고 다닥뜨림.

終 糸부5획 シュウ おわる 종 마칠 end	幕 巾부11획 マク バク 막 휘장 막	座 广부7획 ザ せき 좌 자리 seat	席 巾부7획 セキ むしろ 석 자리
纟 糸 紗 終 終 終幕	艹 苩 莫 幕 幕 終幕	广广庀应座 座席	广庁庐席席 座席

終幕【종막】마지막.
終夜【종야】밤새도록.
幕間【막간】연극에서 막과 막 사이.
幕舍【막사】임시로 간단하게 꾸린 집.

座席【좌석】앉는 자리.
座右【좌우】앉은 자리의 옆.
席上【석상】모인 자리.
席次【석차】① 좌석의 차례. ② 성적의 순.

誅 言부6획 チュウ ころす 주 벨할 책할 death penalty and exile	竄 穴부13획 ザン のがれる 찬 귀양 보낼 숨을	晝 日부7획 チュウ ひる 주 낮 day and night	夜 夕부5획 ヤ よ,よる 야 밤
言 言 訃 誅 誅 誅竄	宀 窋 窜 竄 竄 誅竄	一 肀 圭 書 晝 晝夜	一 广 夜 夜 夜 晝夜

誅竄【주찬】죽이는 형벌과 귀양 보내는
誅滅【주멸】죄인을 쳐 죽여 멸함.ㄴ형벌
竄入【찬입】도망쳐 들어감.
竄謫【찬적】파면하고 귀양 보냄.

晝夜【주야】밤과 낮.
夜襲【야습】밤에 습격함.
晝耕夜讀【주경야독】낮에는 농사 일을 하
고 밤에는 글을 읽음.

罪 罒부8획 ザイ つみ 죄 허물	囚 口부2획 シュウ とらはれ 수 가둘 죄수 prisoner	周 口부5획 シュウ めぐる 주 두루 둘레 good offices	旋 方부7획 セン まとふ 선 돌 돌아옴
罒 罒 罢 罪 罪 罪囚	丨 冂 冂 囚 囚 罪囚	丿 刀 刀 用 周 周旋	亠 方 方 斿 旋 旋 周旋

罪囚【죄수】형무소에 들어간 죄인.
罪過【죄과】죄가 될 만한 허물.
罪惡【죄악】죄가 될 만한 악한 짓.
囚役【수역】죄수에게 시키는 노동.

周旋【주선】일이 잘 되도록 힘씀.
周航【주항】여러 곳을 두루 항해함.
旋盤【선반】깎이 기계.
旋回【선회】둘레를 빙빙 돎.

酒池肉林 (주지육림) 술로써 못을 이루고 고기로써 숲을 이루다.
竹馬故友 (죽마고우) 어릴 때부터 함께 자란 친구.

注 水부5획	射 寸부7획	株 木부6획	券 刀부6획
주 チュウ 물댈 そそぐ 주석할 injection	사,석,역 シャ 쏠 いる 맞힐	주 シュ 그루 share かぶ 주식 certificate	권 ケン 언약할 わりふ 어음쪽

氵汁汁注　刂身身射射
注射　　　　注射

注射【주사】 약물을 몸속에 넣음
注力【주력】 힘을 들임.
注視【주시】 눈을 쏘아 자세히 봄.
射殺【사살】 쏘아 죽임.

木杧杧柎株　八 丷 失 券 券
株券　　　　株券

株券【주권】 주식의 증권
株價【주가】 주식의 값.
株主【주주】 주권을 가진 사람.
券面【권면】 증권의 겉면.

柱 木부5획	礎 石부13획	廚 广부12획	庖 广부5획
주 チュウ 기둥 the はしら footing stone of a pillar	초 ソ 주춧돌 いしずえ	주 チュウ 부엌 kitchen & くりや 함 butcher	포 ホウ 부엌 くりや 요리인

十木杧柎柱　石矴砕磁礎
柱礎　　　　柱礎

柱礎【주초】 기둥에 받치는 돌
柱石【주석】 기둥과 주춧돌.
礎石【초석】 주춧돌.
基礎【기초】 기본으로 되는 토대.

广产庐廚廚　广广庁庖庖
廚庖　　　　廚庖

廚房【주방】 음식을 차리는 방
庖正【포정】 식선(食膳)을 맡은 벼슬.
庖稅【포세】 관청의 허가를 맡고 가축을 잡아 파는 곳에 물리는 세금.

駐 馬부5획	屯 屮부1획	駿 馬부7획	驥 馬부17획
주 チュウ 머무를 とどまる stationing	둔 トン 모일 たむろ 둔전	준 シュン 준마 swift すぐれたうま horse	기 キ 준마 よいうま 천리마

𠀋馬駅駐駐　一屮屯屯
駐屯　　　　駐屯

駐屯【주둔】 군대가 머물러 있음
駐箚【주차】 공무를 띠고 외국에 있음.
屯聚【둔취】 여러 사람이 한곳에 모여 있음.

𠀋馬駅駿駿　𠀋馬駾驥驥
駿驥　　　　駿驥

駿驥【준기】 뛰어나게 좋은 말
駿馬【준마】 잘 달리는 좋은 말.
駿敏【준민】 걸출하고 민첩함.
驥尾【기미】 준마의 꼬리. 뛰어난 사람의 「꼬리.

躊 足부14획	躇 足부13획	浚 水부7획	渫 水부9획
주 チュウ 머뭇거릴 ためらふ hesitation	저,착 チョ 머뭇거릴 こえる 건너뛸	준 シュン 깊을 さらふ 칠 dredging	설 セツ 칠 けがす 업신여길

𧾷𧾷𧾷躊躊　𧾷𧾷躇躇躇
躊躇　　　　躊躇

氵氵沪浐浚　氵氵汁泄渫
浚渫　　　　浚渫

躊躇【주저】 망설임
躊佇【주저】 망설여 머뭇거리고 나아가지 못함.
躇跱【저치】 주저와 머뭇거림.
躇階【착계】 계단을 뛰어서 내려옴.

浚渫【준설】 못이나 개울의 멘 것을 파냄
浚井【준정】 우물을 깨끗이 쳐냄.
浚急【준급】 물이 깊고 빨리 흐름.
渫慢【설만】 깔봄. 멸시함.

樽俎折衝 (준조절충) 주석에서의 온화한 외교 교섭으로 유리하게 일을 맺다.

143

峻 준 a high and steep peak 山부7획 높을 가파를 シュン けわし	嶺 령 재 山부14획 みね レイ	遵 준 좇을 辶부12획 ジュン したがふ observance	施 시 베풀 方부5획 シ,セ ほどこす
峻嶺【준령】 높고 험한 고개 峻法【준법】 엄중한 법. 嶺底【영저】 재의 아랫부분. 銀嶺【은령】 눈에 덮인 재나 산.		遵施【준시】 그대로 지켜 시행함 遵據【준거】 전례나 명령에 의거함. 遵法【준법】 법령을 지킴. 施肥【시비】 거름주기.	

準 준 법도 비길 水부10획 シュン めあて	備 비 갖출 人부10획 ビ そなふ preparation	中 중 가운데 丨부3획 チュウ なか	央 앙 가운데 大부2획 オウ なかば center
準備【준비】 미리 마련하여 갖춤 準據【준거】 (기준에) 준하여 의거함. 備置【비치】 갖추어 마련함. 備荒【비황】 흉년이나 재변에 대한 준비.		中央【중앙】 사방의 중심이 되는 곳 中堅【중견】 중심적 역할을 하는 사람. 中途【중도】 ①도중. ②반도(半途). 中丸致死【중환치사】 총알에 맞아 죽음.	

俊 준 뛰어날 준걸 人부7획 シュン とし great man	傑 걸 뛰어날 人부10획 ケツ すぐる	卽 즉 곧 나아갈 卩부5획 ソク いま at once	時 시 때 日부6획 ジ とき
俊傑【준걸】 지덕이 뛰어난 사람. 俊才【준재】 뛰어난 재주. 傑作【걸작】 뛰어나게 좋은 작품. 傑出【걸출】 썩 잘남.		卽時【즉시】 그때 그자리에서 곧 卽刻【즉각】 당장에 곧. 時事【시사】 그 시기에 제기되는 정세. 時運【시운】 시대나 때의 운수.	

曾 증 일찍 日부8획 ソウ かつて	祖 조 할아비 示부5획 ソ おほぢ paternal	贈 증 줄 貝부12획 ゾウ おくる donation	與 여 줄 참여할 臼부7획 ヨ あたえる
曾祖【증조】 증조부의 약(略) 曾孫【증손】 아들의 손자. 祖國【조국】 자기의 조상이 대대로 살아 온 나라.		贈與【증여】 물건을 선사로 줌 贈呈【증정】 (선사나 성의 표시로) 줌. 與野【여야】 여당과 야당. 貸與【대여】 빌려 줌.	

中石沒鏃 (중석몰촉) 돌에 박힌 화살.
衆心成城 (중심성성) 많은 사람의 뜻이 뭉치면 성과 같이 굳다.

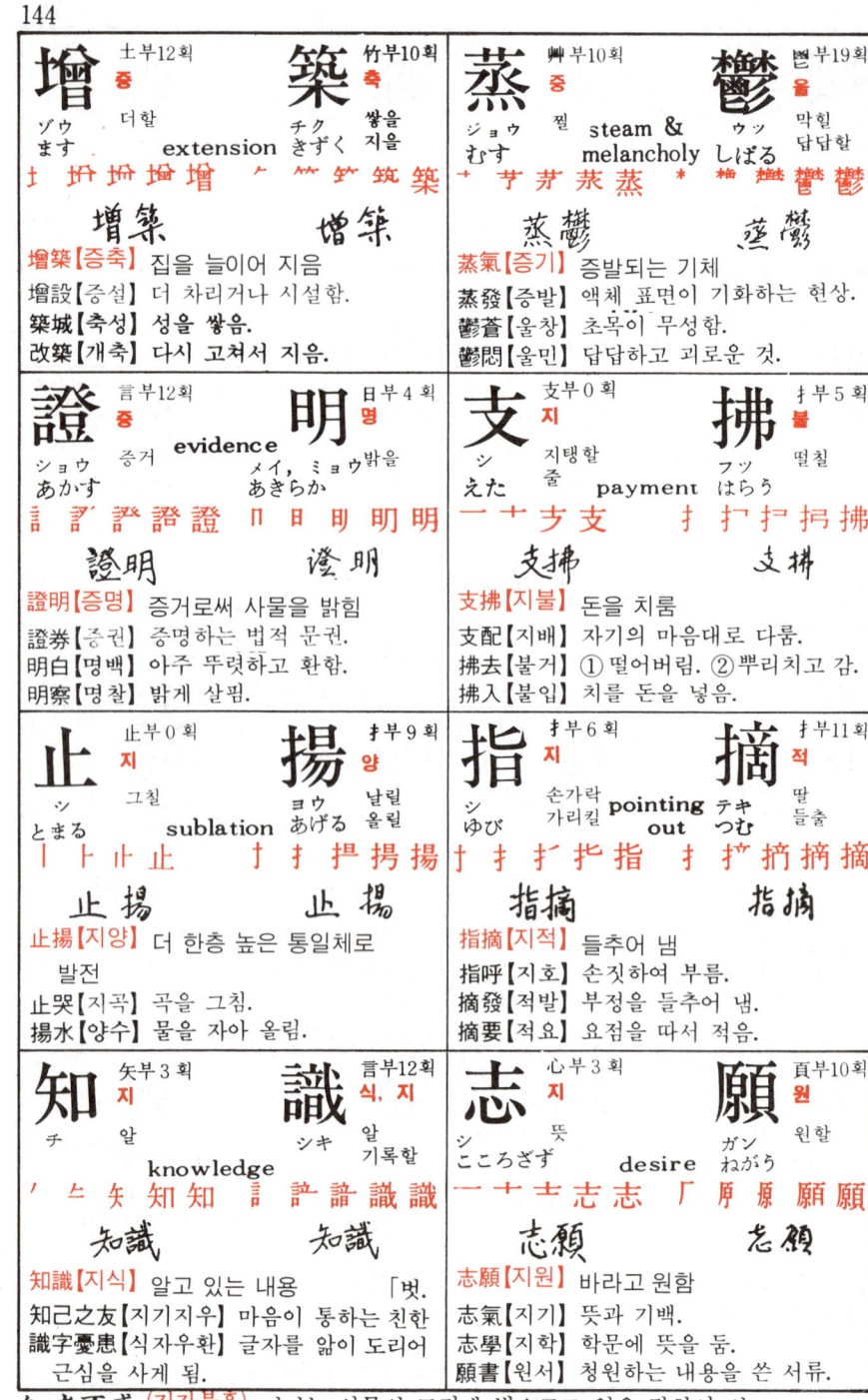

指天射魚 (지천사어) 하늘을 보고 고기를 쏘다.
知彼知己 (지피지기) 상대를 알고 나를 알다.

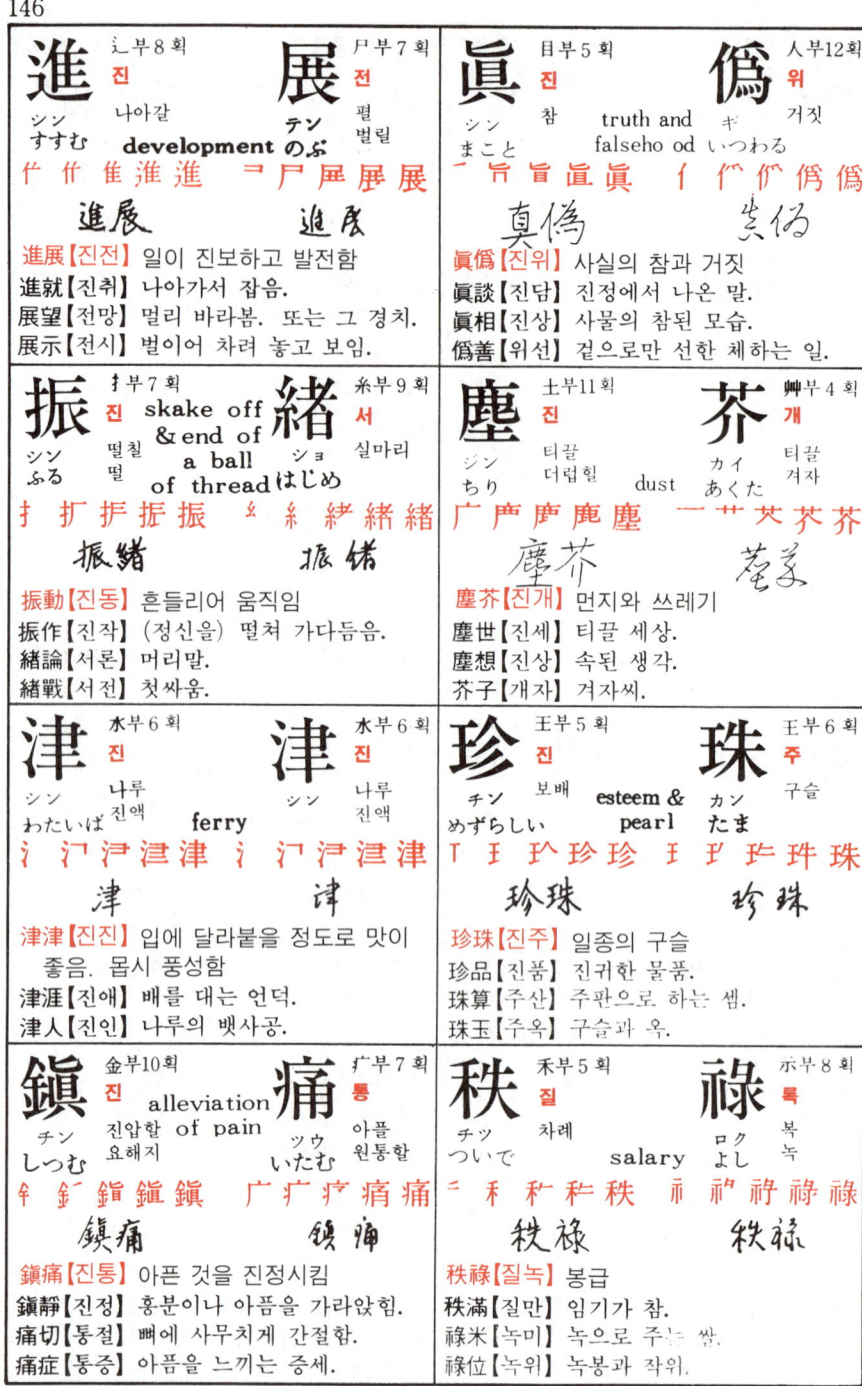

陳 (진)
阝부 8획
チン / つらぬ
베풀 묵을 펼
statement
阝阝阿阿陳陳
陳述

陳述【진술】구두로 말함
陳謝【신사】사과의 말을 함.
述語【술어】풀이말. 서술어.
述義【술의】뜻을 펌. 뜻을 말함.

述 (술)
辶부 5획
ジュツ / のべる
지을 펼
述
一十才术朮述
陳述

疾 (질)
疒부 5획
シツ / やまひ
병 빠를
disease
广疒疒疒疾
疾患

疾患【질환】질병
疾風【질풍】빠르고 센 바람.
患部【환부】앓는 자리.
患者【환자】병을 앓는 사람.

患 (환)
心부 7획
カン / うれふ
근심 병
患
口吕串患患
疾患

振 (진)
扌부 7획
シン / ふる
떨칠 떨
扌扩扩振振
振幅

振幅【진폭】물체가 흔들리는 폭
振動【진동】흔들리어 움직임.
振興【진흥】(기세를) 떨쳐 일으킴.
幅員【폭원】땅이나 지역의 넓이.

幅 (폭)
巾부 9획
フク / はば
폭
amplitude
巾巾帕幅幅
振幅

窒 (질)
穴부 6획
チツ / ふさぐ
막을 막힐
宀宀空空窒
窒素

窒素【질소】맛, 냄새가 없는 기체원소
窒息【질식】숨이 막힘.
素質【소질】본디부터 갖추어 있는 성질.
素行【소행】평소의 행실.

素 (소)
糸부 4획
ソ, ス / もと
흴 본디
nitrogen
十主丰卖素素
窒素

桎 (질)
木부 6획
シツ / あしかせ
차꼬
bonds; fetters
十木杠栌桎
桎梏

桎梏【질곡】자유를 속박함
桎檻【질함】① 차꼬와 수갑. ② 차꼬를 채워 옥에 가둠.
梏亡【곡망】어지럽게 하여 멸함.

梏 (곡)
木부 7획
コク / てかせ
수갑
十木杧栱梏
桎梏

徵 (징)
彳부 12획
チョウ / めす
부를 가락
symptom
彳彳徨徨徵
徵兆

徵兆【징조】미리 보이는 조짐
徵稅【징세】세금을 징수함.
兆占【조점】점. 점을 침.
兆朕【조짐】징조.

兆 (조)
儿부 4획
チョウ / うらなひ
조 조짐
丿儿兆兆
徵兆

嫉 (질)
女부 10획
シツ / にくむ
시새움 투기할
jealousy
女女妒嫉嫉
嫉妬

嫉妬【질투】강샘암
嫉心【질심】시기심.
妬女【투녀】질투심이 강한 여자.
妬悍【투한】질투심이 강하고 사나움.

妬 (투)
女부 5획
ト / ねたむ
투기할 시새울
女女妒妬妬
嫉妬

懲 (징)
心부 15획
チョウ / こらす
징계할
penal servitude
彳彳徨徵懲
懲役

懲改【징개】잘못을 뉘우쳐 고침
懲罰【징벌】잘못에 대하여 벌을 줌.
賦役【부역】국민에게 의무적으로 책임지우는 노역.

役 (역)
彳부 4획
エキ, ヤク / いくさ
부릴 일
彳彳彳役役
懲役

進退維谷 (진퇴유곡) 진퇴양난.

嫉逐排斥 (질축배척) 시기하고 미워하여 물리치다.

執務 (집무) business
土부 8획 / 力부 9획
シツ・とる / ム・つとめ
잡을 / 힘쓸

筆順: 土 丵 幸 執 執 / 予 矛 矜 務
草書: 執務 / 執務

- 執務【집무】 사무를 봄.
- 執脈【집맥】 맥을 짚어 진찰하는 일.
- 務實【무실】 참되고 실속 있도록 힘씀.
- 務進【무진】 힘써 나아감.

蹉跌 (차질) failure
足부 10획 / 足부 5획
サ・つまづく / テツ・こゆ
지날・넘어질 / 넘어질・잘못할

筆順: 足 蹉 蹉 蹉 蹉 / 足 趺 跌 跌
草書: 蹉跌 / 蹉跌

- 蹉跌【차질】 미끄러져서 넘어짐.
- 蹉過【차과】 과오. 실책. 실패.
- 跌失【질실】 실족함. 「움.
- 跌蕩【질탕】 놀음이 지나쳐 방탕에 가까

遮遏 (차알) cover & intercept
辶부 11획 / 辶부 9획
シャ・さへきる / アツ・やむ・ととむ
막을 / 막을・머무를

筆順: 广 庐 庶 遮 / 日 曷 曷 曷 遏
草書: 遮遏 / 遮遏

- 遮光【차광】 광선을 막아서 가림.
- 遮斷【차단】 막아서 끊음.
- 遏劉【알류】 살륙을 금함.
- 遏絕【알절】 막아 끊음. 또 그쳐 없어짐.

燦爛 (찬란) brilliancy
火부 13획 / 火부 17획
サン・あきらか / ラン・ただる
빛날 / 빛날・헐

筆順: 火 灿 灿 烂 燦 燦 / 火 炉 炉 爛 爛
草書: 燦爛 / 燦爛

- 燦爛【찬란】 광채가 번쩍여서 환함.
- 燦煥【찬환】 화려하고 고움.
- 爛漫【난만】 꽃이 활짝 피어 아름다움.
- 爛熟【난숙】 무르녹게 잘 익음.

車費 (차비) fare
車부 0획 / 貝부 5획
シャ・くるま / ヒ・ついやす
수레 / 쓸

筆順: 一 亓 百 百 車 / 一 弓 弗 費 費
草書: 車費 / 車費

- 車費【차비】 차 삯.
- 車道【차도】 차만 다니도록 정한 길.
- 歲費【세비】 ①1년 간에 드는 비용. ② 직무에 대한 보수로서 해마다 받는 돈.

錯送 (착송) mistake send
金부 8획 / 辶부 6획
サク・あやまり / ソウ・おくる
섞일・어긋날 / 보낼

筆順: 金 金 鈷 錯 錯 / 八 仝 关 送 送
草書: 錯送 / 錯送

- 錯誤【착오】 잘못
- 錯亂【착란】 뒤섞이어 어지러움.
- 送金【송금】 돈을 부처 보냄.
- 送別【송별】 사람을 이별하여 보냄.

差額 (차액) difference
工부 7획 / 頁부 9획
サ・さす / ガク・ひたい
어긋날・나머지 / 이마・현판

筆順: 丷 羊 差 差 差 / 宀 亥 客 額 額
草書: 差額 / 差額

- 差額【차액】 차이가 나는 액수.
- 差等【차등】 등급의 차이.
- 額面【액면】 유가 증권에 적힌 액수.
- 額子【액자】 현판에 쓴 글자.

贊否 (찬부) yes and no
貝부 12획 / 口부 4획
サン・ほめる / ヒ・いな
찬성할・기릴 / 아니・막힐

筆順: 丷 先 先 朁 贊 / 一 フ 才 不 否
草書: 贊否 / 贊否

- 贊否【찬부】 찬성과 불찬성
- 贊助【찬조】 찬성하여 도움.
- 否認【부인】 그렇지 않다고 봄.
- 安否【안부】 편안함의 여부.

車如流水 (차여유수) 수레가 흐르는 물과 같다.
此日彼日 (차일피일) 일을 핑계하고 자꾸 기한을 늦추다.

149

讚 찬 言부19획 / サン / 기릴 / ほむ / glorificay	頌 송 頁부4획 / ショウ / 칭송할 / ほむ	札 찰 木부1획 / サツ / 편지 / ふだかきもの / letter & seal	緘 함 糸부9획 / カン / 봉할 묶을 / とじる
言 討 詩 讚 讚 讚 / 八 公 公 頌 頌 / 讚頌 頌		一 十 才 木 札 / 糸 斩 絎 緘 緘 / 札緘 札緘	
讚頌【찬송】 미덕을 칭송함. / 讚歌【찬가】 예찬하는 노래. / 頌德【송덕】 공덕을 칭송함. / 頌祝【송축】 칭송하고 축하함.		札翰【찰한】 편지. / 札記【찰기】 조목으로 나누어 기술하는 일. / 緘秘【함비】 봉하여 비밀로 함.	

纂 찬 糸부14획 / サン / 모을 이을 / あつむ / tightly	輯 집 車부9획 / シュ / 모을 화목할 / やはらぐ	塹 참 土부11획 / セン / 해자 팔 / ほり / trench	壕 호 土부14획 / ゴウ / 해자 / ほり
竹 笪 管 箅 纂 / 車 軒 輯 輯 輯 / 纂輯 纂輯		車 斬 斬 塹 / 土 垆 垆 壕 壕 / 塹壕 塹壕	
纂輯【찬집】 글을 모아서 책을 편집함. / 纂錄【찬록】 모아 기록함. / 輯寧【집녕】 무사태평함. / 輯錄【집록】 모아서 기록함.		塹壕【참호】 적의 공격에 대한 방어 시설. / 塹壕戰【참호전】 참호를 파놓고 하는 싸움. / 塹壘【참루】 해자(垓字)와 보루(堡壘).	

債 채 人부11획 / サイ / 빚 / debt	務 무 力부9획 / ム / 힘쓸 / つとめる	慘 참 心부11획 / ザン / 참혹할 쓸쓸할	酷 혹 酉부7획 / コク / 괴로울 심할 / むごい
仁 仕 佳 借 債 / 矛 予 矛 務 務 / 債務 債務		八 忄 忄忄 惨 惨 / 酉 酉 酷 酷 酷 / 慘酷 慘酷	
債務【채무】 빚진 사람의 금전상의 의무. / 債權【채권】 빚 준 사람이 빚 진 사람에게 행할 수 있는 권리. / 務實【무실】 참되고 실속 있도록 힘씀.		慘酷【참혹】 끔찍하게 불쌍함. / 慘劇【참극】 참혹한 사건. / 酷毒【혹독】 성질 등이 매우 나쁨. / 酷評【혹평】 너무 가혹하게 하는 평.	

菜 채 艸부8획 / ソ / 나물 / あおもの / vegetable	蔬 소 艸부12획 / サイ / 나물 / な	倉 창 人부8획 / ソウ / 곳집 급할 / くら / sudden	卒 졸 十부6획 / ソツ / 군사 마칠 / しもべ
艹 艹 苎 苂 菜 / 艹 产 萨 蔬 / 菜蔬 菜蔬		人 今 合 含 倉 / 亠 亠 衣 夺 卒 / 倉卒 倉卒	
菜蔬【채소】 모든 푸성귀와 나물. / 菜農【채농】 채마 농사. / 菜刀【채도】 채칼. / 蔬飯【소반】 고기반찬을 갖추지 아니한 밥.		倉卒【창졸】 갑작스러움. / 倉黃【창황】 어찌할 겨를 없이 급함. / 卒倒【졸도】 갑자기 정신을 잃고 넘어짐. / 卒業【졸업】 업을 마침.	

捉足無處 (착족무처) 발을 붙이고 설 자리가 없다.
娼家責禮 (창가책례) 창기의 집에서 예의를 따지다.

參酌 (삼,참/작) サン/シャク consideration
參酌【참작】 서로 비교하여 참고해 알맞은 방법을 가림
參拜【참배】 신이나 부처에게 배례함.
酌定【작정】 짐작하여 결정함.

創傷 (창/상) ソウ/ショウ wound
創傷【창상】 칼날 따위에 다친 상처
創案【창안】 새롭게 일을 생각해 냄.
傷貧【상빈】 가난에 쪼들려 마음이 상함.
傷寒【상한】 추위에 상하여 생긴 병.

慙愧 (참/괴) ザン/キ shame
慙愧【참괴】 부끄러워함
慙色【참색】 부끄러워하는 기색.
愧懼【괴구】 부끄러워서 두려워함.
愧恥【괴치】 부끄러워함. 무안해 함.

蒼穹 (창/궁) ソウ/キュウ the blue sky
蒼穹【창궁】 새파랗고 멀리 뵈는 하늘
蒼翠【창취】 나무 등이 싱싱하게 푸름.
蒼生【창생】 세상의 모든 사람.
穹天【궁천】 하늘.

菖蒲 (창/포) ショウ/ブ iris; flag
菖蒲【창포】 장포. 장포의 뿌리
蒲公英【포공영】 민들레.
蒲編【포편】 부들 잎으로 만든 책.
蒲團【포단】 부들풀로 만든 둥근 방석.

滄浪 (창/랑) ソウ/ロウ
滄浪【창랑】 맑은 물결
滄茫【창망】 너르고 멀어서 아득함.
浪費【낭비】 헤프게 소비함.
浪說【낭설】 터무니없는 소문.

唱劇 (창/극) ショウ/ゲキ Korean classical opera
唱劇【창극】 판소리 형식으로 꾸민 가극
唱導【창도】 앞장서서 주장하여 지도함.
劇藥【극약】 적은 양으로 강한 작용을 나타내는 약품.

採點 (채/점) サイ/テン marking
採點【채점】 점수를 매김
採用【채용】 받아들여 씀.
採取【채취】 찾거나 캐거나 하여 얻어 냄.
點火【점화】 불을 붙임.

滄桑之變 (창상지변) 푸른 바다가 변하여 뽕나무 밭이 되다.
創業易守成難 (창업이수성난) 이루기는 쉽고 지키기는 어렵다.

151

| 責 貝부4획 책 responsibility セキ 꾸짖을 せむ 책임 | 任 人부4획 임 맡길 ニン あたる | 悽 心부8획 처 슬퍼할 セイ いたむ ghastly | 慘 心부11획 참 참혹할 サン いたむ 쓸쓸할 |

十 キ 青 青 責　 亻 亻 仁 仟 任　 ヽ 忄 忄 悽 悽　 ヽ 忄 忄 忄 慘

責任　　　責任　　　悽慘　　　悽慘

責任【책임】 맡아 해야 할 임무
責望【책망】 허물을 꾸짖음.
任務【임무】 맡은 일.
任意【임의】 마음 내키는 대로 함.

悽慘【처참】 구슬프고 참혹함.
悽絶【처절】 더할 나위 없이 처참함.
慘景【참경】 끔찍하고 불쌍한 정상.
慘劇【참극】 참혹한 사건.

| 冊 冂부3획 책 セツ 책 세울 | 卷 巳부6획 권 책권 カン まく volume | 妻 女부5획 처 아내 サイ つま wife & son | 子 子부0획 자 아들 シ,ス こ |

｜ 冂 冂 册 冊　 ヽ 丶 兰 关 卷　 ヨ ヨ 妻 妻 妻　 了 子

冊卷　　　冊卷　　　妻子　　　妻子

冊箱【책상】 책을 넣어 두는 나무 상자
冊立【책립】 조칙으로 왕후나 왕태자를 봉하여 세움.
卷頭言【권두언】 머리말.

妻子【처자】 아내와 자식
妻家【처가】 아내의 친정.
子女【자녀】 아들과 딸.
子孫【자손】 ①아들과 손자. ②후손.

| 凄 冫부8획 처 쓸쓸할 セイ すごい solitary mind | 恨 心부6획 한 한할 コン 뉘우칠 うらむ | 隻 隹부2획 척 하나 セキ かたわれ 짝 pair & horseman | 騎 馬부8획 기 말탈 キ のりうま |

冫 冫 冫 凄 凄　 ヽ 忄 忄 恨 恨　 亻 亻 隹 隻 隻　 厂 馬 馬 駸 騎

凄恨　　　凄恨　　　隻騎　　　隻騎

凄切【처절】 아주 몹시 처량함
凄凉【처량】 ①쓸쓸함. ②슬픔.
恨歎【한탄】 원통하거나 또는 뉘우쳐 탄식함.

隻身【척신】 홑몸
隻言【척언】 한 마디 말. 간단한 말.
騎兵【기병】 말을 타고 전쟁하는 군인.
騎手【기수】 말을 전문으로 타는 사람.

| 脊 肉부6획 척 backbone & bone セキ,セ せなか 등성마루 등골뼈 | 髓 骨부13획 수 골 ズイ | 鐵 金부13획 철 쇠 テツ かなも | 桶 木부7획 통,용 통 되 トウ おけ |

一 二 夬 杢 脊　 骨 骨 骨 髓 髓　 金 鈆 錚 鐵 鐵　 木 杆 栖 桶 桶

脊髓　　　脊髓　　　鐵桶　　　鐵桶

脊髓【척수】 중추 신경의 한 부분
脊梁【척량】 등성마루.
脊柱【척주】 등골뼈로 이어진 등마루.
髓腦【수뇌】 머릿골.

鐵桶【철통】 쇠로 만든 통
鐵鎖【철쇄】 ①쇠로 만든 자물쇠. ②쇠사슬.
汲桶【급통】 물 긷는 통.

滄海一粟 (창해일속) 아주 큰 것 속에 있는 매우 작은 존재.
採薇歌 (채미가) 고비를 캐는 노래. 절의지사(節義之士) 의 노래.

剔 刀부8획 척 アギとく 뼈바를 깎음 hollowing out	抉 扌부4획 결 ケツえぐる 긁을 들추어냄	諂 言부8획 첨 テンへつらふ 아첨할 아첨 flattery	諛 言부9획 유 ユへつらふ 아첨할
日 号 易 剔 剔 剔	扌 扌 抒 抉 抉	言 訂 詔 詔 諂 諂諛	言 訏 訏 訳 諛 諂諛
剔骨【척골】 아주 수척함. 爬羅剔抉【파라척결】 손톱으로 후벼파냄. 抉拾【결습】 깍지와 팔찌. 抉摘【결적】 숨은 것을 들추어 냄.		諂笑【첨소】 아첨하여 웃음. 諂佞【첨녕】 매우 아첨함. 諂耳【첨이】 귀에 대고 알랑거림. 諛媚【유미】 아첨함.	

踐 足부8획 천 センふむ 밟을 행하여 actual execution	履 尸부12획 리 リはく 신 밟을	添 水부8획 첨 テンそえる 더할	削 刀부7획 삭 サクけずる 깎을 revision
㐄 𧾷 趴 踐 踐 踐履	尸 尸 屒 履 履 踐履	氵 氵 沃 添 添 添削	刂 小 冎 肖 削 添削
踐履【천리】 실제로 이행함. 踐踏【천답】 짓밟음. 履歷【이력】 학업, 직업 따위의 경력. 履修【이수】 과정의 순서를 밟아 닦음.		添削【첨삭】 첨가하거나 삭제함. 添附【첨부】 덧붙임. 削減【삭감】 깎아서 줄임. 削奪【삭탈】 깎고 빼앗음.	

薦 艸부13획 천 センすすむ 천거할 드릴 recommend	拔 扌부5획 발 バツぬく 뺄 & pull out	籤 竹부17획 첨 センくじ 제비 꼬챙이 lottery ticket	捐 扌부7획 연 エンすてる 버릴 딜
艹 芹 菛 薦 薦 薦拔	扌 扩 拔 拔 拔 薦拔	竹 竹 笁 籤 籤 籤捐	扌 扌 捐 捐 捐 籤捐
薦拔【천발】 인재를 뽑아냄. 薦擧【천거】 추천. 薦目【천목】 천거할 만한 조건. 拔抄【발초】 (글 따위를) 뽑아서 베낌.		籤捐【첨연】 복권. 籤爪【첨조】 대꼬챙이로 손톱과 발톱 사이를 찌르는 형벌. 捐金【연금】 돈을 기부함.	

徹 彳부12획 철 テツとほる 뚫을 thoroughness	底 广부5획 저 テイした 밑 바닥	妾 女부5획 첩 ショウめかけ 첩 queen and concubine	妃 女부3획 비 ヒきさき 왕비
彳 徉 徹 徹 徹 徹底	广 庀 庀 底 底 徹底	立 产 妾 妾 妾 妾妃	乚 乆 女 妃 妃 妾妃
徹底【철저】 깊이 속까지 이름. 徹夜【철야】 밤을 새움. 底止【저지】 벌어져 나가던 것이 그쳐짐. 底極【저극】 종국에 이름.		妾室【첩실】 남의 첩이 되는 여자. 蓄妾【축첩】 첩을 둠. 妻妾【처첩】 아내와 첩. 王妃【왕비】 왕의 아내.	

天下無雙 (천하무쌍) 천하 제일.
鐵面皮 (철면피) 뻔뻔스럽고 염치를 모르는 사람.

尖 小부 3획 첨 뾰족할 セン とがる spire	塔 土부 10획 탑 탑 トウ てら	靑 靑부 0획 청 푸를 セイ あおい green	潭 水부 12획 담 못 タン ふち a pond
丿 小 小 少 尖 尖塔 尖塔	土 圹 圿 垯 塔 尖塔 尖塔	十 圭 青 青 青 青潭 青潭	氵 沪 潭 潭 潭 青潭 青潭
尖塔【첨탑】 뾰족한 탑. 尖兵【첨병】 척후병. 尖銳【첨예】 뾰족하고 날카로움. 塔頭【탑두】 탑의 꼭대기.		青潭【청담】 깊고 맑은 연못. 青綠【청록】 푸른빛과 초록빛. 潭思【담사】 깊은 생각. 潭水【담수】 깊은 물.	
清 水부 8획 청 맑을 セイ きよし clear & feel	爽 爻부 7획 상 밝을 시원할 ソウ さわやか	聽 耳부 16획 청 들을 チョウ attending a lecture	講 言부 10획 강 익힐 강론할 コウ
氵 汁 清 清 清 清爽 清爽	一 ア 爽 爽 爽 清爽 清爽	耳 耶 聣 聽 聽 聽講 聽講	言 計 訛 謙 講 講 聽講 聽講
清爽【청상】 맑고 시원함. 清濁【청탁】 맑음과 흐림. 청음과 탁음. 清廉【청렴】 마음이 맑고 욕심이 없음. 爽快【상쾌】 기분이 썩 시원하고 거뜬함.		聽講【청강】 강의를 들음. 聽衆【청중】 (연설 따위를) 듣는 군중. 講究【강구】 연구하여 대책을 취함. 講義【강의】 내용을 체계적으로 설명함.	
晴 日부 8획 청 갤 セイ はれる shine & rain	雨 雨부 0획 우 비 ウ あめ	逮 辶부 8획 체, 태 쫓을 잡을 タイ および arrest & bind	繫 糸부 13획 계 맬 얽을 ケイ つなぐ
日 旷 晴 晴 晴 晴雨 晴雨	一 厂 币 雨 雨 晴雨 晴雨	彐 尹 肀 肃 逮 逮繫 逮繫	車 軎 毄 毄 繫 逮繫 逮繫
晴雨【청우】 날이 갬과 비가 내림. 晴天【청천】 맑게 갠 하늘. 雨量【우량】 비가 내린 분량. 雨後【우후】 비가 온 뒤.		逮繫【체계】 쫓아가 붙잡아서 옥에 가둠. 逮坐【체좌】 체포하여 조사함. 繫留【계류】 붙잡아 매어 놓음. 繫獄【계옥】 옥에 가두어 둠.	
體 骨부 13획 체 몸 タイ テイ からだ system	系 糸부 1획 계 이을 혈통 ケイ つながる	超 走부 5획 초 뛰어넘을 チョウ こす trenscend	越 走부 5획 월 넘을 エツ こえる
吊 骨 骨 體 體 體系 體系	一 宀 云 至 系 體系 體系	土 耂 走 赵 超 超越 超越	走 赳 起 越 越 超越 超越
體系【체계】 세워진 계통. 體熱【체열】 몸에서 나는 열. 系統【계통】 조직적인 체계나 순서. 系圖【계도】 혈통을 나타낸 도표.		超越【초월】 보통보다 뛰어남. 超逸【초일】 매우 뛰어남. 越權【월권】 권한 밖의 일을 함. 越等【월등】 다른 것보다 매우 나음.	

轍環天下 (철환천하) 천하를 두루 돌아다니다.
青雲之志 (청운지지) 출세하려는 큰 뜻.

肖 肉부 3획 ショウ 초 にる 같을 작을 portrait	像 人부12획 ゾウ 상 かたち 형상	廳 广부22획 チョウ 청 관청 마루 office building	舍 舌부 2획 シャ 사 집 쉴
丨 亅 小 肖 肖 肖像	亻 亻 亻 俩 俛 像 像 古像	广 庐 庐 廳 廳 庁舎	八 스 스 今 舎 舎 廳舎
肖像【초상】 어떠한 사람의 모습을 본따서 그린 화상 또는 새긴 조각. 像形【상형】 물체의 형상을 본뜸.		廳舎【청사】 공공기관의 사무실 건물. 廳夫【청부】 관청의 인부. 舍監【사감】 기숙사를 관리하고 기숙생들의 생활을 지도할 직책을 가진 사람.	
招 扌부 5획 ショウ 초 ふれる 부를 invitation	請 言부 8획 セイ 청 こう,うける 청할	憔 心부12획 ソウ 초 やす 파리할 시달릴 emaciation	悴 心부 8획 スイ 췌 やつれる 파리할 근심할
扌 扌 扚 招 招 招請	言 計 請 請 請 招请	忄 忄 忙 憔 憔 憔 憔悴	忄 忄 忙 怊 悴 悴 憔悴
招請【초청】 청하여 부름. 招魂【초혼】 죽은 사람의 혼을 불러 옴. 請願【청원】 희망, 요구, 소원 등을 해결해 줄 것을 원함.		憔悴【초췌】 몹시 피로하여 파리함. 憔慮【초려】 괴로와 마음이 탐. 悴薄【췌박】 파리함. 悴顔【췌안】 파리한 얼굴.	
焦 火부 8획 ショウ 초 こがす 그슬릴 태울 impatience	燥 火부13획 ソウ 조 かわく 마를 탈	初 刀부 5획 ショ 초 はじめ 처음 first edition	刊 刀부 3획 カン 간 책펴낼
亻 广 什 隹 焦 焦燥	丷 火 炉 焊 燥 焦燥	丶 亠 ネ 礽 初 初刊	一 二 千 刊 刊 初刊
焦燥【초조】 애를 태워서 마음을 졸임. 焦熱【초열】 타는 듯한 더위. 燥濕【조습】 마름과 습함. 마름과 젖음. 燥渴【조갈】 목, 입, 입술 등이 몹시 마름.		初刊【초간】 맨 처음의 간행. 初期【초기】 처음이 되는 때나 시기. 初面【초면】 처음으로 대하는 사람. 初志【초지】 처음에 먹은 뜻.	
抄 扌부 4획 ショウ 초 かく 베낄 가로챌 excerption	編 糸부 9획 ヘン 편 あむ 엮을 짤 weave	寸 寸부 0획 スン 촌 すこし 마디 치 korean inch & foot	尺 尸부 1획 シャク 척 ものさし 자 편지
扌 扌 扚 抄 抄 抄编	糸 糸 糸 絹 編 抄编	一 十 寸 寸尺	一 コ 尸 尺 寸尺
抄編【초편】 가려서 엮음. 抄略【초략】 위협하여 빼앗음. 編隊【편대】 대오를 편성함. 편성된 대오. 編入【편입】 편성된 자리에 끼어 들어감.		寸尺【촌척】 자와 치. 얼마 안 됨. 寸步【촌보】 몇 발자국 안 되는 걸음. 尺簡【척간】 편지. 尺土【척토】 얼마 안 되는 땅.	

草木黃落 (초목황락) 늦가을에 초목이 누렇게 시들어 낙엽지다.
焦眉之急 (초미지급) 눈썹에 불이 붙음과 같이 매우 다급한 지경.

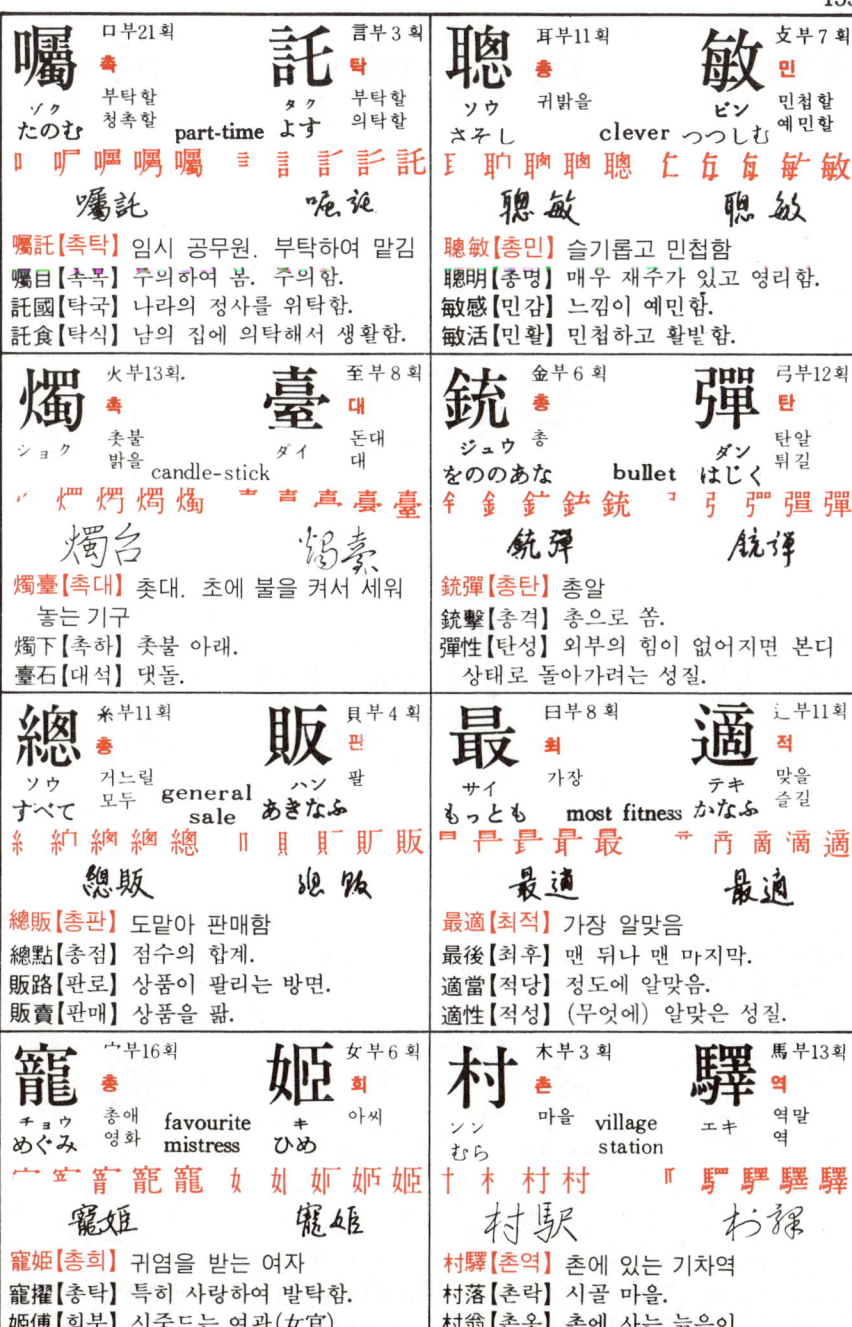

椿 木부9획 チン つばき 참죽나무 your honored parents	萱 艹부9획 훤 ケン かや 원추리	催 人부11획 최 サイ うながす 재촉할 tear bomb	涙 水부8획 루 ルイ なみだ 눈물
木 栌 栟 椿 椿　椿 萱	艹 莒 萱 萱 萱　椿 萱	亻 伫 俨 併 催　催 涙	氵 汁 沪 涙 涙　催 涙
椿萱【춘훤】 춘당과 훤당. 椿事【춘사】 뜻밖에 생기는 불행한 일. 椿府丈【춘부장】 남의 아버지의 경칭. 萱堂【훤당】 어머니의 아칭(雅稱).		催涙【최루】 눈물을 재촉하다 催眠【최면】 잠을 오게 함. 涙腺【누선】 눈물을 만들어 내는 선. 涙水【누수】 눈물.	

樞 木부11획 추 スウ とぼそ 고동 긴요할 central point	軸 車부5획 축 ジク しんぎ 굴대 자리	推 扌부8획 추,퇴 スイ おす 밀 천거할 recommen- dation	奬 大부11획 장 ショウ すすむ 권면할
木 杄 枢 樞 樞 亘 車 軌 軸 軸　樞軸		扌 扌 扩 扩 推 丬 爿 將 獎 獎　推獎	

樞軸【추축】 사물의 가장 중요한 부분. 권력이나 정치의 중심
樞要【추요】 가장 요긴하고 종요로움.
中軸【중축】 중심이 되는 요긴한 곳.

推奬【추장】 추려서 장려함
推薦【추천】 ① 적합한 자로 책임지고 소개함. ② 선거의 대상으로 내세움.
奬勵【장려】 권하여 힘쓰게 함.

秋 禾부4획 추 シュウ あき 가을 autumn & witer	冬 冫부3획 동 トウ ふゆ 겨울	抽 扌부5획 추 チュウ ひく 뽑을 lottery	籤 竹부17획 첨 セン かずとり 제비 꼬챙이
二 千 禾 秌 秋 丿 夂 夂 冬 冬　秋冬		扌 扌 扣 抽 抽 ⺮ 竺 笁 簺 籤　抽籤	

秋冬【추동】 가을과 겨울
秋色【추색】 가을철의 자연 풍경.
冬嶺【동령】 겨울철의 재.
冬眠【동면】 냉혈 동물의 겨울잠.

抽籤【추첨】 제비를 뽑는 일
抽拔【추발】 골라서 추려 냄.
抽身【추신】 (바쁜 중에서) 몸을 뺌.
籤捐【첨연】 복권.

追 辶부6획 추 ツイ おう 따를 쫓을 pursuit	求 水부2획 구 キュウ もとめる 구할	畜 田부5획 축 チク たくはふ 가축 기를	舍 舌부2획 사 シャ いへ 집 놓을 stall
丨 亠 自 追 追 丁 寸 求 求　追求		一 亠 玄 斉 畜 八 今 今 舍 舍　畜舍	

追求【추구】 쫓아서 구함
追跡【추적】 뒤를 밟아 쫓음.
追從【추종】 남의 뒤를 따라 좇음.
求道【구도】 도를 탐구함.

畜舍【축사】 가축의 울
畜産【축산】 가축을 쳐 생산을 내는 일.
舍廊【사랑】 바깥 주인이 거처하는 곳.
舍屋【사옥】 집. 주택.

春雉自鳴 (춘치자명) 봄의 꿩이 스스로 운다.

出藍 (출람) 제자가 스승보다 뛰어나다.

157

蓄 (チク, 쌓을, あつむ) 艹부 10획
財 (ザイ, 재물 재단할, たから) 貝부 3획

蓄財【축재】 돈이나 재물을 모아 쌓음
蓄電【축전】 전기를 축적하는 일.
財數【재수】 재물을 얻는 운수. 「건.
財貨【재화】 돈이나 그 밖의 값나가는 물

春 (シュン, 봄, はる) 日부 5획 — spring & summer
夏 (カ, 여름, なつ) 夂부 7획

春夏【춘하】 봄과 여름
春寒【춘한】 봄추위.
夏服【하복】 여름 옷.
夏雲【하운】 여름 구름.

築 (チク, 쌓을 지을, つくる) 竹부 10획 — embankment
堤 (テイ, 방죽, つつみ) 土부 9획

築堤【축제】 둑을 쌓아 만듦
築城【축성】 성을 쌓음.
改築【개축】 다시 고쳐서 지음.
堤防【제방】 물가에 쌓은 둑.

出 (シュツ, 날, てる) 凵부 3획 — publication
版 (ハン, 판목, いた) 片부 4획

出版【출판】 인쇄물을 세상에 냄
出沒【출몰】 나타났다 없어졌다 함.
版圖【판도】 한 나라의 영토.
版畵【판화】 판에 새긴 그림.

蹴 (シュク, 찰 삼갈, ける) 足부 12획 — play football
球 (キウ, 구슬 공, たま) 王부 7획

蹴球【축구】 공을 상대편의 골문 안으로 차서 넣는 경기
球技【구기】 공으로 하는 경기.
球形【구형】 구슬과 같이 둥근 모양.

忠 (チウ, 충성, まこと) 心부 4획 — loyalty
誠 (セイ, 정성, まこと) 言부 7획

忠誠【충성】 마음에서 우러나는 정
忠勇【충용】 충성과 용맹.
誠實【성실】 정성스럽고 참됨.
誠意【성의】 정성스러운 뜻.

充 (ジュウ, 찰, あてる) 儿부 4획 — appropriation
當 (トウ, 마땅할 당할, あたる) 田부 8획

充當【충당】 모자라는 것을 채움
充實【충실】 허실이 없이 충분함.
充足【충족】 일정한 분량에 차도록 함.
當面【당면】 일이 눈앞에 닥침.

蟲 (チウ, 벌레, むし) 虫부 12획 — decayed tooth
齒 (シ, 이 나이, は) 齒부 0획

蟲齒【충치】 삭은 이
蟲害【충해】 벌레로 인한 농사의 피해.
齒科【치과】 이를 전문으로 치료하는 의학의 한 분과.

出將入相 (출장입상) 나가서는 장수요, 들어와서는 재상이 되다.
忠臣不事二君 (충신불사이군) 충신은 두 임금을 섬기지 않는다.

惻 心부9획 축 ソク いたむ 슬퍼할	切 刀부2획 절,체 セツ きる 끊을 모두	翠 羽부8획 취 スイ みどり 비취색 물총새	嵐 山부9획 람 ラン あらし 남기
惻切【측절】 대단히 슬퍼함. 惻然【측연】 가엾게 여기는 모양. 切感【절감】 간절하게 느낌. 切禁【절금】 엄하게 금함.		翠嵐【취람】 파란 산기운. 嵐氣【남기】 저녁 나절에 멀리 보이는 산 같은 데 떠오르는 푸르스름하고 흐릿한 기운.	
衷 衣부4획 충 チュウ まこと 속옷 가운데 one's inmost feelings	情 心부8획 정 ジョウ なさけ 뜻	馳 馬부3획 치 チ はせる 달릴 전할	突 穴부4획 돌 トツ つく 부딪칠 내밀
衷情【충정】 속에서 우러나는 참된 정 情報【정보】 정세에 관한 소식, 내용. 情實【정실】 사사 정에 얽힌 사실.		馳騁【치빙】 말을 타고 달려 다님 馳傳【치전】 빨리 달리는 파발꾼. 突擊【돌격】 돌진하여 침. 突出【돌출】 쑥 불거짐.	
炊 火부4획 취 スイ かしぐ 불땔 cooking & gruel	粥 米부6획 죽 シュク かゆ 죽 미음	側 人부9획 측 ソク そば 곁 side	面 面부0획 면 メン おもて 낯 얼굴
炊湯【취탕】 숭늉 炊事【취사】 부엌일. 粥飯僧【죽반승】 죽을 먹고 지내는 중. 전하여 무능한 사람을 일컫는 말.		側面【측면】 좌우 편 側近【측근】 윗사람 곁 썩 가까이에서 지냄. 面駁【면박】 대면하여 논박함. 面識【면식】 얼굴을 서로 앎.	
取 又부6획 취 シュ とる 취할 selection	捨 扌부8획 사 シャ すてる 버릴	測 水부9획 측 ソク はかる 측량할 meteorology	候 人부8획 후 コウ うかがふ 기후 조짐
取捨【취사】 챙길 것은 챙기고 버릴 것은 버림 取得【취득】 자기 소유로 함. 捨生【사생】 목숨을 버림.		測候【측후】 날씨의 변함을 헤아림 測量【측량】 재어서 계산함. 候問【후문】 문안을 드림. 候兵【후병】 척후병.	

醉生夢死 (취생몽사) 일생을 흐리멍텅하게 마치다.
治亂存亡 (치란존망) 천하의 태평함과 어지러움과 존재함과 망함.

吹 口부4획 취 불 スイ ふく	打 扌부2획 타 칠 ダ うつ	層 尸부12획 층 layer & follow ソウ かさなる a course	沿 水부5획 연 물따라내 려갈 エン そふ
口 吹 吹 吹 吹打	十 才 扌 打 받打	一 尸 屓 層 層 層 層沿	氵 汒 沿 沿 沿 層沿
吹奏【취주】관악기를 불어서 연주함 吹毛【취모】터럭을 붊. 극히 쉬운 것. 打倒【타도】때리거나 쳐서 거꾸러뜨림. 打開【타개】(해결할 길을) 헤쳐 엶.		層臺【층대】층층 다리 層岩【층암】험하게 쌓인 바위. 沿道【연도】큰 길의 좌우 양쪽. 沿革【연혁】변천되어 온 내력.	

置 罒부8획 치 둘 チ おく	之 丿부3획 지 갈 シ これ	侵 人부7획 침 침노할 シン おかす	犯 犭부2획 범 범할 ハン おかす
	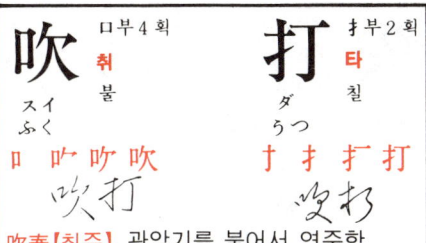		
罒 罒 罝 置 置 置之	丶 ㇇ 之 置之	亻 亻 佢 伊 侵 侵犯	丿 犭 犭 犯 侵犯
置之【치지】내버려 둠 置重【치중】어떤 일에 중점을 둠. 之子【지자】이 아이. 之字路【지자로】꼬불꼬불한 길.		侵犯【침범】침노하여 범함 侵攻【침공】침범하여 쳐들어감. 犯禁【범금】금한 것을 범함. 犯上【범상】웃사람에게 반항함.	

寢 宀부11획 침 잠잘 シン ねる	室 宀부6획 실 집·방 아내 シツ bedroom	浸 水부7획 침 적실 번질 シン ひたる soak & destroy	損 扌부10획 손 상할 ソン へる
广 疒 疒 寢 寢 寢室	宀 宊 宊 室 室 寢室	氵 氵 汙 浔 浸 浸損	扌 扌 指 指 損 浸損
寢室【침실】잠을 자는 방 寢具【침구】잠잘 때 쓰는 물건. 室內【실내】①방이나 실의 안. ②남의 '아내'를 점잖게 이르는 말.		浸損【침손】침노하여 손해를 끼침 浸染【침염】차차 물이 듦. 損失【손실】축나서 없어짐. 損害【손해】해를 봄.	

七 一부1획 칠 일곱 シチ ななつ seven head	匹 匚부2획 필 짝 하나 ヒツ ひき	沈 水부4획 침·심 잠길 성 チン しずむ sinking	沒 水부4획 몰 빠질 죽을 ボツ しずむ
一 七 七匹	一 兀 匹 七匹	氵 氵 沙 沈 沈 流沒	氵 氵 沒 沒 沒 沈沒
七匹【칠필】일곱 짝 七層【칠층】일곱 층. 匹馬單騎【필마단기】혼자 한 필의 말을 타고 감.		沈沒【침몰】물속에 가라앉음 沈痛【침통】마음이 괴롭고 슬픔. 沒我【몰아】자기를 몰각한 상태. 沒年【몰년】죽은 해. 죽을 때의 나이.	

七去之惡 (칠거지악) 아내를 내쫓는 이유가 되는 일곱 가지 경우.
漆身吞灰 (칠신탄회) 복수를 위하여 몸을 괴롭히다.

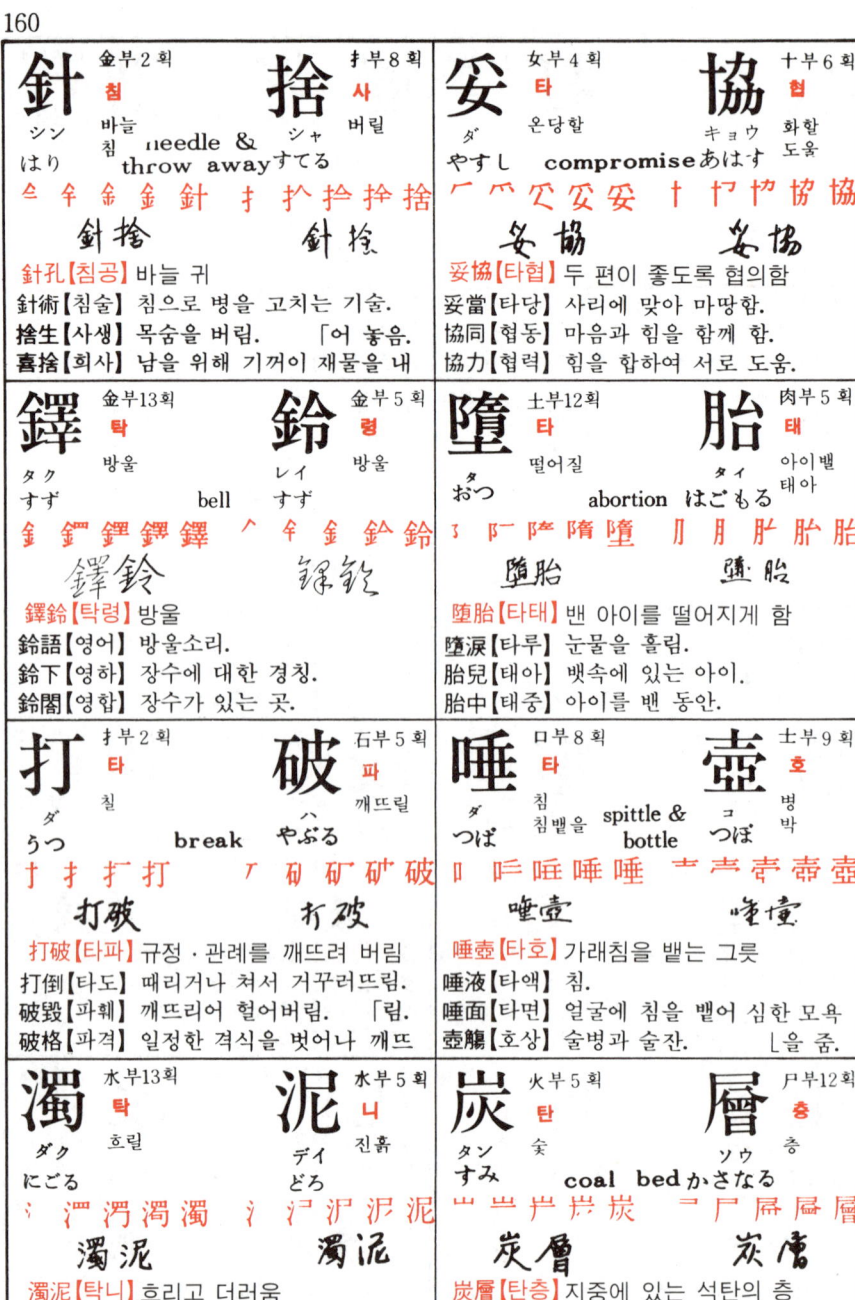

針小棒大 (침소봉대) 사물을 과장해서 말하다.
沈魚落雁 (침어낙안) 아름다운 여인의 고운 얼굴.

161

坦 タン 土부5획 탄 comfortable 평평할 너그러울 たいらか
十 土 圷 坦 坦
坦
坦坦【탄탄】 넓고 편편한 모양
坦率【탄솔】 성품이 너그러워 사소한 예절에 얽매이지 않음.
坦路【탄로】 평탄한 길.

坦 タン 土부5획 탄 평평할 너그러울 たいらか
十 土 圷 坦 坦
坦

誕 タン 言부7획 탄 속일 탄생할 birthday いつはる
言 訁 訮 誕 誕
誕辰
誕辰【탄신】 임금이나 성인의 난 날
誕妄【탄망】 언행이 거짓되고 망령됨.
辰宿【진수】 모든 성좌의 별들.
辰時【진시】 오전 7시부터 9시 사이.

辰 シン 辰부0획 신·진 별 たつ
一 厂 戸 辰 辰
誕辰

琢 タク 王부8획 탁 쫄 polish みがく
王 珂 琢 琢 琢
琢磨
琢磨【탁마】 옥석을 쪼고 갊
琢玉【탁옥】 옥을 닦음.
磨滅【마멸】 갈려서 닳아 없어짐.
磨墨【마묵】 먹을 갊.

磨 マ 石부11획 마 갈 みがく
广 庐 庐 麽 磨
琢磨

歎 タン 欠부11획 탄 탄식할 sigh & flaw なげく
廿 莗 菓 歎 歎
歎傷
歎傷【탄상】 탄식하여 마음이 상함
讚歎【찬탄】 칭찬하고 감탄함.
傷貧【상빈】 가난에 쪼들려 마음이 상함.
傷寒【상한】 추위에 상하여 생긴 병.

傷 ショウ 人부11획 상 상할 いたむ
亻 仃 俱 俱 傷
歎傷

耽 タン 耳부4획 탐 처질 즐길 indulgence ふける
丆 耳 耼 耽 耽
耽溺
耽溺【탐닉】 즐겨서 거기에 빠짐
耽讀【탐독】 다른 것을 잊을 만큼 글 읽는데 열중함.
溺愛【익애】 사랑에 빠짐.

溺 デキ 水부10획 닉 빠질 おぼる
氵 沼 溺 溺 溺
耽溺

貪 タン 貝부4획 탐 탐낼 covet & むさぼる
人 今 含 貪 貪
貪崇
貪色【탐색】 호색
貪財【탐재】 재물을 탐냄.
崇文【숭문】 글을 숭상함.
崇拜【숭배】 높이 우러러 존경함.

崇 スウ 山부8획 숭 높일 nobility たかし
屵 崇 崇 崇 崇
貪崇

脫 ダツ 肉부7획 탈 벗을 secession ぬぐ
月 肸 胪 胪 脫
脫黨
脫黨【탈당】 당적을 떠남
脫皮【탈피】 낡은 것에서 완전히 벗어남.
黨員【당원】 그 당에 속한 사람.
黨爭【당쟁】 당파 싸움.

黨 トウ 黑부8획 당 무리 くみ
尙 當 當 黨 黨
脫黨

湯 トウ 水부9획 탕 끓일 hot water & 온천 ゆ
氵 沪 淠 湯 湯
湯燭
湯井【탕정】 더운물이 솟는 우물
湯器【탕기】 국이나 찌게를 담는 작은 그릇.
湯液【탕액】 달여 우려낸 액체.
燭下【촉하】 촛불 아래.

燭 ショク,ソク 火부13획 촉 촛불 밝을 ともしび candle
火 炉 炝 熌 燭
湯燭

太平烟月 (태평연월) 세상이 평화롭고 안락한 때.
澤及枯骨 (택급고골) 은택이 죽은 이에까지 미치다.

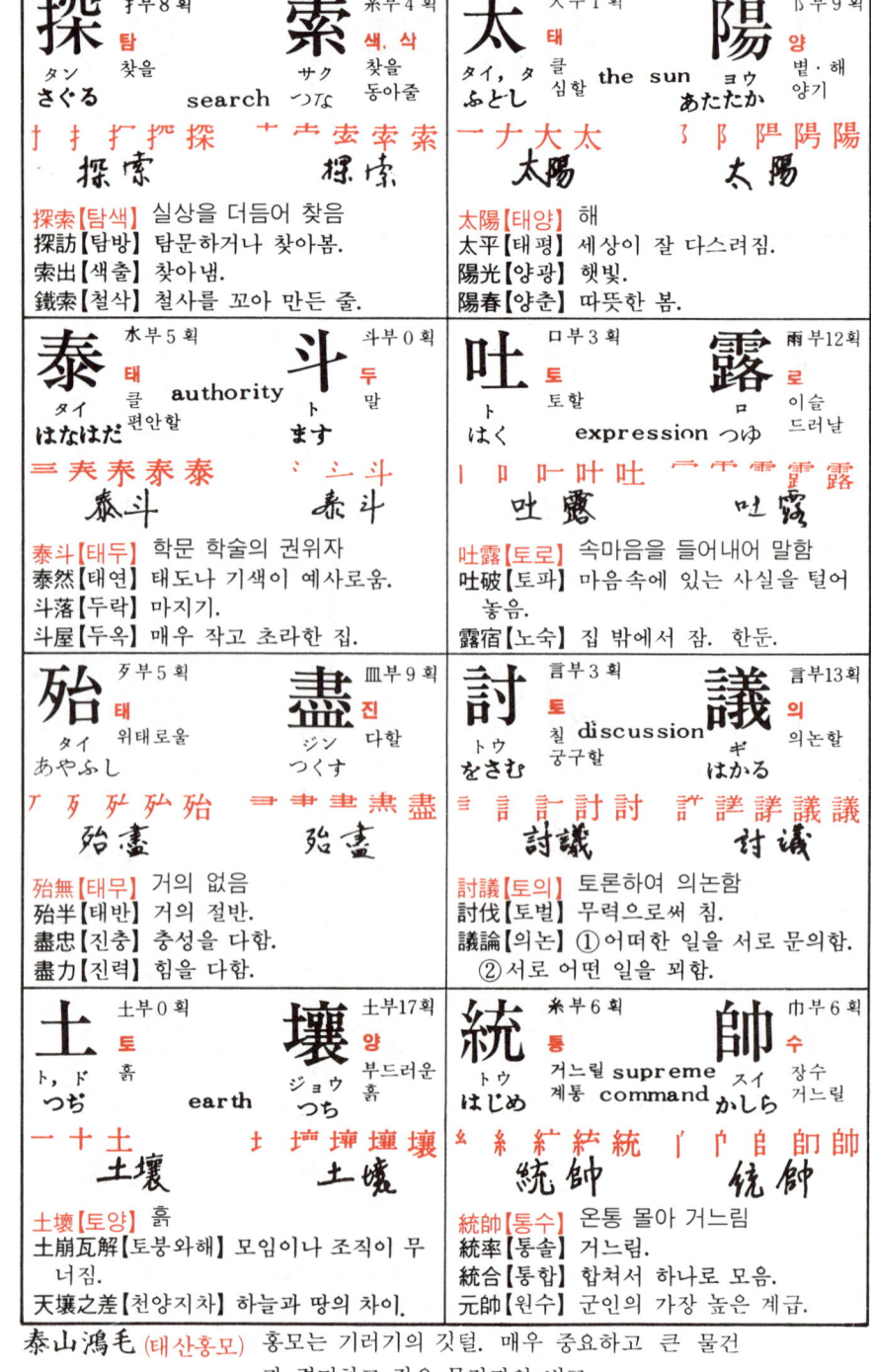

擇 扌부13획 タク 가릴 택 choosing a suitable match	偶 人부9획 グウ 짝 우
扌 扩 挥 擇 擇　择偶	亻 仴 偶 偶 偶　挭偶
擇偶【택우】 배우자를 고름. 擇交【택교】 (벗을) 가리어 사귐. 擇地【택지】 좋은 땅을 고름. 偶發【우발】 우연히 발생함.	

投 扌부4획 トウ なぐ 던질 투 investment	資 貝부6획 シ もとで 재물 근본 자
扌 扌 抒 投 投　投資	二 次 次 咨 資　投資
投資【투자】 사업의 밑천을 댐. 投身【투신】 강 등에 몸을 던져 죽음. 資格【자격】 일정한 신분·지위를 가지는 데 필요한 조건.	

堆 土부8획 タイ うづたかく 흙무더기 퇴 compost	肥 肉부4획 ヒ こゆ 살찔 거름 비
土 圵 圹 圷 堆　堆肥	月 肌 肌 肌 肥　堆肥
堆肥【퇴비】 북더기를 쌓아 썩힌 거름. 堆積【퇴적】 많이 덮쳐 쌓임. 肥料【비료】 거름.	

透 辶부7획 トウ すく 통할 투	視 示부5획 シ 볼 시
二 禾 禾 秀 透　透視	亍 衤 礻 祁 視　透視
透澈【투철】 사리가 밝고 확실함. 透明【투명】 속까지 트이게 비치어 환함. 視線【시선】 눈길. 視野【시야】 시력이 미치는 범위.	

頹 頁부7획 タイ をとす 질풍 쇠할 퇴 decay & in heaps	疊 田부17획 チョウ かさなる 겹칠 포갤 첩
禾 禿 秀 頹 頹　頹疊	畾 畾 晶 疂 疊　頹疊
頹落【퇴락】 무너지고 떨어짐. 頹俗【퇴속】 퇴폐한 풍속. 疊書【첩서】 같은 글귀나 글자를 거듭 씀. 疊疊山中【첩첩산중】 중첩한 산 속.	

特 牛부6획 トク ひとり 특별할 특 special	殊 歹부6획 シュ ことなり 다를 뛰어날 수
牜 牛 牪 特 特　特殊	歹 歹 殊 殊 殊　特殊
特殊【특수】 특별히 다름. 特技【특기】 특별한 기술이나 재능. 殊常【수상】 보통과 달리 이상함. 殊勳【수훈】 특별히 뛰어난 공훈.	

派 水부6획 ハ わける 물갈래 보낼 파	遣 辶부10획 ケン やる 보낼 견 dispatch
氵 氿 沠 派 派　派遣	虫 串 貴 遣 遣　派遣
派遣【파견】 사람을 보냄. 派生【파생】 주체에서 갈려 나와 생김. 派兵【파병】 군대를 파견함. 遣外【견외】 해외에 파견함.	

芭 艹부4획 ショウ ばしょう 파초 풀이름 파 plantain	蕉 艹부12획 ショウ ばしょう 파초 쓰레기 초
艹 艹 芑 芑 芭　芭蕉	艹 艹 苷 蕉 蕉　芭蕉
芭蕉【파초】 파초과에 딸린 다년생 풀 芭葉【파엽】 파초 잎. 蕉布【초포】 파초의 섬유로 짠 베. 蕉萃【초췌】 야윈 모양. 파리한 모양.	

投鼠忌器 (투서기기) 쥐를 잡으려 하니 그 옆에 있는 그릇을 깨뜨릴까 염려된다.

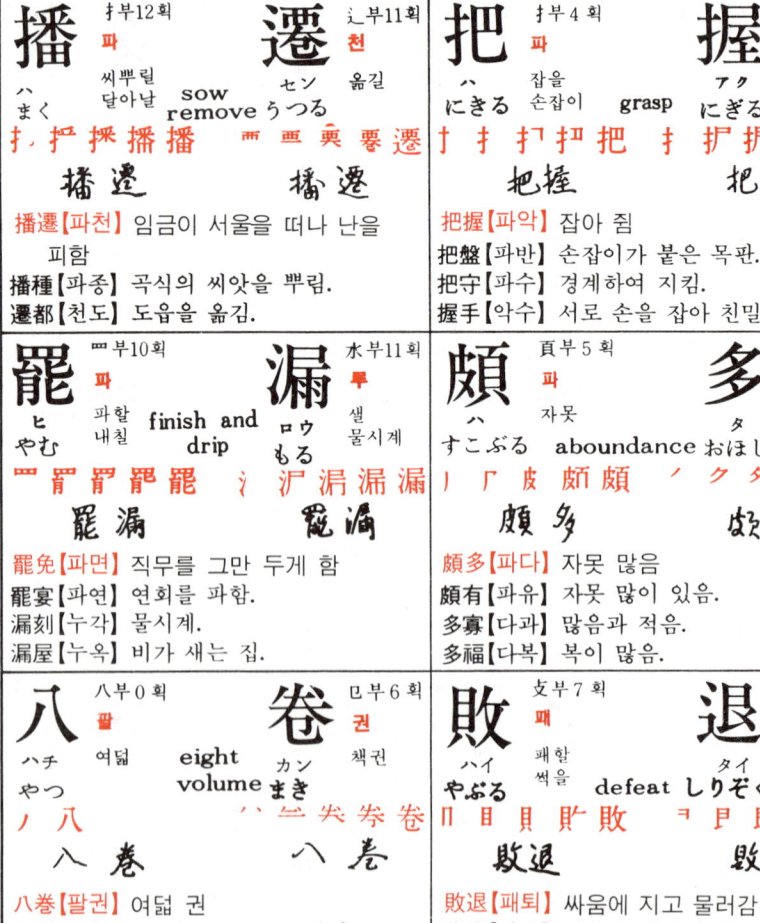

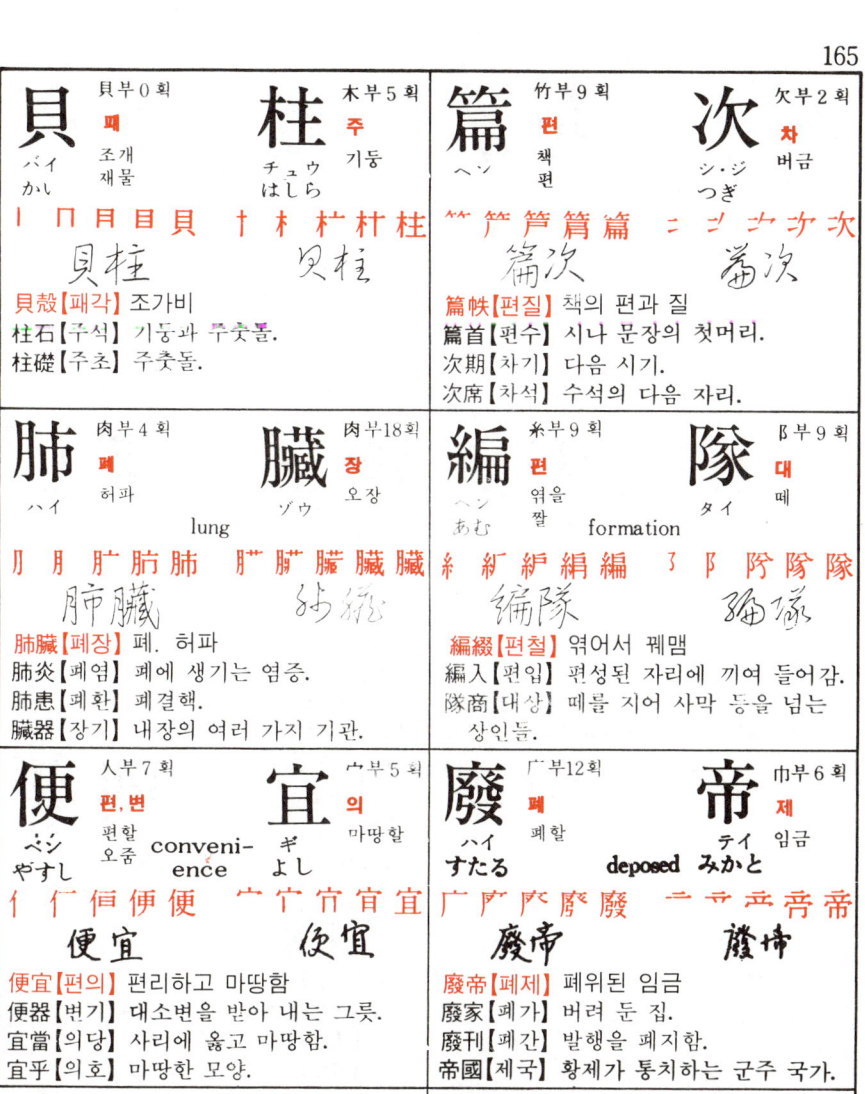

抱 扌부 5획 포 안을 ホウ いだく	擁 扌부 13획 옹 안을 가릴 ヨウ いだく embrace	葡 艹부 9획 포 포도나무 ブ	萄 艹부 8획 도 포도나무 トウ grape
扌扌扚扚抱 抱擁	扌扩扩㨂擁 抱擁	艹芍荀葡葡 葡萄	艹芍萄萄萄 葡萄

抱擁【포옹】 품에 안음.
抱腹【포복】 배를 안고 웃음.
抱負【포부】 미래에 대한 계획이나 희망.
擁衛【옹위】 부축하여 좌우로 호위함.

葡萄【포도】 포도 나무의 열매.
葡萄糖【포도당】 포도 등의 단맛이 나는 즙 속에 포함돼 있는 당분.
葡萄園【포도원】 대규모로 가꾸는 포도밭.

暴 日부 11획 포, 폭 사나울 드러낼 ボウ・バク excessive profits	利 刀부 5획 리 이로울 날카로울 リ きく	圃 口부 7획 포 남새밭 농사 ホ はたけ vegetables garden	囿 口부 6획 유 동산 얽매일 ユウ その
日旦昱暴暴暴 暴利	二千禾利利 暴利	冂同同圃圃 圃囿	冂冂囚囿囿 圃囿

暴利【폭리】 엄청나게 남기는 부당한 이익.
暴動【폭동】 군중적인 폭력 행동.
暴惡【포악】 사납고 악함.
利劍【이검】 썩 잘 드는 칼.

圃囿【포유】 채마전. 궁중의 동산.
圃田【포전】 채마밭. 남새밭.
圃師【포사】 밭농사 짓는 사람.
囿苑【유원】 새나 짐승을 기르는 동산.

飽 食부 5획 포 배부를 ホウ あきる	享 亠부 6획 향 누릴 キョウ 드릴 full enjoyment	褒 衣부 9획 포 칭찬할 자랑 ホウ ほむ praise and censure	貶 貝부 5획 폄 덜 물리칠 ヘン おとす
今食飣飽飽 飽享	亠亠宁亨享 飽享	亠宀褒褒褒 褒貶	冂貝貯貶貶 褒貶

飽享【포향】 싫도록 누림.
飽食【포식】 부르게 잔뜩 먹음.
飽聞【포문】 싫도록 들음.
享年【향년】 한 평생에 누린 나이.

褒貶【포폄】 시비 선악을 평정함.
褒升【포승】 칭찬하여 승진시킴.
貶降【폄강】 벼슬의 등급을 떨어뜨림.
貶退【폄퇴】 물리침.

浦 水부 7획 포 물가 ホ うら harbour	港 水부 9획 항 항구 コウ みなと	爆 火부 15획 폭 폭발할 バク やく blasting	裂 衣부 6획 렬 찢을 흩어질 レツ さく
氵沪沪浦浦 浦港	氵洪洪港港 浦港	火煜煜爆爆 爆裂	歹列列裂裂 爆裂

浦港【포항】 포구와 항구.
浦口【포구】 배가 드나드는 개의 어귀.
浦民【포민】 갯가에 사는 백성.
港都【항도】 항구 도시.

爆裂【폭렬】 불이 일어나며 터짐.
爆發【폭발】 불이 일어나며 갑자기 터짐.
裂果【열과】 익으면 껍질이 터지는 열매.
裂傷【열상】 피부에 입은 찢어진 상처.

抱腹絶倒(포복절도) 배를 잡고 몸을 가누지 못할 정도로 몹시 웃다.
飽食暖衣(포식난의) 배불리 먹고 따뜻하게 입다.

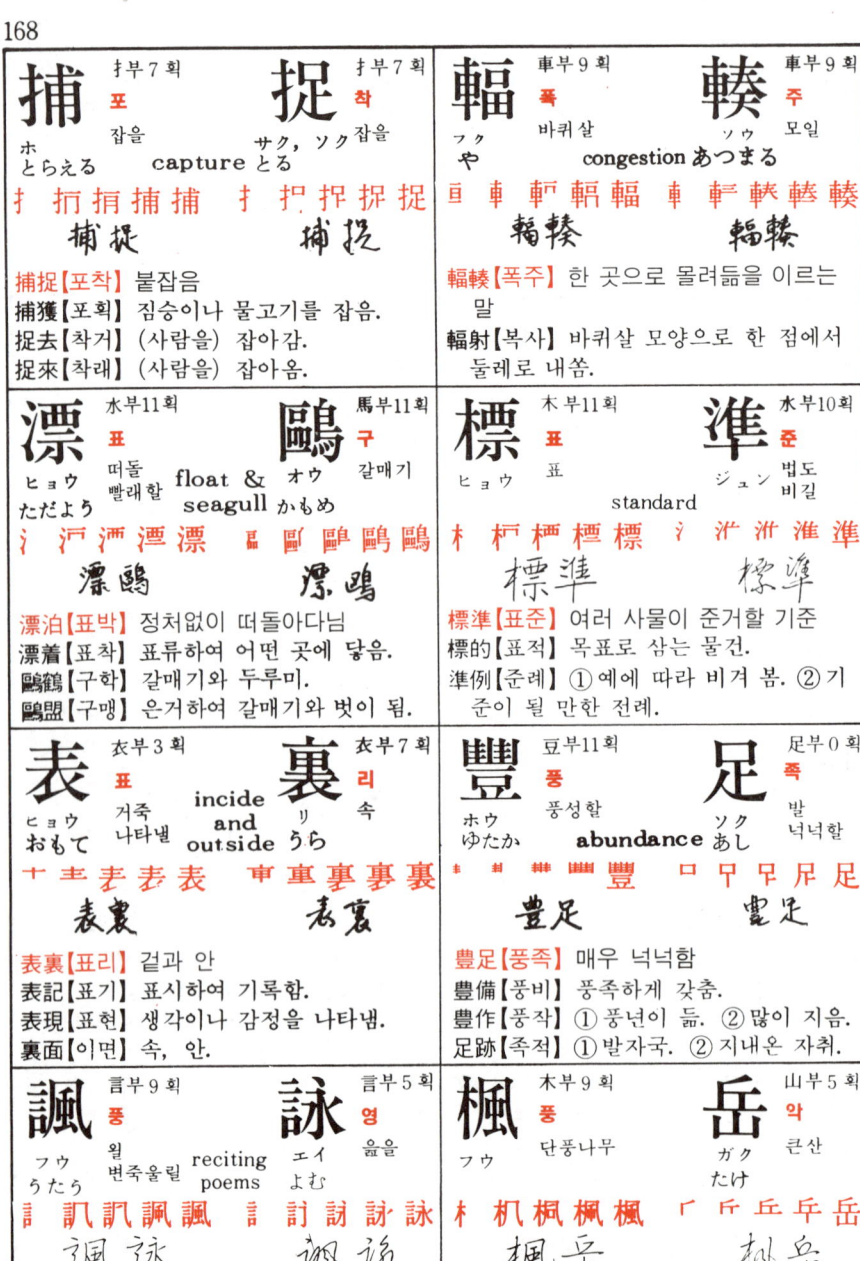

被 피 衣부 5획	選 선 辶부 12획	疲 피 疒부 5획	怠 태 心부 5획
ヒ こうむる 입을 eligible	セン えらぶ 가릴	ヒ つかれる 지칠 tired	タイ おこたる 게으를 거만할 laziness

彳衤衤衤被　吧卑巽選選　广疒疒疒疲　亠台怠怠
被選　　　被選　　　疲怠　　　波怠

被選【피선】 뽑힘
被檢【피검】 검거를 당함.
被害【피해】 해를 입음.　「김.
選任【선임】 (사람을) 골라서 임무를 맡

疲怠【피태】 피로하여 게으름
疲勞【피로】 느른함. 피곤함.
怠惰【태타】 몹시 게으름.
怠業【태업】 게으름을 피우는 일.

皮 피 皮부 0획	革 혁 革부 0획	筆 필 竹부 6획	墨 묵 土부 12획
ヒ かわ 가죽 leather	カク かわ 가죽 고칠	ヒツ ふで 붓 pen and ink	ボク すみ 먹

丿厂广皮皮　一廿苫莒革　⺮竹笁筀筆　口四黒黒墨
皮革　　　皮革　　　筆墨　　　筆墨

皮革【피혁】 가죽의 총칭
皮相【피상】 겉으로 드러나 보이는 현상.
革命【혁명】 낡은 것을 새 것으로 바꾸어 놓는 질적 변화.

筆墨【필묵】 붓과 먹
筆談【필담】 글로 써서 의사를 통함.
墨客【묵객】 글씨를 쓰거나 그림을 그리는 예술가.

彼 피 彳부 5획	岸 안 山부 5획	畢 필 田부 6획	竟 경 立부 6획
ヒ かれ 저 paramita	ガン きし 언덕	ヒツ おわる 마침 after all	ケイ, キョウ おわる 마침내 끝날

彳彳衤衤彼　⺌屵屵岸岸　口罒甲畢畢　亠音音竟
彼岸　　　彼岸　　　畢竟　　　畢竟

彼岸【피안】 저쪽 물가 언덕
彼我【피아】 그와 나.
岸柳【안류】 언덕 위의 버드나무.
岸壁【안벽】 배를 댈 수 있게 쌓은 벽.

畢竟【필경】 마침내. 결국에는
畢生【필생】 한평생.
竟夕【경석】 하룻밤 동안.
竟夜【경야】 밤새도록.

逼 핍 辶부 9획	迫 박 辶부 5획	涵 함 水부 8획	濡 유 水부 14획
ヒツ せまる 닥칠 핍박할	ハク せまる 핍박할	カン ひたす 담글 적실 bestowing favors	ジュ うるおす 적실 견딜

一戸畐畐逼　丨冂白迫迫　氵汈浻涵涵　氵汀沪濡濡
逼迫　　　逼迫　　　涵濡　　　涵濡

逼迫【핍박】 가까이 닥쳐 형세가 절박함
逼剝【핍박】 바싹 가까이 닥쳐와서 형편이 매우 절박함.
迫力【박력】 남을 위압하는 힘.

涵濡【함유】 은덕을 입음
涵暢【함저】 뜻을 새겨서 음미함.
濡首【유수】 만취하여 본성을 잃음.
濡忍【유인】 참음. 인내함.

皮相之士(피상지사) 겉만 보고 속을 알지 못하는 사람.
彼一時 此一時 (피일시 차일시) 그 때나 지금이나 마찬가지.

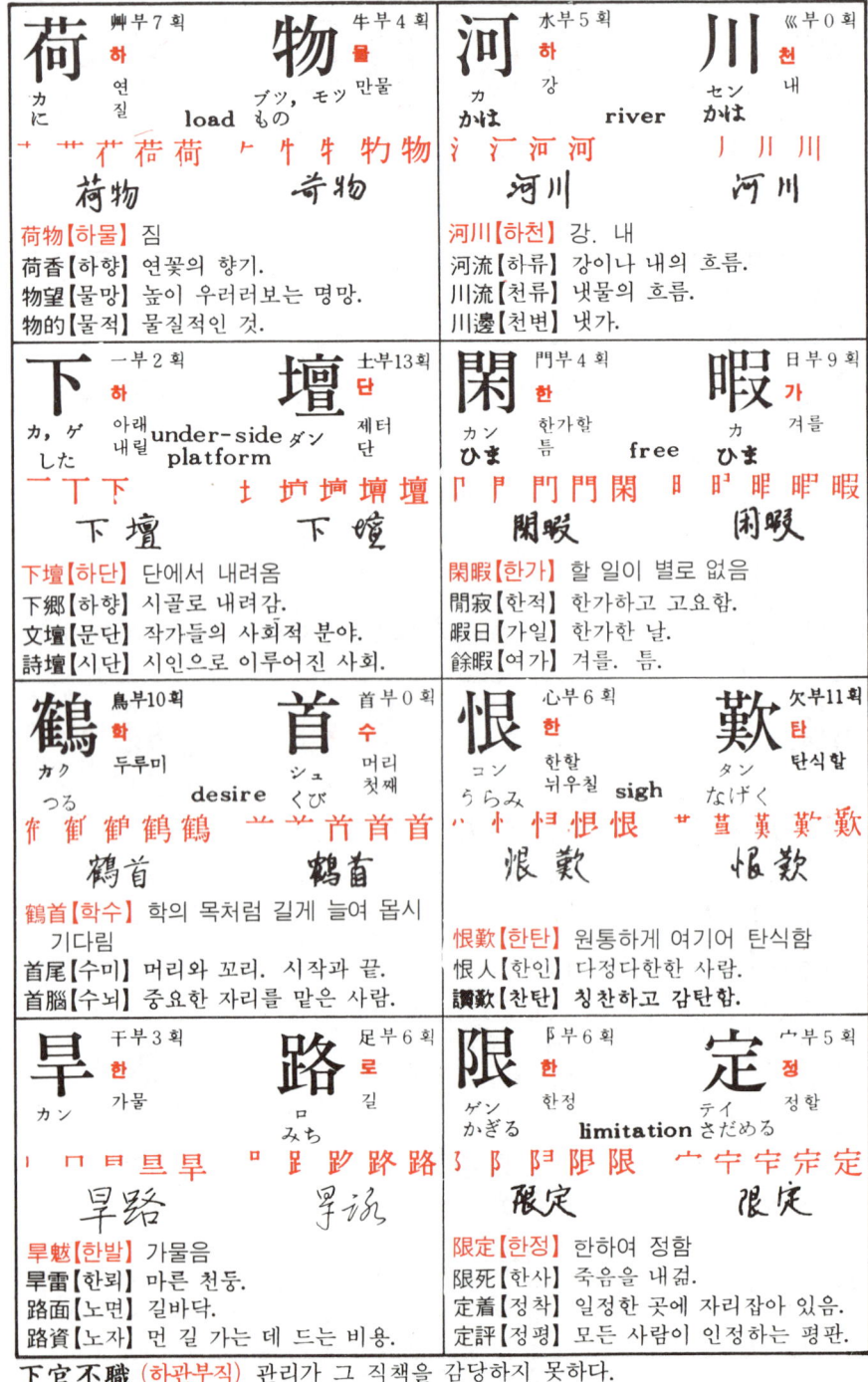

汗 (한 水부 3획) カン / あせ / 땀 / sweat
丶 冫 冫 沪 汗
汗顔　汗顔

汗顔【한안】 땀흘린 얼굴
汗蒸【한증】 높은 열 속에서 몸에 땀을 내어 병을 치료하는 일.
顔面【안면】 ①얼굴. ②알 만한 사이.

顔 (안 頁부 9획) ガン / かお / 얼굴 / face
丶 亠 产 彦 顔 顔 顔

割 (할 刀부 10획) カツ / わる / 나눌 / cut & cultivate
宀 宀 宀 害 割
割耕　割耕

割耕【할경】 남의 논밭을 침범하여 가는 짓
割當【할당】 몫몫이 벼름.
耕田【경전】 논밭을 갈.
耕地【경지】 농사를 짓는 땅.

耕 (경 耒부 4획) コウ / たがやす / 밭갈
三 丰 耒 耒 耕

含 (함 口부 4획) ガン / ふくむ / 머금을 / hold to one's boson & anger
人 今 今 含 含
含怒　含怒

含怒【함노】 노기를 품음
含蓄【함축】 많은 뜻이 집약되어 있음.
怒號【노호】 성내어 외침. 큰소리를 냄.
怒髮【노발】 격노로 일어서는 머리카락.

怒 (노 心부 5획) ド / いかる / 성낼
ㄥ ㄥ 女 奴 怒 怒

項 (항 頁부 3획) コウ / うなじ / 조목 목 / item & wing
ㅡ 丁 丌 項 項
項羽　項羽

項領【항령】 굵은 목줄기
要項【요항】 중요한 항목.
羽毛【우모】 새의 깃과 짐승의 털.
羽狀【우상】 새의 깃 같은 모양이나 상태.

羽 (우 羽부 0획) ウ / はね / 새털 깃
丁 丬 丬 刃 羽

咸 (함 口부 6획) カン / みな / 다 / all pond
丿 厂 咸 咸 咸
咸池　咸池

咸池【함지】 해가 미역감는다는 하늘 위의 못. 곧 해가 지는 곳
咸告【함고】 빼지 않고 다 고함.
池塘【지당】 못.

池 (지 水부 3획) チ / いけ / 못
丶 冫 冫 沪 池

航 (항 舟부 4획) コウ / わたる / 배로 물 건널 / steamship line
丿 月 月 舟 舟 航
航路　航路

航路【항로】 뱃길
航空【항공】 공중을 비행함.
路面【노면】 길바닥.
路資【노자】 먼 길 가는 데 드는 비용.

路 (로 足부 6획) ロ / みち / 길
ㅁ 足 足 趵 路 路

巷 (항 己부 6획) コウ / ちまた / 거리 / the world
一 廾 共 恭 巷
巷間　巷間

巷間【항간】 보통 민중들 사이
巷說【항설】 항간에 떠도는 풍설.
間斷【간단】 계속되지 않고 한동안 끊어짐.

間 (간 門부 4획) カン / あいだ / 사이
丨 尸 門 門 間

抗 (항 扌부 4획) コウ / ふせく / 대항할 / resistance
扌 扌 扩 扩 抗
抗拒　抗拒

抗拒【항거】 맞서서 겨눔
抗辯【항변】 항거하여 변론함.
拒否【거부】 거절하여 동의하지 아니함.
拒逆【거역】 항거하여 거스름.

拒 (거 扌부 5획) キョ / こばむ / 맞설
扌 扌 扩 扩 拒

閑雲野鶴 (한운야학) 구름 아래 한가로이 노는, 들의 학.
汗出沾背 (한출첨배) 땀이 등에 배다.

恒 心부 6획 / 항 / 항상 / コウ / つね
例 人부 6획 / 례 / 법식, 보기 / レイ / なぐひ / custom
諧 言부 9획 / 해 / 농지거리, 어울릴 / カイ / かなふ
謔 言부 9획 / 학 / 농할, 농 / ギャク / たはむる / joke

恒例【항례】보통의 예
恒久【항구】변함없이 오램.
例規【예규】관례로 되어 있는 규칙.
例示【예시】예를 들어서 보임.

諧謔【해학】익살스럽고 취미 있는 농담
諧比【해비】화합하여 친밀함.
謔謔【학학】①기뻐 즐기는 모양. ②성하고 맹렬한 모양.

港 水부 9획 / 항 / 항구 / コウ / みなと
市 巾부 2획 / 시 / 저자 / シ / いち
解 角부 6획 / 해 / 풀, 깨달을 / カイ / とく / analysis
析 木부 4획 / 석 / 쪼갤 / セキ

港灣【항만】배를 대고 사람과 물건의 오르내림이 편리한 수면과 시설
市街【시가】도시의 큰 길거리.
市場【시장】상품 매매를 위하여 설치한 「곳.

解析【해석】사물을 풀어서 연구함
解決【해결】제기된 일을 해명 처리함.
析出【석출】분석하여 냄.
分析【분석】구성 요소를 갈라 냄.

邂 辶부 13획 / 해 / 우연히만날 / カイ / あう / chance meeting
逅 辶부 6획 / 후 / 우연히만날 / コウ / あう
該 言부 6획 / 해 / 그, 넓을 / ガイ / そなふ / wide knowledge
博 十부 10획 / 박 / 넓을 / ハク / ひろし

邂逅【해후】해후상봉의 줄임말
邂逅相遇 適我願兮【해후상우 적아원혜】
우연히 서로 만나니 마침 내가 원하는 바다.

該博【해박】학문과 지식이 널리 통함
該地【해지】바로 그 땅.
博識【박식】아는 것이 많음. 「함.
博愛【박애】모든 사람을 평등하게 사랑

海 水부 7획 / 해 / 바다 / カイ / うみ / seashore
岸 山부 5획 / 안 / 언덕 / ガン / きし
幸 干부 5획 / 행 / 다행 / コウ / さいはひ / happiness
福 示부 9획 / 복 / 복 / フク / さいはひ

海岸【해안】바닷가의 언덕
海洋【해양】넓고 큰 바다.
海外【해외】바다 바깥. 외국.
沿岸【연안】바다, 강가로 잇닿은 지대.

幸福【행복】만족한 마음의 상태
幸運【행운】좋은 운수.
福德【복덕】타고난 행복.
福力【복력】누리는 복의 힘.

海內奇士 (해내기사) 국내에서 비교할 사람이 없을 만큼 뛰어난 인물.
偕老同穴 (해로동혈) 함께 늙어 무덤을 같이하다.

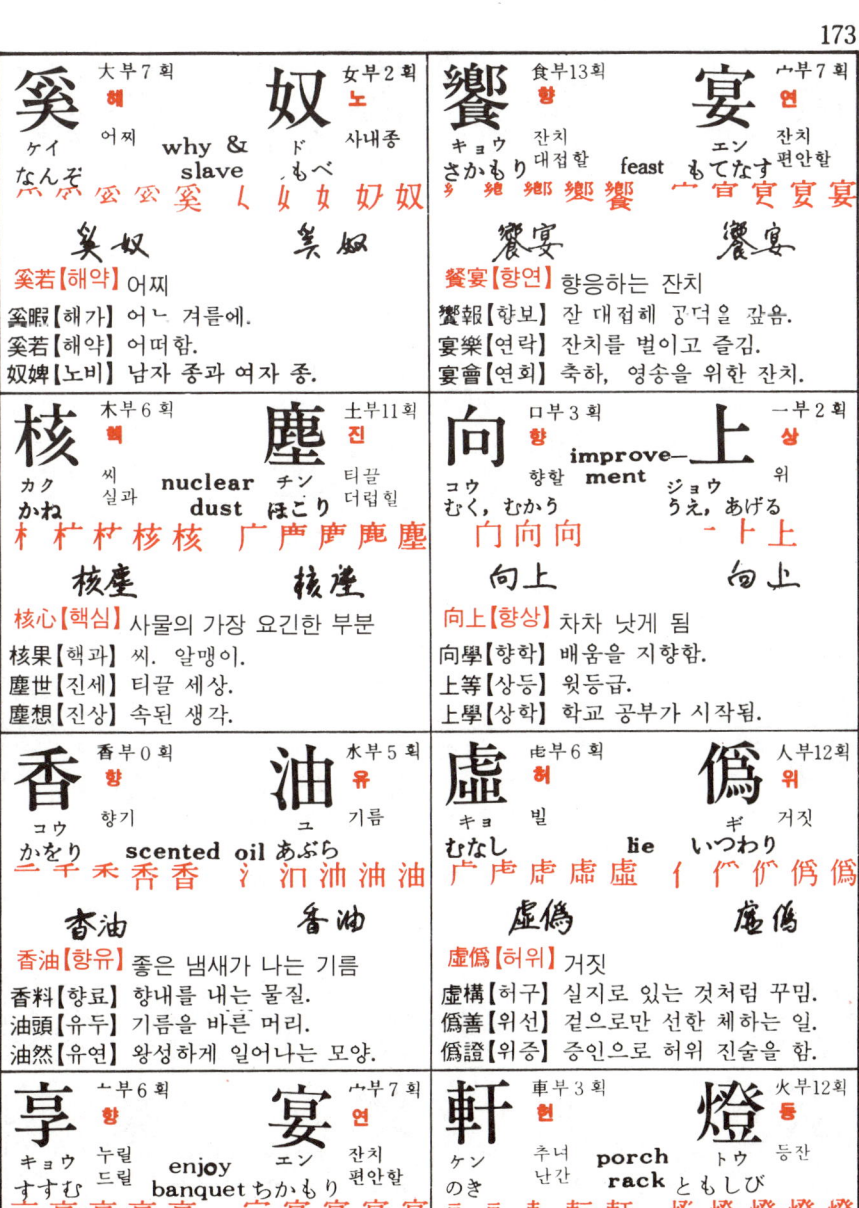

奚 大부7획 해 why & なんぞ ケイ 어찌
奚若【해약】어찌.
奚暇【해가】어느 겨를에.
奚若【해약】어떠함.

奴 女부2획 노 slave ド もべ 사내종
奴婢【노비】남자 종과 여자 종.

饗 食부13획 향 feast さかもり キョウ 잔치 대접할
饗宴【향연】향응하는 잔치
饗報【향보】잘 대접해 공덕을 갚음.
宴樂【연락】잔치를 벌이고 즐김.
宴會【연회】축하, 영송을 위한 잔치.

宴 宀부7획 연 エン もてなす 잔치 편안할

核 木부6획 핵 nuclear dust かね カク 씨. 실과
核心【핵심】사물의 가장 요긴한 부분
核果【핵과】씨. 알맹이.

塵 土부11획 진 チン ほこり 티끌 더럽힐
塵世【진세】티끌 세상.
塵想【진상】속된 생각.

向 口부3획 향 improvement むく, むかう コウ 향할
向上【향상】차차 낫게 됨
向學【향학】배움을 지향함.

上 一부2획 상 ジョウ うえ, あげる 위
上等【상등】윗등급.
上學【상학】학교 공부가 시작됨.

香 香부0획 향 scented oil かおり コウ 향기
香油【향유】좋은 냄새가 나는 기름
香料【향료】향내를 내는 물질.
油頭【유두】기름을 바른 머리.
油然【유연】왕성하게 일어나는 모양.

油 水부5획 유 ユ あぶら 기름

虛 虍부6획 허 キョ むなし 빌
虛僞【허위】거짓
虛構【허구】실지로 있는 것처럼 꾸밈.
僞善【위선】겉으로만 선한 체하는 일.
僞證【위증】증인으로 허위 진술을 함.

僞 人부12획 위 ギ いつわり 거짓

享 亠부6획 향 enjoy すすむ キョウ 누릴 드릴
享宴【향연】성대한 잔치
享樂【향락】즐거움을 누림.
宴樂【연락】잔치를 벌이고 즐김.
宴會【연회】축하, 영송을 위한 잔치.

宴 宀부7획 연 banquet ちかもり エン 잔치 편안할

軒 車부3획 헌 porch rack のき ケン 추녀 난간
軒燈【헌등】처마에 다는 등
軒擧【헌거】풍채가 좋고 의기가 당당함.
燈燭【등촉】등불과 촛불.
燈下【등하】등잔 밑.

燈 火부12획 등 トウ ともしび 등잔

虛氣平心 (허기평심) 기운을 가라앉히고 마음을 편안하게 하다.
虛心坦懷 (허심탄회) 거리끼지 않고 숨김이 없는 마음.

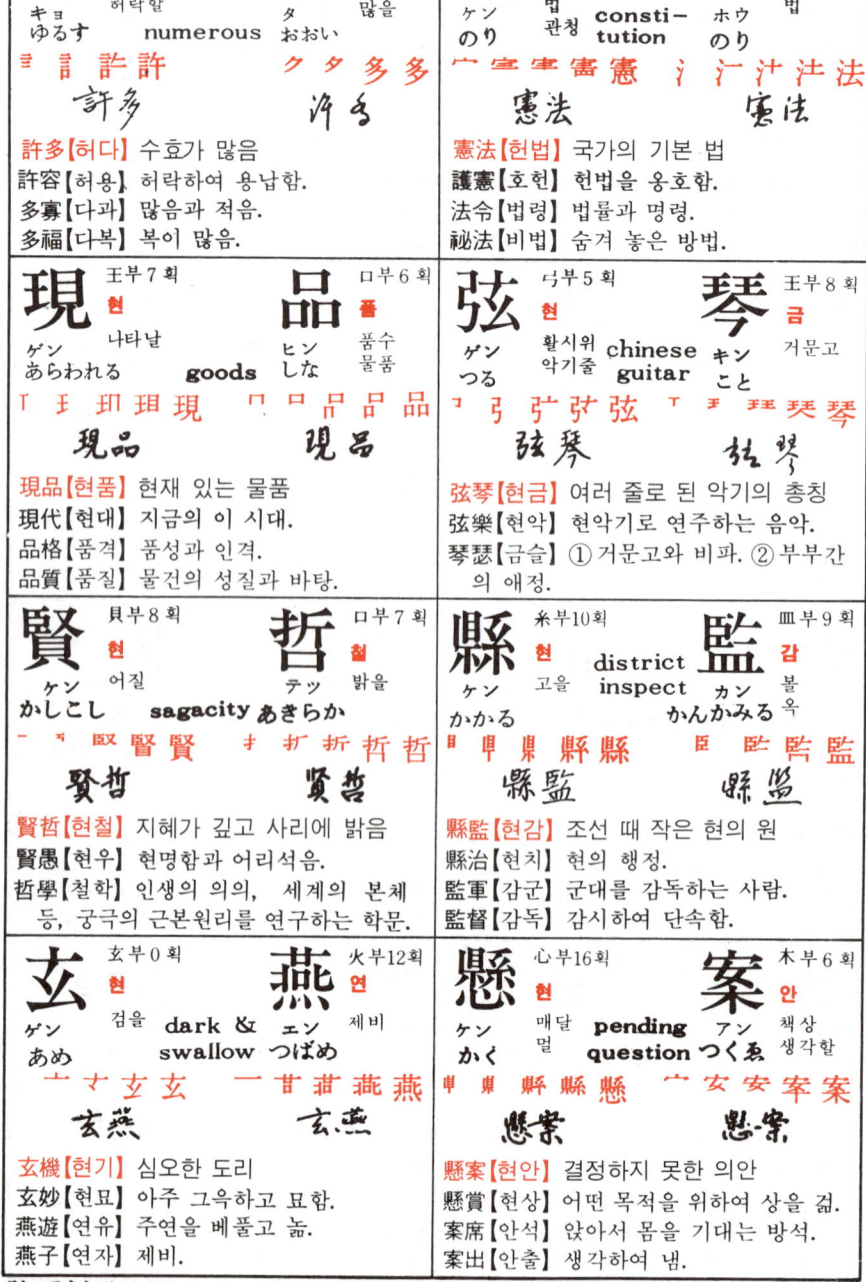

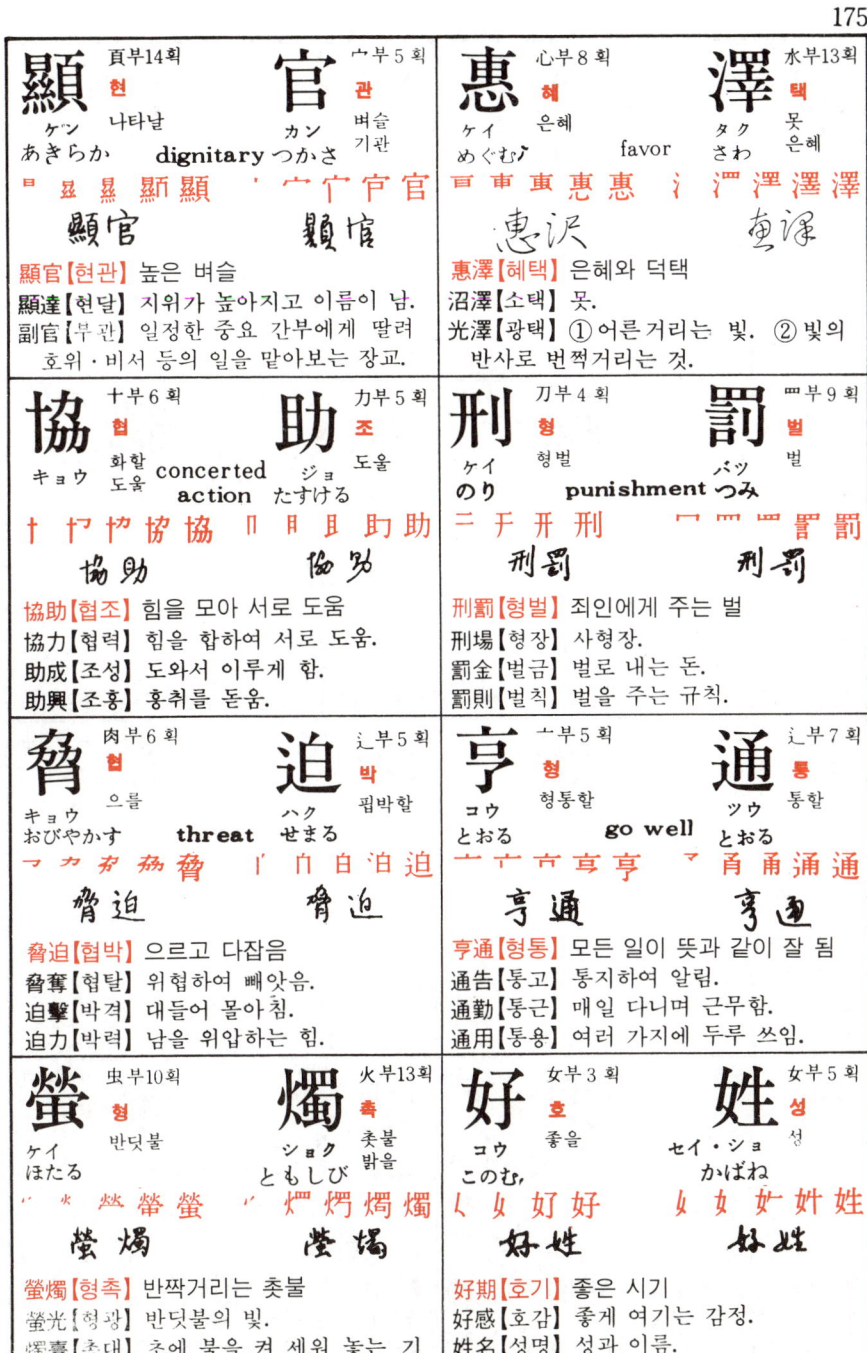

顯官【현관】 높은 벼슬
顯達【현달】 지위가 높아지고 이름이 남.
副官【부관】 일정한 중요 간부에게 딸려 호위·비서 등의 일을 맡아보는 장교.

惠澤【혜택】 은혜와 덕택
沼澤【소택】 못.
光澤【광택】 ① 어른거리는 빛. ② 빛의 반사로 번쩍거리는 것.

協助【협조】 힘을 모아 서로 도움
協力【협력】 힘을 합하여 서로 도움.
助成【조성】 도와서 이루게 함.
助興【조흥】 흥취를 돋움.

刑罰【형벌】 죄인에게 주는 벌
刑場【형장】 사형장.
罰金【벌금】 벌로 내는 돈.
罰則【벌칙】 벌을 주는 규칙.

脅迫【협박】 으르고 다잡음
脅奪【협탈】 위협하여 빼앗음.
迫擊【박격】 대들어 몰아침.
迫力【박력】 남을 위압하는 힘.

亨通【형통】 모든 일이 뜻과 같이 잘 됨
通告【통고】 통지하여 알림.
通勤【통근】 매일 다니며 근무함.
通用【통용】 여러 가지에 두루 쓰임.

螢燭【형촉】 반짝거리는 촛불
螢光【형광】 반딧불의 빛.
燭臺【촉대】 초에 불을 켜 세워 놓는 기구. 촛대.

好期【호기】 좋은 시기
好感【호감】 좋게 여기는 감정.
姓名【성명】 성과 이름.
姓氏【성씨】 남을 높이어 그 '성'을 이름.

刑名之學 (형명지학) 법으로써 나라를 다스려야 한다는 학설.
螢雪之功 (형설지공) 열심히 공부하여 보람을 얻다.

慧 심부11획 혜 sagacity ケイ & さとし star	星 일부5획 성 별 セイ ほし	虎 호부2획 호 범 コ とら	口 구부0획 구 입 어귀 コウ くち
⇁⇂⇃⇄彗彗慧	⼝日且早星	⼁⼂⼃虍虎	⼁口
慧星	慧星	虎口	虎口
慧敏【혜민】 총명하고 민첩함 「는 눈. 慧眼【혜안】 사물을 밝게 보는 총기 있는 星群【성군】 별의 무리. 星霜【성상】 1년 동안의 세월.		虎口【호구】 썩 위험한 곳 또는 그 경우 虎視【호시】 범과 같이 날카로운 눈초리 　　　　　로 노려 봄. 口角【구각】 입아귀.	
荊 초부6획 형 가시나무 ケイ 곤장 いばら brambles	棘 목부8획 극 가시나무 キョク 야월 いばら	互 이부2획 호 서로 ゴ each other たがひ & hear	聽 이부16획 청 들을 チョウ きく
⼀艹艹荊荊	⼁⼂束束棘	⼀⼅互互	⼀⽿聇聽聽
荊棘	荊棘	互聽	互聽
荊棘【형극】 나무의 온갖 가시 荊妻【형처】 자기 아내의 겸칭. 棘矢【극시】 가시나무로 만든 화살. 棘圍【극위】 문과의 과거를 보는 장소.		互相【호상】 서로 互流【호류】 서로 교류함. 聽講【청강】 강의를 들음. 聽衆【청중】 (연설 따위를) 듣는 군중.	
戶 호부0획 호 지게 コ 집 と	籍 죽부14획 적 서적 セキ 호적 ふみ census	浩 수부7획 호 넓을 コウ ひろい moor	茫 초부6획 망 망망할 ボウ 넓을 ひろし
⼀⼁⼂戶	⺮竺箈籍籍	⼻⼼⼳⼴浩	⼀⺾茫茫
戶籍	戶籍	浩茫	浩茫
戶籍【호적】 가족관계를 기록한 장부 煙戶【연호】 연기가 나는 집. 籍沒【적몰】 재산을 몰수함. 籍田【적전】 임금이 몸소 가는 밭.		浩茫【호망】 넓고 커서 질펀함 浩大【호대】 아주 넓고 큼. 茫洋【망양】 아득히 넓고 멂. 茫然自失【망연자실】 멀거니 정신을 잃음.	
狐 견부5획 호 여우 コ きつね fox & wolf	狼 견부7획 랑 이리 ロウ 어지러울 おほかみ	毫 모부7획 호 가는 털 ゴウ 붓 わづか triviality	末 목부1획 말 끝 マツ 가루 すゑ
⼁狐狐狐狐	⼁犭犭狠狼	⼀亠毫毫毫	⼀⼆⼅末末
狐狼	狐狼	毫末	毫末
狐網【호망】 여우를 잡기 위하여 치는 그물 狐狸【호리】 여우와 삵. 狼戾【낭려】 이리같이 마음이 비뚤어짐. 狼藉【낭자】 여기저기 흩어져 어지러움.		毫末【호말】 털끝. 극히 작은 것 毫端【호단】 붓끝. 末路【말로】 망하여 가는 마지막 길.「리. 末席【말석】 ①끝 자리. ②제일 낮은 자	

虎視耽耽 (호시탐탐) 호랑이가 눈을 부릅뜨고 노려보다.

浩然之氣 (호연지기) 천지간에 충일한 바른 기운.

| 湖 호 コ みずうみ the lakeside | 畔 반 ハン ほとり 밭두둑 물가 | 胡 호 コ たれにく 오랑캐 어찌 | 臭 취 シュウ にほひ 냄새 |

湖海【호해】 호수와 바다.
湖心【호심】 호수의 한가운데.
畔岸【반안】 예의범절이 없는 모양.「음.
畔援【반원】 저쪽을 배반하고 이쪽을 도

胡臭【호취】 암내.
胡亂【호란】 뒤섞어 어지러움.
胡地【호지】 오랑캐의 땅.
臭氣【취기】 좋지 못한 냄새.

| 豪 호 ゴウ すぐれる 호걸 성할 | 傑 걸 ケツ すぐれる 뛰어날 | 混 혼 コン まぜる 섞을 confusion | 亂 란 ラン みたれる 어지러울 난리 |

豪俠【호협】 호방하고 협기가 있음.
豪華【호화】 매우 사치스럽고 화려함.
傑作【걸작】 뛰어나게 좋은 작품.
傑出【걸출】 썩 잘남.

混亂【혼란】 몹시 어지러움.
混成【혼성】 서로 혼합되어 이루어짐.
亂暴【난폭】 몹시 거칠고 사나움.
亂動【난동】 함부로 행동함.

| 或 혹 ワク あるいわ some tell | 云 운 ウン いう 이를 | 婚 혼 コン とつぐ 혼인할 marry time | 期 기 キ 기약할 기간 |

或云【혹운】 어떤 이가 말하는 바.
或時【혹시】 어찌하다가. 어떠한 때에.
云云【운운】 '이러이러하다고 말함'의 뜻
　　　으로 쓰이는 말.

婚期【혼기】 혼인하기에 적당한 나이
婚姻【혼인】 남녀가 부부가 되는 일.
期間【기간】 일정한 때에서 일정한 때까
　　　지의 동안.

| 酷 혹 コク むごい 괴로울 심할 | 評 평 ヒョウ はかる 평론할 | 昏 혼 コン くらし coma 어두울 | 睡 수 スイ ねむる 졸 |

酷暑【혹서】 몹시 혹독한 더위.
酷毒【혹독】 성질 등이 매우 나쁨.
評價【평가】 가치, 수준 등을 평정함.
評判【평판】 세상 사람들의 평.

昏睡【혼수】 정신없이 잠이 들음.
昏困【혼곤】 까라지거나 노그라져서 곤함.
睡中【수중】 잠든 동안.
睡鄕【수향】 꿈나라.

惑世誣民 (혹세무민) 세상 사람을 속여 마음을 어지럽히다.
魂飛魄散 (혼비백산) 몹시 놀라 정신이 없다.

紅 糸부3획
홍 / 붉을 / red & / くれない / コウ

紅顏【홍안】혈색이 좋은 얼굴.
紅葉【홍엽】빛깔이 붉은 잎.

輪 車부8획
륜 / 바퀴 둘레 / wheel / わ / リン

輪讀【윤독】여러 사람이 돌려가며 읽음.
輪番【윤번】①돌림 차례. ②차례로 번갈음.

鴻 水부6획
홍 / 큰기러기 / wild goose / おおとり / コウ

鴻雁【홍안】큰 기러기와 작은 기러기.
鴻業【홍업】나라를 세우는 큰 사업.

雁 厂부4획
안 / 기러기 / かり / ガン

雁夫【안부】혼인 때 신부 집에 목안(木雁)을 가지고 가는 사람.

縞 糸부10획
호 / 명주 흰빛 / しろぎぬ / コウ

縞裙【호군】흰 명주치마.
縞衣【호의】희고 고운 명주 옷.

帽 巾부9획
모 / 모자 / かぶりもの / ボウ

帽章【모장】모자에 붙이는 일정한 표.
帽子【모자】머리에 쓰는 물건의 총칭.

洪 水부6획
홍 / 넓을 클 / vast & coarse / おほみづ / コウ

洪業【홍업】큰 사업. 건국의 대업.
洪恩【홍은】넓고 큰 은덕이나 은혜.

荒 艸부6획
황 / 거칠 / すたる / コウ

荒唐【황당】종적 없이 허황함.
荒廢【황폐】거칠어져 못 쓰게 됨.

弘 弓부2획
홍 / 넓을 클 / ひろし / コウ

弘大【홍대】범위가 넓고 큼.
弘益【홍익】널리 이롭게 함.

殃 歹부5획
앙 / 재앙 / わざはひ / オウ

殃禍【앙화】재난.
災殃【재앙】불행한 변고.

火 火부0획
화 / 불 급할 / conflagration / ひ / カ

火災【화재】불이 나는 재앙.
火急【화급】매우 급함.

災 火부3획
재 / 재앙 / わざわい / サイ

災變【재변】재앙으로 생긴 변고.
災害【재해】자연에 의하여 입는 해.

禾 禾부0획
화 / 벼 / grain / いね / クワ

禾苗【화묘】볏모.
禾穀【화곡】벼.

穫 禾부14획
확 / 거둘 / & reap / をさむ / カク

收穫【수확】농작물을 거두어 들임.
秋穫【추확】농작물의 가을걷이.

擴 手부15획
확 / 늘릴 / expand & / ひろむ / カク

擴縮【확축】늘임과 줄임.
擴大【확대】크게 넓힘.

縮 糸부11획
축 / 오그라들 모자랄 / dhaw in / ちぢまる / シュク

縮氣【축기】용기가 없어짐.
縮慄【축률】무서워 움츠림.

忽顯忽沒 (홀현홀몰) 문득 나타났다가 문득 없어지다.
紅爐點雪 (홍로점설) 벌겋게 단 화로에 떨어진 눈.

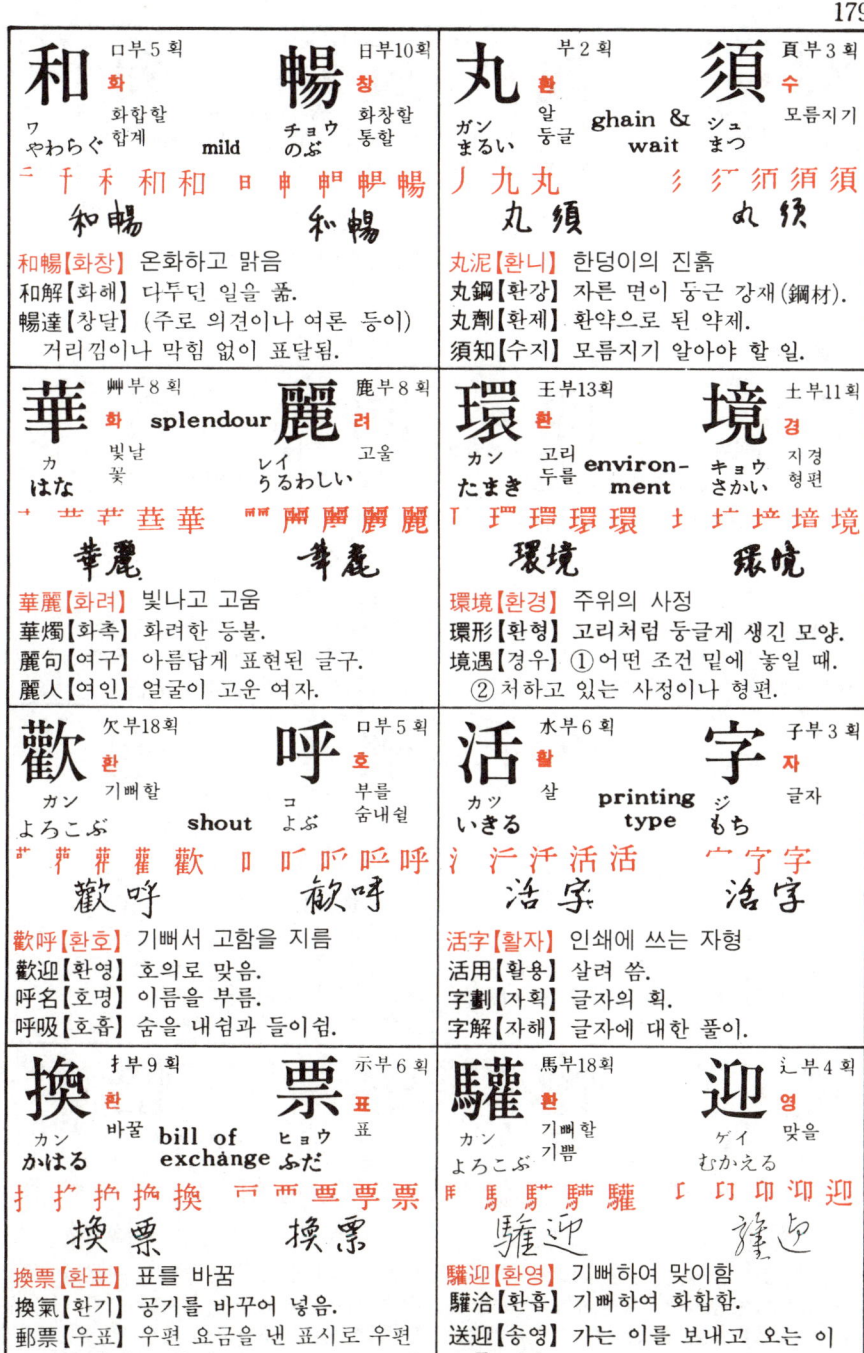

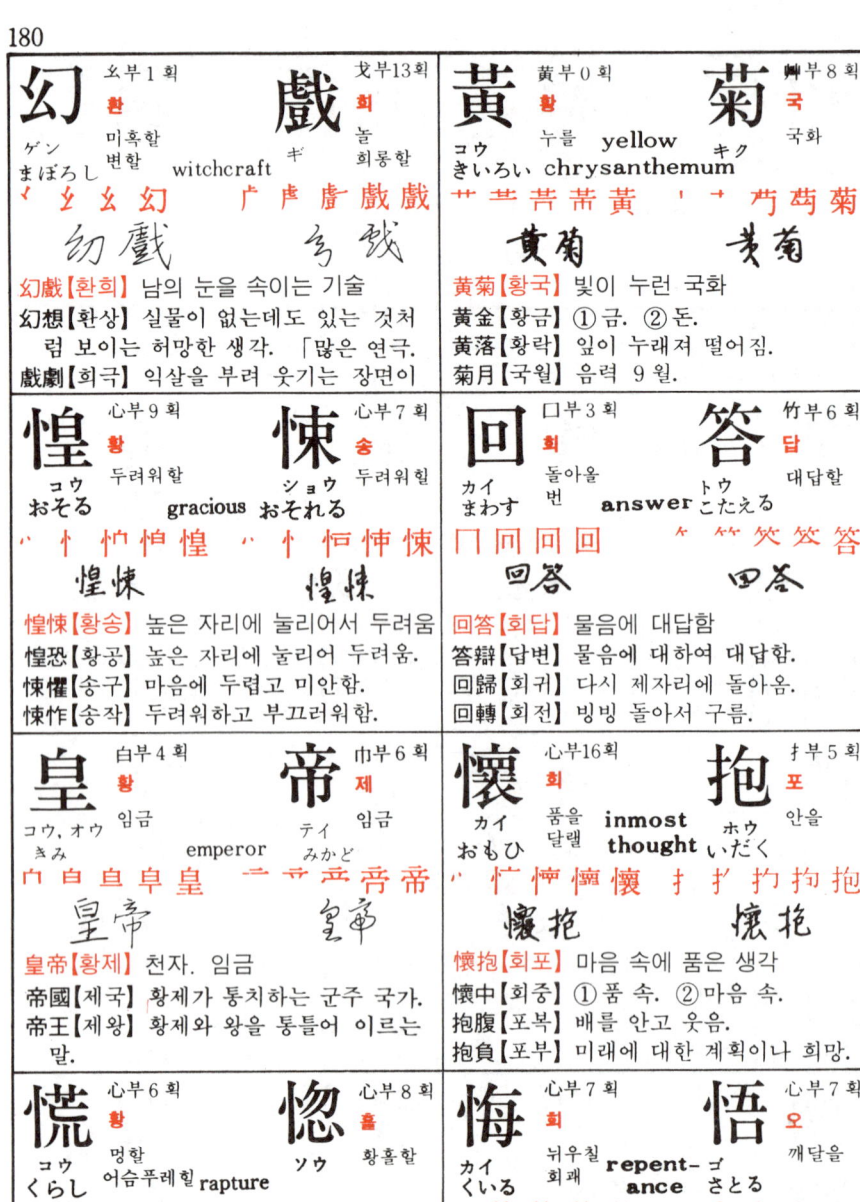

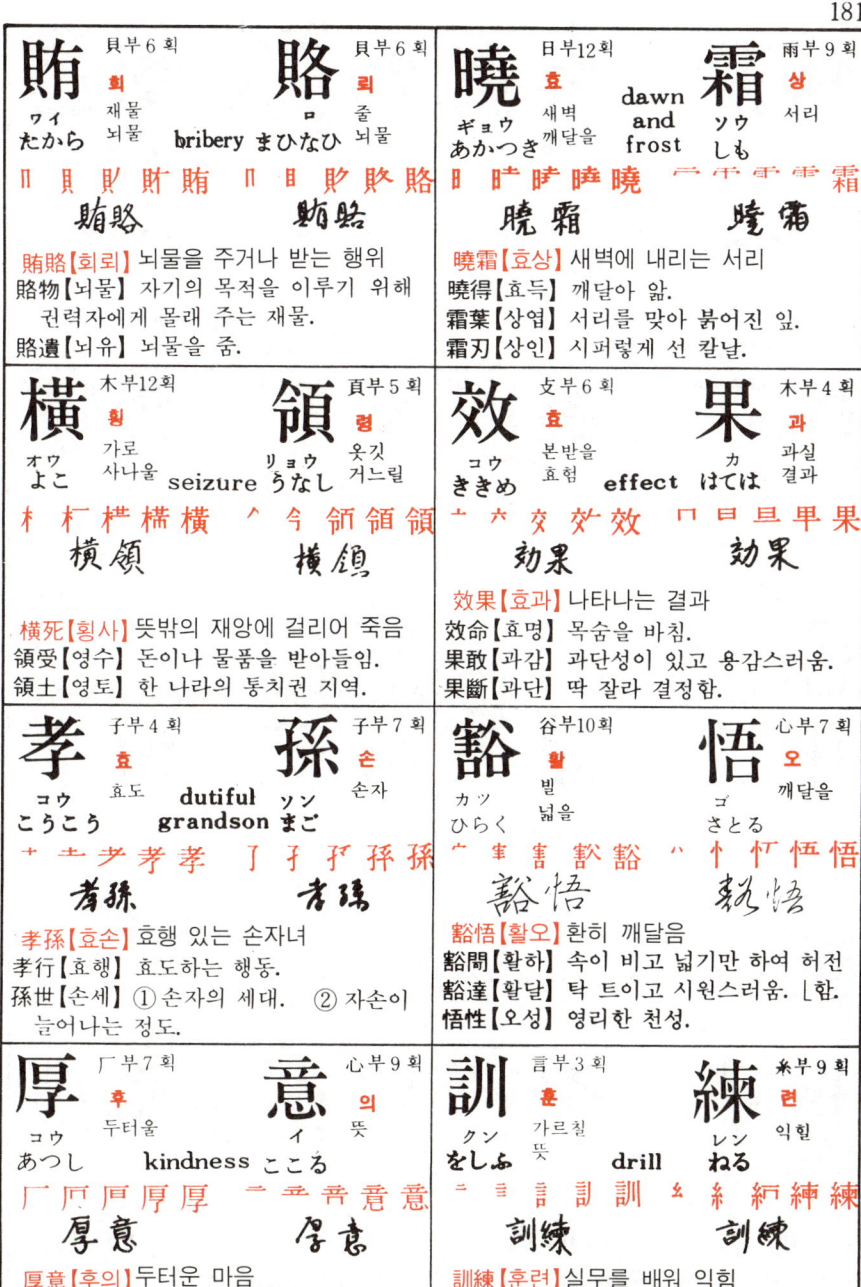

賄 貝부6획 회 재물 뇌물 ワイ たから bribery
賂 貝부6획 뢰 줄 뇌물 まひなひ
曉 日부12획 효 새벽 깨달을 ギョウ あかつき dawn and frost
霜 雨부9획 상 서리 ソウ しも

賄賂【회뢰】 뇌물을 주거나 받는 행위
賂物【뇌물】 자기의 목적을 이루기 위해 권력자에게 몰래 주는 재물.
賂遺【뇌유】 뇌물을 줌.

曉霜【효상】 새벽에 내리는 서리
曉得【효득】 깨달아 앎.
霜葉【상엽】 서리를 맞아 붉어진 잎.
霜刃【상인】 시퍼렇게 선 칼날.

橫 木부12획 횡 가로 사나울 オウ よこ seizure
領 頁부5획 령 옷깃 거느릴 リョウ うなし
效 攴부6획 효 본받을 효험 コウ ききめ effect
果 木부4획 과 과실 결과 カ はて

橫死【횡사】 뜻밖의 재앙에 걸리어 죽음
領受【영수】 돈이나 물품을 받아들임.
領土【영토】 한 나라의 통치권 지역.

效果【효과】 나타나는 결과
效命【효명】 목숨을 바침.
果敢【과감】 과단성이 있고 용감스러움.
果斷【과단】 딱 잘라 결정함.

孝 子부4획 효 효도 コウ こうこう dutiful grandson
孫 子부7획 손 손자 ソン まご
豁 谷부10획 활 빌 넓을 カツ ひらく
悟 心부7획 오 깨달을 ゴ さとる

孝孫【효손】 효행 있는 손자녀
孝行【효행】 효도하는 행동.
孫世【손세】 ① 손자의 세대. ② 자손이 늘어나는 정도.

豁悟【활오】 환히 깨달음
豁開【활하】 속이 비고 넓기만 하여 허전
豁達【활달】 탁 트이고 시원스러움.ㄴ함.
悟性【오성】 영리한 천성.

厚 厂부7획 후 두터울 コウ あつし kindness
意 心부9획 의 뜻 イ こころ
訓 言부3획 훈 가르칠 뜻 クン をしふ drill
練 糸부9획 련 익힐 レン ねる

厚意【후의】 두터운 마음
厚德【후덕】 어질고 무던함.
意氣【의기】 장한 마음.
意圖【의도】 무엇을 이루려는 마음.

訓練【훈련】 실무를 배워 익힘
訓話【훈화】 교훈이나 훈시하는 말.
練磨【연마】 힘써 배우고 닦음.
練習【연습】 익숙하도록 익힘.

荒唐無稽 (황당무계) 터무니 없고 근거가 없다.
黃河千年一淸 (황하천년일청) 황하가 천 년에 한 번 맑다.

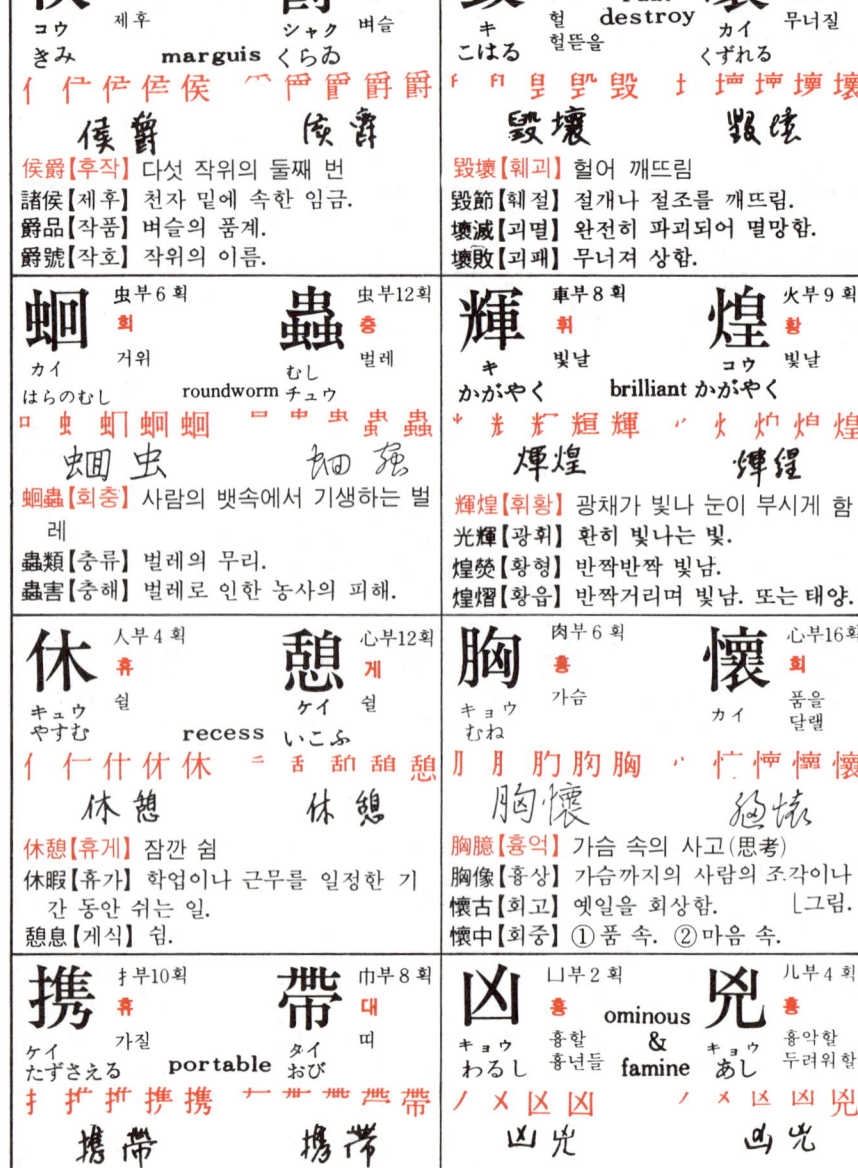

薫 ㅊ부14획 クン 향초 かおる 향기로울	育 肉부4획 イク 기를 そだてる	欣 欠부4획 キン 기뻐할 pleasant よろこぶ 기쁨	快 心부4획 カイ 쾌활 こころよし 빠를
薫育【훈육】 훈도하여 기름 薫氣【훈기】 훈훈한 기운. 育成【육성】 길러서 자라게 함. 育兒【육아】 어린아이를 기름.		欣快【흔쾌】 마음에 기쁘고도 통쾌함 欣然【흔연】 기뻐하는 모양. 爽快【상쾌】 기분이 썩 시원하고 거뜬함.	
恢 心부6획 カイ 넓을 ひろい widen	宏 宀부4획 コウ 클 ひろい 넓을	興 臼부9획 コウ,キョウ 일어날 おこる gusto	趣 走부8획 シュ 뜻 おもむき 추창할
恢宏【회굉】 넓힘 恢遠【회원】 넓고 멂. 恢復【회복】 이전의 상태로 돌아감. 宏辯【굉변】 웅대한 변설.		興趣【흥취】 흥미를 일으키는 재미 興亡【흥망】 흥함과 망함. 趣味【취미】 마음에 끌리어 일정한 지향 성을 가진 흥미.	
欽 欠부8획 キン 공경할 admiration つつしむ 부러워할	慕 心부11획 ボ 사모할 したふ	希 巾부4획 キ 바랄 まれ hope	望 月부7획 ボウ 바랄 のぞむ 보름
欽慕【흠모】 기쁘게 여기어 사모함 欽羨【흠선】 몹시 바라고 부러워함. 戀慕【연모】 사랑하여 그리워함. 追慕【추모】 죽은 사람을 사모함.		希望【희망】 앞 일에 대한 소망 希求【희구】 바라서 요구함. 望六【망륙】 예순을 바라봄. 望鄕【망향】 고향을 바라봄.	
吸 口부4획 キュウ 숨들이쉴 すう absorption	引 弓부1획 イン 인도할 ひく 끌	犧 牛부13획 キ 희생 sacrifice いけにへ 술그릇	牲 牛부5획 セイ 희생 いけにへ
吸引【흡인】 빨아 들임 吸血【흡혈】 피를 빨아들임. 引導【인도】 ①지도함. ②길을 안내함. 引力【인력】 물질이 서로 당기는 힘.		犧牲【희생】 남을 위하여 버리거나 빼앗김 牲殺【생살】 희생을 죽이는 일.　「기. 牲殽【생효】 뼈를 바르지 않은 희생의 고 牲犢【생독】 희생으로 쓰는 송아지.	

會稽之恥 (회계지치) 전쟁에 진 치욕.
悔人不倦 (회인불권) 사람을 가르치고 깨우침에 조금도 권태를 느끼지 않다.

戲 (희) 戈부13획 — ギ, たはむれ, 희롱할, comedy
广 庐 虚 戲 戲
戲劇
- 戲劇【희극】익살부려 웃기는 연극
- 戲弄【희롱】말, 행동으로 실없이 놀림.

劇 (극) 刀부13획 — ゲキ, はげし, 연극, 심할
广 虎 豦 豦 劇
戲劇
- 劇藥【극약】적은 양으로 강한 작용을 나타내는 약품.

喜 (희) 口부9획 — キ, よろこぶ, 기쁠, glad
吉 吉 吉 喜 喜
喜悅
- 喜悅【희열】기뻐하고 즐거워 함
- 喜色【희색】기뻐하는 빛.

悅 (열) 心부7획 — エツ, よろこぶ, 기쁠
忄 忄 忄 悅 悅
喜悅
- 悅口【열구】음식이 입에 맞음.
- 悅樂【열락】기뻐하고 즐거워함.

稀 (희) 禾부7획 — キ, まれ, 드물, sparse
禾 秆 秆 稀 稀
稀薄
- 稀薄【희박】기체·액체의 밀도가 작음
- 稀貴【희귀】썩 드물어져서 진귀함.
- 稀釋【희석】희박해지게 섞어 타거나 풂.

薄 (박) 艹부13획 — ハク, うすい, 엷을
广 芦 蒲 蓮 薄
稀薄
- 薄氷【박빙】살얼음.

晦 (회) 日부7획 — カイ, くらい, 그믐, 감출, cover one's traces
日 旷 盽 晦 晦
晦迹
- 晦迹【회적】피하거나 도망가 숨음
- 晦間【회간】그믐께쯤.
- 晦名【회명】세상에 이름이 알려지지 않게 함.

迹 (적) 辶부6획 — セキ, あと, 발자국, 좇을
亠 亣 亦 亦 迹
晦迹
(see 晦迹 above)

噫 (희, 애) 口부13획 — イ, ああ, 탄식할, 트림할, oh!
口 吖 咅 噫 噫
噫嗚
- 噫嗚【희오】탄식하고 괴로와하는 모양
- 噫欠【애흠】트림과 하품.

嗚 (오) 口부10획 — オ, ああ, 탄식할
口 叭 唣 嗚 嗚
噫嗚
- 嗚咽【오열】목이 메어 욺.
- 嗚呼【오호】슬픔을 나타내는 '아', '어'.

驍 (효) 馬부12획 — ギョウ, つよい, 굳셀, 날랠
馬 馬 駤 驍 驍
驍悍
- 驍悍【효한】날쌔고 사나움.
- 驍名【효명】날래다는 평판.
- 驍勇【효용】사납고 용맹스러움.

悍 (한) 心부7획 — カン, あらい, 사나울, 굳셀, fierceness
忄 忄 悍 悍 悍
驍悍
- 悍忌【한기】독살스럽고 시기심이 강함.

熙 (희) 火부9획 — キ, ひかる, 빛날, 기뻐할
 臣 𦣞 𦣞 熙 熙
熙笑
- 熙笑【희소】기뻐서 웃음
- 熙朝【희조】잘 다스려진 시대.

笑 (소) 竹부4획 — ショウ, わらう, 웃을, laughing with joy
𥫗 𥫗 竺 竺 笑
熙笑
- 笑容【소용】웃는 얼굴.
- 笑話【소화】우스운 이야기.

膾 (회) 肉부13획 — カイ, なます, 회칠, 회, on every man's lips
月 𦛜 膾 膾 膾
膾炙
- 膾炙【회자】사람의 입에 오르내리어 널리 퍼짐

炙 (자, 적) 火부4획 — シャ, あぶる, 구울, 고기구이
丿 夕 夕 炙 炙
膾炙
- 炙背【자배】등을 햇볕에 쬠. 기분 좋음을 이름.

後生可畏 (후생가외)「후생」을 두려워하다.「후생」은 후배.

黑白分明 (흑백분명) 흑백이 분명하다. 선악이 분명하다.

○ 찾아보기 (字音索引)

가		干	12	康	15	거		검		結	43	係	23
佳	11	幹	13	强	15	去	17	劫	18	缺	20	啓	23
假	11	懇	13	江	14	居	17	怯	19			契	23
價	11	看	13	降	15	巨	17			겸		季	22
加	11	竿	12	綱	15	拒	171	게		兼	21	溪	22
可	11	簡	13	腔	26	據	125	揭	19	謙	21	階	23
嫁	12	肝	13	講	15	渠	17	憩	19			戒	22
家	11	艱	14	鋼	15	擧	16			경		桂	23
暇	170	間	97			距	16	격		傾	22	械	39
架	12			개		車	148	激	19	卿	88	界	82
歌	11	갈		介	58			隔	19	境	179	癸	23
苛	11	喝	14	個	13	건		擊	98	庚	21	系	153
迦	12	渴	14	凱	16	乾	18	格	89	憬	48	繫	153
稼	12	葛	14	慨	17	件	139			慶	22	繼	23
街	86			漑	28	健	18	견		敬	140	計	23
袈	86	감		改	16	巾	17	堅	19	景	20	鷄	23
駕	12	堪	14	槪	16	建	17	牽	19	硬	22		
		減	11	芥	146	虔	18	犬	20	竟	169	고	
각		感	14	蓋	16	鍵	17	遣	163	競	21	古	24
刻	12	敢	15	皆	16			絹	20	經	171	告	24
却	58	甘	65	開	16	걸		肩	19	耕	22	固	19
各	13	監	14			傑	143	見	20	警	21	姑	24
覺	58	鑑	33	객		桀	18	譴	20	輕	21	孤	80
角	53			客	50					鏡	102	庫	24
閣	141	갑				검		결		頃	21	故	24
		甲	15	갱		儉	18	抉	152	驚	21	考	23
간				坑	76	劍	18	決	20			苦	98
刊	13	강		更	71	檢	18	潔	20	계		稿	24
姦	13	剛	16									顧	24
												高	24

鼓 25	寡 28	傀 29	句 106	**궁**	均 35	汲 36	
	戈 12	塊 29	嘔 32	弓 33	菌 46	急 145	
곡	果 181	壞 78	寇 114	穹 150		級 23	
哭 25	菓 26	怪 30	懼 25	窮 80	**극**	給 96	
曲 25	過 27	愧 150	拘 32		克 35		
梏 147	瓜 27	魁 17	狗 20	**권**	劇 150	**긍**	
穀 25	科 27		救 31	倦 34	戟 128	肯 37	
谷 55	誇 27	**굉**	構 31	券 142	棘 176		
	課 27	肱 183	毆 33	勸 34	極 58	**기**	
곤			求 40	卷 151		其 37	
困 25	**관**	**교**	球 145	拳 34	**근**	嗜 39	
棍 25	冠 28	交 30	苟 32	權 34	僅 35	器 40	
	官 53	嬌 30	究 24		勤 35	基 37	
골	寬 28	巧 31	舊 31	**궐**	懃 123	奇 38	
骨 25	慣 28	狡 30	購 32	厥 34	斤 112	寄 38	
	灌 28	郊 30	軀 31		根 35	幾 37	
공	棺 28	教 29	驅 32	**궤**	槿 35	技 40	
供 137	觀 28	校 130	鷗 33	軌 36	近 118	汽 39	
公 26	貫 27	橋 54			謹 36	忌 38	
共 26	關 80	矯 30	**국**	**귀**	饉 39	旗 38	
功 120	館 28	絞 99	國 139	歸 77		旣 38	
孔 26	管 71	膠 30	局 105	貴 75	**금**	期 38	
工 26		較 78	菊 84	鬼 35	今 86	杞 40	
控 26	**광**	驕 30		龜 33	琴 174	棄 68	
恐 25	光 89		**군**		禁 36	欺 81	
恭 27	匡 29		君 43	**규**	禽 36	氣 37	
攻 27	廣 29		郡 33	叫 34	衿 100	畿 38	
空 26	狂 29		群 34	規 34	衾 36	祈 40	
貢 26	曠 29		軍 33	閨 35	金 36	紀 40	
	胱 69				錦 37	記 37	
과	鑛 108		**구**	**굴**		豈 39	
			丘 32	屈 33	**급**	起 37	
	괘		久 145	窟 33	及 36	飢 39	
	掛 29		九 31			饑 39	
			仇 32			騎 38	
	괴		俱 31				
			區 40				
			口 31				

驥 142	내	腦 42	達 68	德 124	돈	藤 14
麒 39	乃 41	뇨	담	도	敦 47	登 49
	內 41	尿 77	擔 75	倒 44	豚 47	等 35
긴	奈 41	淡 101	刀 33		謄 49
緊 40	耐 14	潭 153	到 45	돌	騰 79
		능	膽 13	圖 29	突 43	
길	녀	能 42	談 53	堵 45		라
吉 40	女 41			塗 45	동	喇 49
		니	답	導 30	冬 47	懶 49
나	년	尼 42		島 65	凍 47	羅 49
那 40	年 122	泥 160	沓 25	度 92	動 47	螺 133
			畓 112	徒 45	同 47	
낙	녈	닉	答 64	挑 44	憧 48	락
諾 93	涅 41	溺 161	踏 43	搗 46	洞 48	洛 49
				渡 45	東 47	樂 90
난	념	다	당	陶 45	桐 111	烙 166
暖 41	念 64	多 164	唐 43	都 44	童 48	落 43
難 25		茶 43	堂 15	桃 45	銅 47	絡 49
	녕		撞 43	萄 167		駱 49
날	寧 15	단	當 157	逃 44	두	
捺 103		丹 42	糖 43	途 81	斗 162	란
	노	但 78	黨 161	道 86	痘 48	亂 177
남	努 41	單 13		盜 46	豆 48	卵 23
南 41	奴 173	團 43	대	稻 46	頭 48	欄 26
男 41	怒 76	壇 108	代 44	跳 45		爛 50
		斷 15	大 44		둔	蘭 50
납	농	旦 118	對 44	독	屯 48	
納 88	濃 42	檀 43	帶 182	瀆 46	遁 48	랄
	膿 42	段 43	待 23	獨 46	鈍 116	剌 67
낭	農 42	短 130	隊 51	毒 46		
		端 42	臺 54	犢 46	득	람
	뇌		貸 44	督 46	得 98	嵐 158
娘 96	惱 70	달		篤 47		濫 71
		撻 165	덕	讀 50	등	藍 115
					燈 173	

覽	27	曆	55	零	51	賂	181	倫	124	躪	123	말	
		歷	56	靈	52	雷	53	輪	178	麟	39	沫	115
랑		礫	82	領	135							末	76
廊	50	轢	103			료		률		림			
浪	59	靂	70	례		了	38	律	55	淋	56	망	
狼	98			例	172	僚	53	栗	55	林	139	亡	60
郎	50	련		禮	81	料	27	率	42	臨	15	妄	58
朗	50	憐	51	隸	52							忙	76
		戀	51			룡		륭		립		忘	58
랭		煉	51	로		龍	54	隆	55	立	46	望	108
冷	109	蓮	51	勞	52					粒	84	茫	176
		連	51	爐	41	루		릉				罔	58
략		練	181	老	52	壘	72	凌	55	마			
掠	50	聯	51	路	170	屢	54	陵	32	摩	57	매	
略	111	鍊	52	露	162	淚	156			痲	56	埋	58
				鹵	52	漏	54	리		磨	161	妹	128
량		렬				陋	79	俚	55	馬	107	媒	58
		冽	52	록		樓	54	利	34	魔	57	寐	111
兩	126	列	49	祿	146	累	54	吏	70	麻	56	枚	59
涼	108	劣	139	綠	53			履	56			梅	60
梁	45	裂	167	錄	94	류		漓	56	막		每	58
糧	100			鹿	53	流	22	李	45	幕	56	煤	59
良	16	렴				柳	106	梨	56	漠	57	邁	59
諒	50	廉	51	론		留	17	理	28	膜	57	罵	139
量	11			論	53	硫	55	痢	82			買	32
		렵				謬	114	籬	16	만		賣	59
려		獵	95	롱		類	54	羅	55	慢	111	魅	59
侶	66			壟	53			裏	168	挽	58		
勵	34	령		弄	53	륙		里	48	滿	57	맥	
慮	24	令	81	朧	62	六	54			漫	50	脈	84
旅	50	囹	106	瓏	52	陸	54	린		晚	58	麥	59
麗	179	嶺	47					吝	56	萬	57		
		玲	52	뢰		륜		隣	56	蠻	57	맹	
력		鈴	160	儡	29	戮	55	燐	55			孟	59
力	41												

猛 60	矛 61	誣 30	敏 111	潑 67	柏 23	辨 70
盟 60	謀 62	貿 64	民 65	發 44	白 20	辯 31
盲 59	貌 61	霧 42		跋 66	百 69	
			밀	髮 48		**별**
면	**목**	**묵**	密 79		**번**	別 71
免 60	沐 62	墨 63	蜜 65	**방**	煩 70	
勉 35	木 62	默 64		倣 61	番 17	**병**
眠 60	牧 63		**문**	傍 68	繁 69	丙 71
綿 60	目 59		問 64	妨 67	飜 69	倂 71
面 88	睦 27		文 64	彷 67		兵 125
			聞 64	防 111	**벌**	屛 72
멸	**몰**		蚊 64	邦 116	伐 114	病 55
滅 60	沒 63		門 28	房 43	罰 175	竝 71
蔑 60				放 68		
	몽		**물**	方 67		**보**
명	夢 85		勿 64	芳 68	**범**	保 72
冥 61	朦 62		物 170	膀 69	凡 70	堡 72
名 61	蒙 23			訪 101	帆 70	報 40
命 80			**미**	謗 78	氾 70	寶 72
明 70	**묘**		味 85		汎 71	普 71
銘 79	卯 128		媚 30	**배**	犯 159	步 57
鳴 53	墓 77		尾 34	倍 68	梵 70	補 72
	妙 62		彌 64	培 132	範 126	譜 87
모	廟 103		微 65	徘 68		輔 72
侮 62	苗 140		未 65	排 69	**법**	
冒 62			迷 65	拜 68	法 174	**복**
募 62	**무**		眉 65	杯 54		伏 130
帽 178	務 149		美 65	背 68	**벽**	僕 52
慕 61	巫 63		靡 119	賠 68	碧 71	卜 63
暮 90	戊 63			輩 45	霹 70	復 73
某 93	武 63		**민**	配 69		服 137
模 61	無 63		憫 51		**변**	福 172
母 75	茂 63			**발**	邊 40	複 100
毛 61	舞 18			勃 67	變 71	
				拔 152		
				伯 69		

189

腹	73	腐	48	卑	78	仕	81	辭	99	尙	86	敍	87			
覆	73	膚	92	妃	152	似	54			常	86	暑	74			
		負	75	婢	99	使	74	**삭**		床	66	書	70			
본		賦	75	批	78	司	81	削	152	想	31	棲	86			
本	20	赴	76	沸	79	史	81	朔	54	桑	85	瑞	87			
				鄙	79	唆	83			爽	85	逝	115			
봉		**북**		悲	78	四	80	**산**		相	85	緖	146			
奉	73	北	41	憊	79	士	38	傘	84	祥	85	署	26			
封	74			扉	99	寫	49	山	84	詳	96	西	47			
峯	73	**분**		比	78	寺	82	散	84	象	37					
棒	25	分	43	痺	56	射	142	珊	83	賞	93	**석**				
烽	74	墳	74	碑	79	巳	145	産	44	霜	84	夕	138			
逢	73	奔	29	祕	79	師	95	算	22			席	102			
縫	64	奮	77	肥	53	徙	82	酸	100	**쌍**		惜	87			
蜂	73	忿	76	臂	19	捨	158			雙	125	昔	114			
鋒	74	焚	76	誹	78	沙	83	**살**				析	75			
鳳	74	盆	76	費	77	瀉	82	撒	84	**새**		石	67			
		粉	59	非	148	邪	81	殺	129	塞	86	釋	87			
부		糞	77	飛	78	思	81									
付	75	紛	41	鼻	79	斜	22	**삼**		**색**		**선**				
剖	73	雰				斯	82	三	84	嗇	56	仙	88			
副	75			**빈**		査	43	森	84	穡	12	先	88			
否	148	**불**		牝	80	死	20			索	94	善	88			
夫	19	不	77	貧	80	砂	82	**삽**		色	86	宣	88			
婦	74	佛	78	賓	80	祀	83	插	84			扇	88			
富	75	弗	77	頻	80	社	82			**생**		旋	16			
府	74	拂	144			私	83	**상**		牲	183	選	169			
扶	76			**빙**		絲	61	上	173	生	92	禪	88			
浮	74	**붕**		憑	80	舍	154	傷	150			線	25			
附	38	崩	29	氷	80	蛇	82	像	47	**서**		羨	109			
部	13	朋	80	聘	165	詐	81	償	68	序	97	船	87			
父	75					詞	129	商	86	庶	87					
符	75			**사**		謝	81	喪	85	徐	86	**설**				
簿	131			備	31	事	81	賞	82	恕	28					
						赦	83	嘗	85							

泄	89	**소**		悚	180	水	93	脣	97	猜	99	臣	136
渫	142	召	90	松	133	獸	36	詢	129	施	143	身	120
舌	97	塑	138	送	148	蒐	94	順	97	是	108	辛	100
藝	114	小	91	訟	92	遂	113	馴	97	時	129	**실**	
設	17	少	35	誦	110	瘦	95			柴	99	失	101
雪	88	掃	136	頌	149	睡	177	**술**		矢	33	室	130
		沼	91			秀	35	戌	21	示	24	實	81
섬		消	90	**쇄**		羞	94	述	87	視	60		
閃	89	所	91	刷	93	誰	93	術	57	詩	98	**심**	
		昭	91	灑	93	輸	94			試	99	審	18
섭		燒	108	碎	92	雖	95	**숭**		豺	98	尋	101
攝	89	蔬	91	鎖	51	需	96	崇	151			深	101
涉	30	蘇	92			須	179			**씨**		心	101
		逍	91	**쇠**		首	28	**습**		氏	22	甚	19
성		疏	91	衰	92	髓	151	拾	98				
城	102	疎	91					濕	97	**식**		**십**	
姓	175	笑	65	**수**		**숙**		習	28	式	99	十	31
性	89	素	18	修	94	叔	96	襲	98	拭	100		
成	89	訴	92	受	93	塾	95			息	24	**아**	
盛	55	騷	92	囚	94	夙	95	**승**		植	82	亞	102
省	89			垂	94	孰	96	乘	98	識	144	兒	18
聖	100	**속**		壽	65	宿	96	僧	42	食	60	啞	53
聲	90	俗	92	嫂	94	淑	96	勝	116	飾	130	阿	102
誠	136	屬	134	守	93	熟	95	升	84			我	63
醒	89	束	32	帥	162	肅	18	承	73	**신**		牙	102
		速	92	授	93			昇	98	伸	33	芽	101
세		粟	46	狩	95	**순**		繩	99	信	68	衙	102
世	19	續	23	隨	96	巡	97	蠅	64	娠	128	雅	101
勢	27			愁	94	循	97			宸	100	餓	47
洗	89	**손**		手	66	旬	96	**시**		愼	100	鴉	104
歲	90	孫	181	收	93	殉	97	侍	99	新	93		
稅	90	損	159	數	94	盾	61	始	99	晨	100	**악**	
細	90			樹	99	瞬	97	屍	55	申	100	岳	102
		송		殊	163	純	96	市	44	神	35		

		애	어				
握 102		哀 78	圄 106	域 35	鹽 108	汚 112	王 54
惡 81		涯 104	漁 106	役 44		梧 71	
齷 104		愛 104	於 38	易 64	엽	烏 112	왜
			語 106	逆 66	葉 109	誤 112	倭 114
안		액	魚 63	疫 60			
安 103		厄 73		譯 69	영	옥	외
岸 109		液 42	억	驛 107	嬰 111	屋 11	外 30
按 103		額 148	億 93		影 110	沃 112	猥 114
案 102			抑 21	연	泳 93	獄 14	畏 114
眼 102		야		宴 82	映 110	玉 112	
雁 104		也 104	언	延 60	榮 110		요
鞍 102		夜 141	焉 107	捐 152	永 110	온	僥 115
顔 171		耶 105	言 58	沿 109	營 26	溫 113	凹 114
		野 29	諺 55	演 108	英 110	蘊 113	夭 115
알				烟 90	迎 110		妖 115
遏 148		약	엄	煙 59	詠 110	옹	搖 115
謁 103		弱 92	嚴 84	燃 108		擁 113	曜 115
軋 103		若 68	掩 106	然 57	예	翁 86	遙 91
		藥 105		燕 174	叡 111		腰 50
암		約 23	업	硏 107	藝 40	와	要 16
巖 17			業 39	硯 108	裔 122	瓦 16	謠 11
暗 103		양		緣 109	譽 110	臥 113	
		壤 162	여	軟 22	豫 111	訛 114	욕
압		揚 105	余 107	鉛 108	銳 111		慾 83
壓 137		擴 106	如 107		預 111	완	欲 28
押 103		洋 105	汝 107	열		完 113	辱 55
		陽 49	與 143	悅 184	오	玩 114	
앙		楊 106	輿 12	熱 109	五 112	緩 113	용
仰 103		樣 61	餘 107	閱 109	傲 111		勇 116
央 104		羊 105			嗚 184	왈	容 140
昂 103		讓 106	역	염	奧 113	曰 95	庸 116
殃 12		養 29	亦 108	染 134	娛 112		湧 115
鴦 119				炎 42	寤 111	왕	用 49
				焰 109	悟 170	往 87	鎔 116
				艶 109			

우		원		유		윤		의		이		임		작	
于	116	原	118	乳	117	閏	122	意	181	일		作	46		
偶	69	員	120	儒	122			疑	99	一	121	昨	129		
優	116	圓	118	唯	121	융		矣	125	壹	127	爵	129		
又	117	園	136	喩	77	戎	122	義	125	溢	127	酌	44		
友	116	援	125	囿	119	融	123	衣	37	日	127				
右	141	源	37	宥	83			議	162	逸	127	진			
宇	117	猿	119	幼	121	은		醫	125			殘	129		
尤	117	院	82	幽	121	隱	124			임					
郵	117	怨	95	惟	121	恩	123	이		任	76	잠			
愚	116	苑	119	油	173	慇	123	二	125	壬	128	岑	131		
憂	40	遠	118	游	105	殷	123	以	128	妊	128	潛	130		
牛	46	願	144	濡	169	銀	123	夷	57	賃	52	暫	129		
迂	116	鴛	119	猶	121			已	126			箴	130		
遇	88			悠	122	을		弛	126	입		蠶	130		
羽	117	월		愈	122	乙	15	異	126	入	43				
雨	83	月	127	有	120			移	127			잡			
		越	153	柔	16	음		耳	126	자		雜	130		
욱				遊	121	吟	34	貳	126	刺	129				
旭	118	위		遺	121	淫	13			姉	128	장			
		位	128	由	21	陰	125	익		姿	116	丈	131		
운		偉	120	裕	107	音	64	益	120	子	151	場	26		
云	118	僞	146	諛	152	飮	124	翼	117	字	129	壯	130		
運	87	危	119	蹂	123					滋	128	獎	156		
雲	117	圍	166	酉	120	읍		인		恣	38	將	130		
韻	110	委	120			泣	25	人	94	慈	128	帳	131		
		威	120	육		邑	56	仁	124	炙	184	張	27		
울		尉	121	肉	25			刃	74	者	132	障	72		
鬱	144	爲	119	育	122	응		印	12	藉	80	莊	45		
		萎	119			應	125	咽	124	茲	105	葬	85		
웅		違	120	윤				因	124	紫	128	藏	131		
雄	110	緯	49	允	122	의		姻	124	自	128	章	58		
		胃	119	潤	122	依	125	寅	63	諮	120	牆	132		
원		衛	120	胤	122	儀	126	引	19	資	163	狀	127		
元	118	謂	91			宜	165	忍	127	雌	129				
								認	112						

粧	130	寂	24	絕	134	鼎	135	組	139	**죄**		遵	143
腸	119	摘	133	**점**		**제**		詔	138	罪	141	駿	142
臟	101	滴	108	占	135	制	97	調	138	**주**		**중**	
裝	63	敵	32	店	166	堤	137	釣	137	主	65	中	143
長	130	迹	184	漸	134	帝	165	鳥	69	住	110	仲	69
재		適	155	點	150	提	137	**족**		呪	132	衆	34
再	132	的	133	**접**		濟	31	族	47	周	141	重	56
哉	125	積	54	接	110	除	98	足	168	宙	117	**즉**	
在	84	笛	39	蝶	73	際	104	**존**		廚	142	卽	143
宰	131	籍	176	**정**		祭	85	存	129	注	142	**즐**	
才	72	績	89	丁	71	第	36	尊	140	洲	102	櫛	17
材	62	賊	46	井	136	製	137	**졸**		晝	141	**증**	
栽	132	赤	133	亭	38	諸	27	卒	149	朱	136	增	144
災	126	跡	38	停	135	題	138	拙	31	柱	142	曾	143
財	131	**전**		偵	135	齊	137	**종**		株	142	蒸	27
載	37	傳	134	定	37	**조**		宗	122	珠	146	症	14
쟁		全	133	庭	136	組	135	從	140	舟	74	證	144
爭	53	典	78	廷	136	兆	147	種	140	誅	141	贈	143
저		前	133	征	137	助	76	終	141	走	21	**지**	
低	24	專	134	情	104	嘲	139	綜	140	躊	142	之	159
咀	132	展	133	淨	100	弔	139	縱	139	輳	168	只	145
底	152	戰	135	政	135	彫	138	腫	140	酒	124	地	145
抵	132	田	108	整	137	操	139	鐘	89	駐	142	池	51
渚	132	轉	118	正	135	漕	138	**좌**		**죽**		志	144
邸	102	鈿	133	碇	135	潮	57	佐	72	竹	112	支	144
著	132	錢	127	程	136	阻	138	坐	140	粥	158	智	145
貯	132	電	54	精	136	早	138	左	141	**준**		枝	121
躇	142	顚	134	艇	138	朝	138	座	141	俊	18	止	36
적		餞	134	訂	94	條	139			峻	143	持	145
嫡	132	**절**		貞	136	燥	18			浚	142		
		切	13	靜	47	造	139			準	143		
		折	135	頂	73	祖	79						
		節	61			租	75						

遲 145	輯 94	**참**	處 45	籤 152	**촉**	築 144
紙 166	集 90	參 150		詔 152	促 46	縮 178
脂 145		塹 149	**척**		囑 83	蹴 157
至 41	**징**	慘 149	剔 152	**첩**	燭 155	軸 156
誌 130	徵 147	憋 150	尺 131	妾 152	觸 132	
	懲 20		拓 16	疊 163		**춘**
직		**창**	戚 124	諜 135	**촌**	春 157
直 95	**차**	倉 149	斥 69		寸 67	椿 156
織 139	且 32	創 150	瘠 95	**청**	村 42	
職 46	借 44	唱 25	脊 151	廳 33		**출**
	差 148	滄 150	隻 151	淸 153	**총**	出 157
진	次 134	昌 69		晴 153	寵 155	
塵 146	此 107	暢 179	**천**	聽 153	總 155	**충**
振 146	遮 148	菖 150	千 69	請 154	聰 155	充 157
津 146	蹉 148	蒼 150	天 98	靑 153	銃 155	忠 157
陣 59		瘡 48	川 170			蟲 157
陳 66	**착**	窓 112	淺 101	**체**	**최**	衝 113
珍 146	捉 168		泉 52	替 51	催 156	衷 158
進 59	着 65	**채**	薦 152	逮 153	最 155	
盡 92	錯 148	債 53	遷 48	體 104		**췌**
眞 83	齪 104	彩 21	賤 78		**추**	悴 154
辰 145		採 150	踐 101	**초**	抽 156	
鎭 146	**찬**	菜 91		初 99	椎 156	**취**
	燦 148	采 14	**철**	峭 138	樞 156	取 89
질	竄 141		凸 114	憔 154	追 156	吹 159
姪 96	纂 149	**책**	哲 174	抄 154	秋 156	娶 12
嫉 147	讚 149	冊 151	徹 152	招 154	醜 65	炊 158
疾 147	贊 148	策 101	轍 36	焦 154		翠 158
秩 146		責 127	鐵 15	草 50	**축**	聚 48
窒 147	**찰**			蕉 163	丑 22	臭 177
質 57	察 50	**처**	**첨**	硝 109	蓄 111	趣 183
跌 148	擦 57	凄 151	尖 153	礎 142	逐 32	醉 45
	札 149	妻 151	添 152	肖 154	畜 156	
집		悽 151		超 153	祝 22	
執 148						

측
側 158
惻 158
測 158

층
層 159

치
値 11
治 35
恥 51
稚 39
置 159
致 20
馳 158
齒 157

칙
則 34
勅 138

친
親 119

칠
七 159
漆 30

침
侵 133
寢 37
沈 159
浸 159

침
枕 36
針 160

칭
稱 92

쾌
快 85

타
他 37
唾 160
墮 160
妥 160
惰 49
打 66
駝 49

탁
濁 160
濯 89
琢 161
託 155
鐸 160

탄
呑 71
坦 161
彈 155
歎 17
炭 45
誕 161

탈
奪 18
脫 161

탐
探 162
耽 161
貪 161

탑
塔 153

탕
湯 161

태
太 162
怠 34
態 140
殆 162
泰 162
胎 160

택
宅 31
擇 100
澤 91

토
兎 47
吐 32
土 162
討 162

통
桶 36
通 71
痛 146
統 162

퇴
堆 163
退 164
頹 163

투
妬 147
投 163
透 163
鬪 34

특
特 163

파
把 164
播 164
波 134
派 163
芭 163
破 160
罷 164
頗 164

판
判 131
板 13
版 157
販 155

팔
八 164
叭 49

패
敗 87
貝 165
霸 164

편
便 117
片 166
遍 166
篇 112
編 154
鞭 165

폄
貶 167

평
平 166
評 78

폐
幣 121
廢 165
蔽 106
肺 165
閉 166

포
咆 166
圃 167
布 56
庖 142
抛 166
抱 167
捕 168
浦 167
暴 60
炮 166
葡 167
蒲 150
胞 90
褒 167
鋪 26
飽 167

폭
幅 29
爆 167
輻 168

표
漂 168
標 75
票 179
表 168

품
品 174

풍
楓 42
諷 168
豐 168

풍
風 72

피
彼 169
避 44
疲 169
皮 169
被 169

필
匹 159
弼 72
必 81
畢 169
筆 96

핍
逼 169

하
下 84
何 41
夏 157
河 170
荷 170
賀 36

학
學 64
謔 172
鶴 33

한

恨 151	孩 111	험	혜	昏 177	換 179	賄 181	
悍 184	害 67	險 119	兮 105	魂 52	患 147		
汗 171	海 172	驗 99	惠 123		歡 105	획	
漢 30	邂 172		慧 176	홀	環 97	劃 129	
限 170	解 113	혁		惚 180	還 85	獲 52	
旱 170	該 172	革 169	호	忽 91	驩 179		
閑 170	諧 172		乎 104			횡	
韓 44	骸 31	현	互 176	홍	황	橫 140	
		弦 174	呼 179	弘 178	活 179		
할	핵	懸 174	壕 149	洪 178	猾 30	효	
割 171	核 173	現 174	壺 160	紅 178	豁 181	哮 166	
		玄 174	好 39	虹 77	闊 91	孝 181	
함	행	眩 79	浩 176	鴻 104		效 181	
含 171	倖 115	絃 137	湖 38		황	曉 11	
咸 171	幸 172	縣 174	狐 176	화	徨 67	肴 184	
涵 169	行 13	賢 174	戶 109	化 15	惶 180	驍 184	
陷 20		顯 175	扈 66	和 123	慌 180		
緘 149	향		毫 176	火 74	況 85	후	
	享 167	혈	瑚 83	花 56	煌 182	侯 182	
합	向 173	穴 33	皓 118	華 179	荒 178	候 124	
合 75	鄕 24	血 87	縞 178	畫 110	皇 180	厚 181	
	響 67		胡 177	禍 131	黃 180	後 133	
항	饗 173	협	虎 176	禾 178		逅 172	
巷 114	香 68	協 122	號 70	話 48	회		
恒 172		峽 76	護 93	貨 77	回 58	훈	
抗 171	허	脅 175	豪 177		廻 116	薰 183	
港 167	虛 173			확	徊 68	訓 181	
航 171	許 174	형	혹	擴 178	恢 183		
項 171		亨 175	惑 65	確 133	悔 180	훤	
	헌	刑 175	或 177	穫 178	懷 180	萱 156	
해	憲 174	形 61	酷 11		晦 184		
亥 120	獻 26	荊 176		환	會 82	훼	
奚 173	軒 173	螢 175	혼	丸 179	灰 105	毀 164	
			婚 177	幻 180	膾 184		
			混 177		蛔 182		

197

휘		携 182	흑	흠	흥	姫 155	熙 184
揮	67		黑 103	欽 183	興 183	希 183	犧 183
輝	182	희				戲 180	稀 184
		兇 182	혼	흡	희		
휴		凶 182	欣 183	吸 183	喜 184		
休	182	胸 182			噫 184		

○ 音이 같으면서 뜻이 다른 熟語

우수	優秀 : 뛰어나고 빼어남.
	憂愁 : 우울과 근심.

유지	有志 : 어떤 일에 참가·성취하려는 뜻이 있음. 또는 그 사람.
	維持 : 지탱하여 감.
	油脂 : 동물 또는 식물에서 채취한 기름.

자비	自費 : 자기가 내는 비용.
	慈悲 : 사랑하고 가엾게 여김.

자원	自願 : 제 스스로 원함.
	資源 : 기술의 발전에 따라 생산에 이용되는 것.

재화	災禍 : 재액과 화난.
	財貨 : 재물과 돈.

전문	全文 : 문장의 전체.
	前文 : 앞에 기록한 문서.
	專門 : 한 가지 일을 오로지 함.
	電文 : 전보의 글귀.

전시	戰時 : 전쟁이 벌어진 때.
	展示 : 펴서 봄. 또는 보임.

전원	全員 : 전체의 인원.
	田園 : 논밭과 동산.

주의	主義 : 굳게 지키는 일정한 방침.
	注意 : 마음에 새겨 두어 조심함.

감사	感謝 : 마음 속으로 고맙게 여김.
	監査 : 감독하고 조사하여 검사함.

고대	古代 : 옛날. 가장 오래된 시대.
	苦待 : 몹시 기다림.

고적	古蹟 : 남아 있는 옛날의 물건.
	孤寂 : 외롭고 고독하며 쓸쓸함.

공복	空腹 : 밤을 지낸 뒤에 아무것도 먹지 아니한 배.
	公僕 : 국가나 사회의 심부름꾼으로서의 공무원.

교정	校庭 : 학교의 마당.
	校正 : 글자의 잘못된 것을 대조하여 바로 잡음.

근간	近刊 : 최근에 출판한 간행물.
	根幹 : 근본이 되는 뿌리와 줄기.

금수	錦繡 : 비단과 수를 놓은 직물.
	禽獸 : 날짐승과 들짐승.
	禁輸 : 수출이나 수입을 금함.

기도	企圖 : 일을 꾸며 내려고 꾀함.
	祈禱 : 신명에게 간절히 빎.

기사	記事 : 사실을 적음.
	棋士 : 바둑 장기를 잘 두는 사람.
	技士 : 기술계의 기술자.
	騎士 : 말을 탄 무사.

○ 모양이 비슷한 漢字

甲(갑)	甲兵(갑병)	頃(경)	頃刻(경각)	九(구)	九拾(구십)
申(신)	申告(신고)	項(항)	項鎖(항쇄)	丸(환)	丸藥(환약)
今(금)	今年(금년)	揚(양)	揚名(양명)	矛(모)	矛戟(모극)
令(령)	命令(명령)	楊(양)	楊柳(양류)	予(여)	予奪(여탈)
由(유)	理由(이유)	堤(제)	堤防(제방)	拘(구)	拘束(구속)
田(전)	田畓(전답)	提(제)	提携(제휴)	狗(구)	走狗(주구)
明(명)	光明(광명)	侯(후)	諸侯(제후)	分(분)	分數(분수)
朋(붕)	朋友(붕우)	候(후)	氣候(기후)	兮(혜)	耶兮(야혜)
宣(선)	宣布(선포)	佛(불)	佛敎(불교)	末(말)	末日(말일)
宜(의)	便宜(편의)	拂(불)	拂子(불자)	未(미)	未着(미착)
壞(괴)	破壞(파괴)	綠(록)	綠色(녹색)	旦(단)	元旦(원단)
壤(양)	土壤(토양)	緣(연)	緣分(연분)	且(차)	苟且(구차)
墳(분)	墳墓(분묘)	墨(묵)	墨畫(묵화)	各(각)	各種(각종)
憤(분)	憤怒(분노)	黑(흑)	黑幕(흑막)	名(명)	姓名(성명)
粉(분)	粉末(분말)	栽(재)	栽培(재배)	瓦(와)	瓦解(와해)
紛(분)	紛爭(분쟁)	裁(재)	裁斷(재단)	互(호)	相互(상호)
弦(현)	弦月(현월)	恨(한)	恨歎(한탄)	士(사)	士林(사림)
絃(현)	絃樂(현악)	限(한)	限定(한정)	土(토)	土木(토목)
與(여)	授與(수여)	刑(형)	刑罰(형벌)	券(권)	福券(복권)
興(흥)	興亡(흥망)	形(형)	形象(형상)	卷(권)	卷數(권수)
漸(점)	漸次(점차)	毫(호)	秋毫(추호)	密(밀)	密度(밀도)
慚(참)	無慚(무참)	豪(호)	豪傑(호걸)	蜜(밀)	蜜語(밀어)
衰(쇠)	盛衰(성쇠)	壇(단)	祭壇(제단)	漫(만)	漫評(만평)
哀(애)	哀歡(애환)	檀(단)	檀君(단군)	慢(만)	慢心(만심)
浩(호)	浩茫(호망)	堂(당)	堂號(당호)	遣(견)	派遣(파견)
活(활)	生活(생활)	當(당)	當否(당부)	遺(유)	遺産(유산)
如(여)	如意(여의)	搖(요)	搖動(요동)	幣(폐)	幣物(폐물)
奴(노)	奴婢(노비)	遙(요)	遙遠(요원)	弊(폐)	弊端(폐단)
好(호)	好感(호감)	謠(요)	民謠(민요)	旅(려)	旅客(여객)
				族(족)	民族(민족)

干(간)	干城(간성)	犬(견)	忠犬(충견)	己(기)	自己(자기)
于(우)	于今(우금)	大(대)	大小(대소)	巳(사)	乙巳(을사)
千(천)	千里(천리)	太(태)	太初(태초)	已(이)	已往(이왕)
標(표)	標識(표지)	北(북)	北方(북방)	幕(막)	天幕(천막)
漂(표)	漂流(표류)	比(비)	比例(비례)	慕(모)	追慕(추모)
油(유)	石油(석유)	此(차)	此後(차후)	募(모)	募集(모집)
抽(추)	抽象(추상)			暮(모)	暮雪(모설)
微(미)	微力(미력)	人(인)	人口(인구)	析(석)	分析(분석)
徵(징)	徵集(징집)	入(입)	入口(입구)	折(절)	屈折(굴절)
		八(팔)	八道(팔도)		
嗚(오)	嗚咽(오열)	兩(량)	兩立(양립)	師(사)	師弟(사제)
鳴(명)	鳴禽(명금)	雨(우)	風雨(풍우)	帥(수)	將帥(장수)
惟(유)	惟獨(유독)	氷(빙)	氷雪(빙설)	決(결)	決心(결심)
推(추)	推進(추진)	水(수)	食水(식수)	快(쾌)	快樂(쾌락)
		永(영)	永久(영구)		
佳(가)	佳作(가작)	困(곤)	疲困(피곤)	苦(고)	苦惱(고뇌)
往(왕)	往來(왕래)	囚(수)	囚人(수인)	若(약)	若干(약간)
住(주)	住宅(주택)	因(인)	因習(인습)		
書(서)	書堂(서당)	代(대)	代身(대신)	思(사)	思考(사고)
晝(주)	晝夜(주야)	伐(벌)	征伐(정벌)	恩(은)	恩功(은공)
畫(화)	畫室(화실)			飯(반)	白飯(백반)
				飮(음)	飮食(음식)
貧(빈)	貧富(빈부)	亦(역)	亦時(역시)	象(상)	象牙(상아)
貪(탐)	貪官(탐관)	赤(적)	赤色(적색)	衆(중)	群衆(군중)
橋(교)	橋梁(교량)	烏(오)	烏口(오구)	捨(사)	取捨(취사)
矯(교)	矯正(교정)	鳥(조)	鳥獸(조수)	拾(습)	拾得(습득)
深(심)	水深(수심)	刀(도)	短刀(단도)	眠(면)	冬眠(동면)
探(탐)	探索(탐색)	刃(인)	刃創(인창)	眼(안)	眼目(안목)
戀(련)	戀慕(연모)	曰(왈)	或曰(혹왈)	考(고)	參考(참고)
蠻(만)	蠻勇(만용)	日(일)	日課(일과)	老(로)	老人(노인)
爪(조)	爪甲(조갑)	午(오)	午前(오전)	栗(률)	生栗(생률)
瓜(과)	瓜菜(과채)	牛(우)	牛馬(우마)	粟(속)	粟米(속미)
陸(륙)	陸地(육지)	側(측)	側近(측근)	免(면)	任免(임면)
睦(목)	和睦(화목)	測(측)	測量(측량)	兎(토)	兎皮(토피)

官(관)	官民(관민)	待(대)	待機(대기)	辛(신)	辛苦(신고)
宮(궁)	宮女(궁녀)	侍(시)	侍女(시녀)	幸(행)	幸福(행복)
早(조)	早朝(조조)	徒(도)	學徒(학도)	閉(폐)	閉門(폐문)
旱(한)	旱害(한해)	從(종)	服從(복종)	閑(한)	閑暇(한가)
起(기)	起床(기상)	斤(근)	斤量(근량)	間(간)	間接(간접)
赴(부)	赴任(부임)	斥(척)	排斥(배척)	問(문)	質問(질문)
雪(설)	白雪(백설)	營(영)	營業(영업)	開(개)	開拓(개척)
雲(운)	雲集(운집)	螢(형)	螢光(형광)	聞(문)	見聞(견문)
技(기)	技術(기술)	薄(박)	薄氷(박빙)	陣(진)	陣營(진영)
枝(지)	枝葉(지엽)	簿(부)	名簿(명부)	陳(진)	陳列(진열)
客(객)	主客(주객)	情(정)	感情(감정)	燥(조)	乾燥(건조)
容(용)	容貌(용모)	淸(청)	淸潔(청결)	操(조)	操縱(조종)
設(설)	建設(건설)	須(수)	必須(필수)	婢(비)	奴婢(노비)
說(설)	說敎(설교)	順(순)	順從(순종)	碑(비)	碑石(비석)
暑(서)	避暑(피서)	挑(도)	挑發(도발)	歎(탄)	歎息(탄식)
署(서)	官署(관서)	桃(도)	桃李(도리)	歡(환)	歡呼(환호)
享(향)	享樂(향락)	俗(속)	俗世(속세)	隣(린)	隣近(인근)
亨(형)	亨通(형통)	裕(유)	裕福(유복)	憐(련)	憐憫(연민)

○ 정자(正字) 약자(略字) 속자(俗字)

<ㄱ>

正字	略字	뜻	음
假	仮	거짓	가
價	価	값	가
覺	覚	깨달을	각
擧	挙	들	거
據	拠	의지할	거
輕	軽	가벼울	경
經	経	경서	경
徑	径	지름길	경
鷄	鶏	닭	계
繼	継	이을	계
館	舘	집	관
關	関	빗장	관
廣	広	넓을	광
敎	教	가르칠	교
區	区	구역	구
舊	旧	예	구
驅	駆	몰	구
國	国	나라	국
權	権	권세	권
勸	勧	권할	권
龜	亀	거북	귀
氣	気	기운	기
旣	既	이미	기

<ㄴ>

正字	略字	뜻	음
內	内	안	내

<ㄷ>

正字	略字	뜻	음
單	単	홑	단
團	団	둥글	단
斷	断	끊을	단

擔 — 担	멜	담
當 — 当	당할	당
黨 — 党	무리	당
對 — 対	대할	대
德 — 徳	큰	덕
圖 — 図	그림	도
讀 — 読	읽을	독
獨 — 独	홀로	독

〈ㄹ〉

樂 — 楽	즐길	락
亂 — 乱	어지러울	란
覽 — 覧	볼	람
來 — 来	올	래
兩 — 両	두	량
勵 — 励	힘쓸	려
歷 — 歴	지날	력
練 — 練	익힐	련
戀 — 恋	사모할	련
靈 — 灵	신령	령
禮 — 礼	예도	례
勞 — 労	수고로울	로
爐 — 炉	화로	로
綠 — 緑	푸를	록
賴 — 頼	의지할	뢰
龍 — 竜	용	룡
樓 — 楼	다락	루

〈ㅁ〉

萬 — 万	일만	만
滿 — 満	찰	만
蠻 — 蛮	오랑캐	만
賣 — 売	팔	매
麥 — 麦	보리	맥

〈ㅂ〉

半 — 半	반	반
發 — 発	필	발
拜 — 拝	절	배
變 — 変	변할	변
辯 — 弁	말잘할	변
邊 — 辺	가	변
竝 — 並	아우를	병
寶 — 宝	보배	보
拂 — 払	떨칠	불
佛 — 仏	부처	불
冰 — 氷	어름	빙

〈ㅅ〉

絲 — 糸	실	사
寫 — 写	베낄	사
辭 — 辞	말씀	사
産 — 産	낳을	산
雙 — 双	짝	쌍
敍 — 叙	펼	서
釋 — 釈	풀	석
聲 — 声	소리	성
續 — 続	이을	속
屬 — 属	붙을	속
收 — 収	거둘	수
數 — 数	수	수
輸 — 輸	보낼	수
壽 — 寿	목숨	수
肅 — 粛	삼갈	숙
濕 — 湿	젖을	습
乘 — 乗	탈	승
實 — 実	열매	실

〈ㅇ〉

兒 — 児	아이	아
亞 — 亜	버금	아
惡 — 悪	악할	악
巖 — 岩	바위	암
壓 — 圧	누를	압
藥 — 薬	약	약
讓 — 譲	사양할	양
嚴 — 厳	엄할	엄
餘 — 余	남을	여
與 — 与	줄	여
驛 — 駅	정거장	역
譯 — 訳	통변할	역
鹽 — 塩	소금	염
榮 — 栄	영화	영
豫 — 予	미리	예
藝 — 芸	재주	예
溫 — 温	따뜻할	온
圓 — 円	둥글	원
圍 — 囲	둘레	위
爲 — 為	하	위
陰 — 陰	그늘	음
應 — 応	응할	응
醫 — 医	의원	의
貳 — 弐	두	이
壹 — 壱	하나	일

〈ㅈ〉

姊 — 姉	누이	자
殘 — 残	남을	잔
蠶 — 蚕	누에	잠
雜 — 雑	섞일	잡
壯 — 壮	씩씩할	장

莊	庄	별장	장		<ㅊ>			彈	弾	탄알	탄
爭	争	다툴	쟁					澤	沢	못	택
戰	戦·战	싸움	전	贊	賛	찬성할	찬	擇	択	가릴	택
錢	銭	돈	전	讀	讃	기릴	찬		<ㅍ>		
傳	伝	전할	전	參	参	참여할	참				
轉	転	구를	전	冊	冊	책	책	廢	廃	폐할	폐
點	点	점	점	處	処	곳	처	豐	豊	풍성한	풍
靜	静	고요	정	淺	浅	얕을	천		<ㅎ>		
淨	浄	깨끗할	정	鐵	鉄	쇠	철				
濟	済	건널	제	廳	庁	관청	청	學	学	배울	학
齊	斉	다스릴	제	體	体	몸	체	解	觧	풀	해
條	条	가지	조	觸	触	닿을	촉	鄕	郷	고을	향
弔	吊	조상할	조	總	総	다	총	虛	虚	빌	허
從	従	좇을	종	蟲	虫	벌레	충	獻	献	드릴	헌
晝	昼	낮	주	醉	酔	술취할	취	驗	験	증험할	험
卽	即	곧	즉	齒	歯	이	치	顯	顕	나타날	현
增	増	더할	증	恥	耻	부끄러울	치	螢	蛍	반딧불	형
證	証	증거	증	稱	称	일컬을	칭	號	号	부르짖을	호
眞	真	참	진		<ㅌ>			畵	画	그림	화
盡	尽	다할	진					擴	拡	늘릴	확

○ 반대의 뜻을 가진 漢字

損(상할	손) ↔ 益(더할	익)	得(얻을	득) ↔ 失(잃을	실)
送(보낼	송) ↔ 迎(맞을	영)	賣(팔	매) ↔ 買(살	매)
始(처음	시) ↔ 末(끝	말)	明(밝을	명) ↔ 暗(어두울	암)
是(옳을	시) ↔ 非(그를	비)	問(물을	문) ↔ 答(답할	답)
哀(슬플	애) ↔ 歡(기쁠	환)	美(아름다울	미) ↔ 醜(더러울	추)
榮(영화	영) ↔ 枯(마를	고)	逢(만날	봉) ↔ 別(헤어질	별)
溫(따뜻할	온) ↔ 冷(찰	랭)	貧(가난할	빈) ↔ 富(부자	부)
緩(느릴	완) ↔ 急(급할	급)	師(스승	사) ↔ 弟(아우	제)
往(갈	왕) ↔ 來(올	래)	死(죽을	사) ↔ 活(살	활)
有(있을	유) ↔ 無(없을	무)	賞(상줄	상) ↔ 罰(벌줄	벌)
陰(그늘	음) ↔ 陽(볕	양)	上(위	상) ↔ 下(아래	하)

晝(낮 주)	↔	夜(밤 야)		因(까닭 인)	↔	果(결과 과)
進(나아갈 진)	↔	退(물러날 퇴)		自(스스로 자)	↔	他(남 타)
集(모을 집)	↔	散(흩어질 산)		雌(암컷 자)	↔	雄(수컷 웅)
着(다다를 착)	↔	發(떠날 발)		長(길 장)	↔	短(짧을 단)
天(하늘 천)	↔	地(땅 지)		前(앞 전)	↔	後(뒤 후)
淸(맑을 청)	↔	濁(흐릴 탁)		朝(아침 조)	↔	夕(저녁 석)
出(나갈 출)	↔	入(들 입)		縱(세로 종)	↔	橫(가로 횡)
取(취할 취)	↔	捨(버릴 사)		左(왼쪽 좌)	↔	右(오른쪽 우)
彼(저 피)	↔	此(이 차)		主(주인 주)	↔	客(손님 객)
寒(찰 한)	↔	暖(따뜻할 난)		功(공 공)	↔	過(허물 과)
加(더할 가)	↔	減(덜 감)		屈(굽을 굴)	↔	伸(펼 신)
可(옳을 가)	↔	否(아닐 부)		貴(귀할 귀)	↔	賤(천할 천)
强(강할 강)	↔	弱(약할 약)		近(가까울 근)	↔	遠(멀 원)
開(열 개)	↔	閉(닫을 폐)		起(일어날 기)	↔	伏(엎드릴 복)
去(갈 거)	↔	來(올 래)		男(사내 남)	↔	女(계집 녀)
輕(가벼울 경)	↔	重(무거울 중)		多(많을 다)	↔	寡(적을 과)
苦(쓸 고)	↔	樂(즐거울 락)		貸(빌릴 대)	↔	借(빌 차)
高(높을 고)	↔	低(낮을 저)		大(큰 대)	↔	小(작을 소)
曲(굽을 곡)	↔	直(곧을 직)		動(움직일 동)	↔	靜(고요할 정)

○ 두가지 이상의 音을 가진 漢字

降 { 내릴 / 항복할	강 / 항	昇降(승강) / 降服(항복)	
更 { 다시 / 고칠	갱 / 경	更生(갱생) / 更新(경신)	
見 { 볼 / 드러날	견 / 현	見聞(견문) / 見齒(현치)	
契 { 맺을 / 나라이름	계 / 글	契約(계약) / 契丹(글안)	
句 { 글귀 / 귀절	구 / 귀	句讀(구두) / 句節(귀절)	
金 { 쇠 / 성	금 / 김	金銀(금은) / 金氏(김씨)	
豈 { 어찌 / 승전악	기 / 개	豈敢(기감) / 豈樂(개락)	
內 { 안 / 여관	내 / 나	內外(내외) / 內人(나인)	
奈 { 어찌 / 어찌	내 / 나	奈何(내하) / 奈落(나락)	
茶 { 차 / 차	다 / 차	茶房(다방) / 茶禮(차례)	

齊 {	가지런할	제	整齊(정제)	讀 {	읽을	독	讀書(독서)
	재계할	재	齊戒(재계)		귀절	두	吏讀(이두)
辰 {	별	진	辰宿(진수)	洞 {	골	동	洞穴(동혈)
	날	신	生辰(생신)		통할	통	洞察(통찰)
車 {	수레	차	車庫(차고)	樂 {	즐길	락	苦樂(고락)
	수레	거	車馬(거마)		풍류	악	音樂(음악)
參 {	참여할	참	參席(참석)		좋아할	요	樂山(요산)
	섯	삼	參等(삼등)	率 {	비율	률	能率(능률)
拓 {	열	척	開拓(개척)		거느릴	솔	統率(통솔)
	밀칠	탁	拓本(탁본)	反 {	돌이킬	반	反擊(반격)
則 {	법	칙	規則(규칙)		뒤칠	번	反畓(번답)
	곧	즉	然則(연즉)	復 {	회복할	복	回復(회복)
沈 {	잠길	침	沈沒(침몰)		다시	부	復活(부활)
	성	심	沈氏(심씨)	否 {	아닐	부	否定(부정)
宅 {	집	택	住宅(주택)		막힐	비	否塞(비색)
	댁	댁	宅內(댁내)	北 {	북녘	북	南北(남북)
便 {	편할	편	便利(편리)		달아날	배	敗北(패배)
	오줌	변	便所(변소)	射 {	쏠	사	射擊(사격)
暴 {	사나울	포	暴惡(포악)		벼슬이름	야	僕射(복야)
	드러날	폭	暴露(폭로)	邪 {	간사할	사	正邪(정사)
幅 {	폭	폭	大幅(대폭)		어조사	야	怨邪(원야)
	폭	복	幅巾(복건)	殺 {	죽일	살	殺生(살생)
合 {	합할	합	合計(합계)		감할	쇄	相殺(상쇄)
	홉	홉	五合(오홉)	狀 {	형상	상	狀態(상태)
行 {	다닐	행	行路(행로)		문서	장	賞狀(상장)
	항렬	항	行列(항렬)	塞 {	변방	새	要塞(요새)
畫 {	그림	화	圖畫(도화)		막힐	색	語塞(어색)
	꾀할	획	計畫(계획)	糖 {	엿	당	糖分(당분)
龜 {	땅이름	구	龜浦(구포)		엿	탕	砂糖(사탕)
	거북	귀	龜船(귀선)	度 {	법도	도	制度(제도)
	터질	균	龜裂(균열)		헤아릴	탁	度地(탁지)

한자	훈	음	예		한자	훈	음	예
索	찾을 쓸쓸할	색 삭	思索(사색) 索莫(삭막)		食	먹을 밥	식 사	飮食(음식) 疏食(소사)
說	말씀 달랠	설 세	說明(설명) 遊說(유세)		識	알 기록할	식 지	知識(지식) 標識(표지)
省	살필 덜	성 생	反省(반성) 省略(생략)		惡	악할 미워할	악 오	惡人(악인) 憎惡(증오)
衰	쇠할 상복	쇠 최	衰弱(쇠약) 齊衰(재최)		易	바꿀 쉬울	역 이	交易(교역) 容易(용이)
數	셀 자주	수 삭	數式(수식) 數數(삭삭)		刺	찌를 찌를	자 척	刺客(자객) 刺殺(척살)
宿	잘 별	숙 수	投宿(투숙) 星宿(성수)		著	나타낼 붙을	저 착	著述(저술) 著色(착색)
拾	주울 열	습 십	拾得(습득) 五拾(오십)		切	끊을 모두	절 체	切斷(절단) 一切(일체)
氏	성씨 나라이름	씨 지	姓氏(성씨) 月氏(월지)		活	살 물소리	활 괄	生活(생활) 活活(괄괄)

3,000 한자

2004년 1월 10일 초판 인쇄
2023년 2월 10일 9쇄 발행
편저자 : 편집부
발행자 : 유건희
발행처 : 은광사
등 록 : 제 18-71호
등록일 : 1997년 1월 8일
주 소 : 서울 중랑구 봉우재로 58길16
전화 : 763-1258

* 잘못된 책은 교환해 드립니다

정가 8,000원

○ 부수명칭 (部首名稱)

⟨1 획⟩

一	한일
丨	뚫을곤
丶	점
丿	삐침
乙(乚)	새을
亅	갈구리궐

⟨2 획⟩

二	두이
亠	돼지해머리
人(亻)	사람인변
儿	어진사람인발
入	들입
八	여덟팔
冂	멀경몸
冖	민갓머리
冫	이수변
几	안석궤
凵	위튼입구몸
刀(刂)	칼도
力	힘력
勹	쌀포몸
匕	비수비
匚	튼입구몸
匸	감출혜몸
十	열십
卜	점복
卩(㔾)	병부절

厂	민엄호
厶	마늘모
又	또우

⟨3 획⟩

口	입구변
囗	큰입구몸
土	흙토
士	선비사
夂	뒤져올치
夊	천천히걸을쇠발
夕	저녁석
大	큰대
女	계집녀
子	아들자
宀	갓머리
寸	마디촌
小	작을소
尢(尣)	절름발이왕
尸	주검시엄
屮	왼손좌
山	메산
巛(川)	개미허리
工	장인공
己	몸기
巾	수건건
干	방패간
幺	작을요
广	엄호밑
廴	민책받침

廾	스물입발
弋	주살익
弓	활궁
彐(彑)	튼가로왈
彡	터럭삼방
彳	두인변
忄(心)	심방변
扌(手)	재방변
氵(水)	삼수변
犭(犬)	개사슴록변
阝(邑)	우부방
阝(阜)	좌부방

⟨4 획⟩

心(忄)	마음심
戈	창과
戶	지게호
手(扌)	손수
支	지탱할지
攴(攵)	등글월문
文	글월문
斗	말두
斤	날근
方	모방
无(旡)	이미기방
日	날일
曰	가로왈
月	달월
木	나무목
欠	하품흠방
止	그칠지
歹(歺)	죽을사변
殳	갖은등글월문
毋	말무

比	견줄비
毛	털모
氏	각시씨
气	기운기엄
水(氵)	물수
火(灬)	불화
爪(爫)	손톱조머리
父	아비부
爻	점괘효
爿	장수장변
片	조각편
牙	어금니아
牛	소우변
犬(犭)	개견
王(玉)	구슬옥변
耂(老)	늙을로엄
月(肉)	육달월변
艹(艸)	초두
辶(辵)	책받침

⟨5 획⟩

玄	검을현
玉(王)	구슬옥
瓜	외과
瓦	기와와
甘	달감
生	날생
用	쓸용
田	밭전
疋	필필
疒	병질엄
癶	필발머리
白	흰백
皮	가죽피

皿	그릇명밑	艸(艹)	초두	阜(阝)	언덕부	鹿	사슴록
目(罒)	눈목	虍	범호밑	隶	미칠이	麥	보리맥
矛	창모	虫	벌레훼	隹	새추	麻	삼마
矢	화살시	血	피혈	雨	비우		
石	돌석	行	다닐행	靑	푸를청	〈12획〉	
示(礻)	보일시변	衣(衤)	옷의	非	아닐비	黃	누를황
禸	짐승발자국유	襾	덮을아			黍	기장서
禾	벼화			〈9획〉		黑	검을흑
穴	구멍혈	〈7획〉		面	낯면	黹	바느질치
立	설립	見	볼견	革	가죽혁		
		角	뿔각	韋	다룬가죽위	〈13획〉	
〈6획〉		言	말씀언	韭	부추구	黽	맹꽁이맹
竹	대죽	谷	골곡	音	소리음	鼎	솥정
米	쌀미	豆	콩두	頁	머리혈	鼓	북고
糸	실사	豕	돼지시	風	바람풍	鼠	쥐서
缶	장군부	豸	발없는벌레치	飛	날비		
网(罒·罓)	그물망	貝	조개패	食(飠)	밥식	〈14획〉	
羊(𦍌)	양양	赤	붉을적	首	머리수	鼻	코비
羽	깃우	走	달아날주	香	향기향	齊	가지런할제
老(耂)	늙을로	足	발족				
而	말이을이	身	몸신	〈10획〉		〈15획〉	
耒	가래뢰	車	수레거	馬	말마	齒	이치
耳	귀이	骨	뼈골				
聿	오직율	辛	매울신	高	높을고	〈16획〉	
肉(月)	고기육	辰	별신	髟	터럭발밑	龍	용룡
臣	신하신	辵(辶)	책받침	鬥	싸움투	龜	거북귀
自	스스로자	邑(阝)	고을읍	鬯	울창주창		
至	이를치	酉	닭유	鬲	오지병격	〈17획〉	
臼	절구구	釆	분별할채	鬼	귀신귀	龠	피리약변
舌	혀설	里	마을리				
舛(㐄)	어그러질천			〈11획〉			
舟	배주	〈8획〉		魚	고기어		
艮	괘이름간	金	쇠금	鳥	새조		
色	빛색	長(镸)	긴장	鹵	진땅로		
		門	문문				